权威 · 前沿 · 原创

皮书系列为
“十二五”“十三五”国家重点图书出版规划项目

北京国际城市发展研究院社会建设研究重点项目
北京市社会发展研究中心西城区街道发展研究重点项目
北京国际城市文化交流基金会智库工程出版基金资助项目

街道蓝皮书
BLUE BOOK OF SUB-DISTRICT OFFICE

北京街道发展报告 No.1
牛街篇

THE DEVELOPMENT OF BEIJING'S SUB-DISTRICT OFFICES No.1:
NIUJIE CHAPTER

主　　编／连玉明
执行主编／朱颖慧

社会科学文献出版社
SOCIAL SCIENCES ACADEMIC PRESS (CHINA)

图书在版编目(CIP)数据

北京街道发展报告. No.1. 牛街篇 / 连玉明主编. --北京：社会科学文献出版社，2016.8
（街道蓝皮书）
ISBN 978-7-5097-9210-0

Ⅰ. ①北… Ⅱ. ①连… Ⅲ. ①城市道路-城市建设-研究报告-西城区 Ⅳ. ①D669.3

中国版本图书馆 CIP 数据核字（2016）第 119037 号

街道蓝皮书
北京街道发展报告 No.1 牛街篇

主　　编 / 连玉明
执行主编 / 朱颖慧

出 版 人 / 谢寿光
项目统筹 / 邓泳红　郑庆寰
责任编辑 / 陈晴钰

出　　版 / 社会科学文献出版社・皮书出版分社（010）59367127
地址：北京市北三环中路甲29号院华龙大厦　邮编：100029
网址：www.ssap.com.cn
发　　行 / 市场营销中心（010）59367081　59367018
印　　装 / 三河市东方印刷有限公司

规　　格 / 开　本：787mm×1092mm　1/16
印　张：19　字　数：253千字
版　　次 / 2016年8月第1版　2016年8月第1次印刷
书　　号 / ISBN 978-7-5097-9210-0
定　　价 / 98.00元

皮书序列号 / B-2016-508

街道蓝皮书编委会

《北京街道发展报告 No. 1 牛街篇》
编　写　组

总　策　划　艾　丽　连玉明　朱颖慧

主　　　编　连玉明

执行主编　朱颖慧

副　主　编　焦　扬　邢旭东　高继龙　秦坚松

核心研究人员　连玉明　朱颖慧　焦　扬　邢旭东　高继龙　秦坚松　张　涛　朱永明　翟萌萌　王彬彬　胡冬冬　陈　慧　任　波　周　艳　吴　佳　赵　昆　孟芳芳　姜思宇

主编简介

连玉明　著名城市专家，教授、博士，北京国际城市发展研究院院长，北京市人民政府专家咨询委员会委员，北京市社会科学界联合会副主席，北京市哲学社会科学京津冀协同发展研究基地理事长、首席专家，基于大数据的城市科学研究北京市重点实验室主任，大数据战略重点实验室主任，北京市社会发展研究中心理事长。

研究领域为城市学、决策学和社会学。近年来致力于大数据战略和生态文明理论及实践研究。主编《社会管理蓝皮书：中国社会管理创新报告》(2012/2013/2014)、《贵阳蓝皮书：贵阳城市创新发展报告》等专著60余部。主持编制了北京市西城区、朝阳区、门头沟区和贵州省贵阳市“十三五”社会治理专项规划。

摘　要

基层治则国家治。街道在城市和国家治理体系中处于基础性的地位。在北京市落实首都新定位、建设国际一流和谐宜居之都的历史进程中，西城区任务艰巨，使命光荣。近年来，西城区围绕做好“四个服务”，坚持“抓街道、街道抓”，深入推进区域发展转型和管理转型，不断深化街道社区管理体制改革，落实街道加强区域党建、统筹辖区治理、组织综合执法、指导社区建设等职能；15 个街道立足自身优势，融入发展大局，积极探索首都基层治理体系和治理能力现代化之路，其丰富实践为首都城市治理创新提供了鲜活的经验，具有重要的借鉴意义和理论价值。

《北京街道发展报告 No. 1 牛街篇》依据牛街少数民族聚集的特点，以民族和民生为两条主线，紧紧围绕牛街地区加强区域党建、落实公共服务、统筹辖区治理、组织联合执法、指导社区建设、促进社会和谐等进行了综合分析；总结了社区社会组织公益服务发展园区、社区工作者协会的社工自治模式、从“九养”到“十三养”的养老服务体系建设、“自助菜单式”主题党日活动模式等典型经验。

在此基础上，本书认为，作为北京市最具民族特色的街道，牛街应从提升基层治理能力、落实首都战略定位、实现“互联网 +”益民服务、有序完成人口疏解等方面入手，构建地区文化共同体建设、民生服务体系建设、规范化社区建设、区域化党建、城市精细化管理“五位一体”的地区治理新格局，探索以少数民族聚集为特点的混合型街区治理新模式。

Abstract

Well-governed localities give rise to a well-governed country Sub-district holds a foundational position in a city and country's governance system. In the historical process of implementing Beijing's new positioning as the nation's capital and building a world-class harmonious and livable city, Xicheng District takes on monumental tasks and glorious mission. In recent years, Xicheng District centering on the principles of " Four Services" and "Governing street, self-governance," has pressed ahead with regional development and management transformation, deepened reform on sub-district community management system, implemented Party construction and coordinated governance at the sub-district level, organized comprehensive law enforcement, and provided guidance to community construction. 15 sub-districts based on their own advantages have integrated into the grand development framework, proactively exploring the path of achieving the modernization of grassroots governance system and governance capacity, as its rich practice has provided freshexperience in urban governance innovation for Beijing. These experiences carry great value of reference and theoretic significance.

The Development of Beijing's Sub-district Offices No. 1: Niujie Chapter exhibits features of ethnic minority groups with highlights in ethnic minority affairs and people's livelihood. It provides all-embracing analysis on enhancing community Party construction, implementing public service, coordinating governance of the jurisdiction, organizing joint law enforcement, guiding community development and advancing social harmony. It generalizes representative experience in public-interest organization service development park, social workers' self-governance model, elderly care system construction characterized as "from 9 care to 13 cares," and "buffet menu" like themed Party Day activity model.

On the basis, the report concludes that as the best-known street neighborhood in Beijing that boasts ethnic minority culture, Niujie should steer its work focus toward enhancing grassroots governance capacity, implementing capital's strategic positioning, realizing " internet + benefiting residents" service and helping complete the pollution relief task in an orderly fashion, and press ahead with the construction of cultural community, livelihood service system, well-regulated community, local Party construction and refined urban management, five components of the new local governance layout, in the process exploring new governance model for multiethnic street neighborhood densely populated by ethnic minority residents.

目　录

Ⅲ 理论报告

Ⅳ 调研报告

Ⅴ 案例报告

皮书数据库阅读使用指南

CONTENTS

Ⅲ Theory Reports

Ⅳ Survey Reports

Ⅴ Case Reports

代前言
地区治理中的政府作用

沙秀华*

一　街道工委是地区核心价值的引导者

民生工作和民族工作是牛街街道在地区治理中全部工作的出发点和落脚点，这是由街道党工委的基本职责和牛街街道的民族特色共同决定的。长期以来，牛街街道立足民族特色，做实民生服务，坚持把民族工作和民生工作作为街道工作的两条主线、作为牛街街道的重点工作和亮点工作来打造，推动了牛街地区民族工作和民生工作融合发展、相互促进、相得益彰，使牛街地区成为全国民族团结的一面旗帜，而不断完善的民生服务体系，也为建设和谐宜居之都奠定了良好的基础。

街道工委是地区治理的领导核心，要在地区治理中、在全面深化改革中、在转型发展中坚持和发挥党总揽全局、协调各方的领导核心作用。街道工委必须坚持正确方向和根本导向，做地区核心价值的引导者，在政治上、思想上、发展上对各基层单位和广大群众起引导作用。当前，党中央、国务院已经明确了北京“全国政治中心、文化中心、国际交往中心、科技创新中心”的战略定位，并提出把北京建设成为国际一流的和谐宜居之都的目标。为此，对于牛街街道而

---

* 沙秀华，时任中共北京市西城区委牛街街道工作委员会书记。

言，就是要在落实新定位、实现新目标中，抓住民族工作和民生工作这个根本优势，发现新价值、创造新优势，着力把牛街打造成集中展示民族文化成果的国际一流的和谐宜居的示范街区。

牛街是北京历史悠久的民族文化街区。这条千年古街不仅具有独特的伊斯兰风格，还蕴含着浓郁的京味神韵、民族文化、儒释文化、宣南文化。千百年来，多种文化元素在这里兼容并蓄，相互借鉴，共同发展。谈到民族特色，主要有以下几点。一是民族众多，回族聚居。牛街是北京市最大、最集中的回族聚居区，常住人口5.3万，由汉族和22个少数民族构成，其中回族人口约1.2万，占街道总人口的23%。二是民族宗教文化资源非常丰富。辖区内有中国伊斯兰教协会、中国伊斯兰教经学院、牛街礼拜寺、中国佛学院、北京法源寺等。中国伊斯兰教协会是中国各民族穆斯林的全国性宗教团体，是中国历史上第一个统一的全国性伊斯兰教组织；中国伊斯兰教经学院是由中国伊斯兰教协会主办的全国性伊斯兰教高等专业学校；牛街礼拜寺是北京规模最大、历史最久的一座清真寺，也是世界上著名的清真寺之一；中国佛学院是中国佛学教育的最高学府，是中国佛教文化重要的教育、研究和传承的中心；北京法源寺是北京城内历史悠久的古刹，也是中国佛学院、中国佛教图书文物馆所在地。三是民族文化和宗教活动交流频繁。既有像开斋节这样的民族节庆活动，也有伊斯兰教、佛教的学术交流活动，还有牛街民族团结月活动，等等。牛街因其在民族宗教界的特殊地位及在国内外的影响力，每年吸引上万名国内外宗教界人士到这里参观访问和交流。

为此，我们坚持把民族工作作为街道工作的重中之重来抓，在市委、市政府和区委、区政府的正确领导下，紧紧围绕各民族“共同团结进步、共同繁荣发展”的主题，将民族工作与地区发展、民生工程、社会建设有机结合，加强和创新民族团结工作，引导各族人民和睦相处、和衷共济、和谐发展。经过街道历届领导班子和干部群众的不懈努力，牛街街道现在已经成为民族工作的示范窗口，在首都及全国都具有广泛的影响力，并四次荣获全国民族团结进步先进集体称号。

其实早在2010年，国家民委就组织召开了推广牛街民族工作经验视频会，要求全国民族工作部门学习和借鉴牛街经验。当时的国家民委党组书记、副主任杨传堂给牛街总结了四条经验：一是抓特色服务，营造团结和谐的社会氛围；二是抓民生问题，赢得各族群众的真心拥护；三是抓手段创新，优化服务的质量和水平；四是抓保障机制，推动服务的制度化、规范化。我在牛街生活、工作这么多年，确实在民族工作方面也有一些自己的感悟。

一是引导民族自然性的融合。现在北京回汉通婚的特别多，将来他们有了孩子，很可能在饮食、服饰、节庆等方面跟汉族的差异就会淡化。我觉得这是一个有规律性的事情，街道完全可以加强这方面的引导。比如在对各民族节日进行宣传的时候，就可以说这是大家共同的节日，各个民族可以共享节日的美好，从而加强民族融合的价值理念教育，营造民族团结的氛围。但是在民族融合的过程中，我们不能人为地去改变它，或者用行政的强制力去限制它，而一定是要让它自然地发展和形成。有的民族工作者建议以后在身份证上就不要体现出民族属性，我觉得这种做法就是在制造矛盾，就是在用行政的力量去干预。所以我认为还是要靠各民族的自然融入，就是要自己愿意这样做。

二是加强党的民族政策和民族治理的自信。我觉得习总书记不管是在新疆讲话还是十八届三中、四中全会讲话的核心，就是我们的政策和制度没有错，它是符合我们国情的。但是由于我们的国情在不断发展变化，所以我们的制度和政策也应该不断地进行完善。它不是不适宜，不是不正确，只是有不适应的地方，要进行调整和完善。

三是要充分尊重少数民族的风俗习惯。这个不能仅仅挂在嘴边，不管是街道还是上级政府，或是我们的公职人员，都要把这种尊重落到实处。不尊重少数民族的风俗习惯是最伤民族感情、最容易让民族产生分裂和不团结的事。比如我们的回民小学虽然也有很多汉族学生，但是学校的配送餐一律是清真的，因为这是个回族学校，这里面大部分孩子都是少数民族。其实我们整个牛街的餐饮都是回族的，汉族确实受点委屈，但是你必须尊重他们的饮食习惯，这是牛街地区要恪守的政策和原则，绝对不能含糊。

四是正确看待民族平等与公平。平等、团结、互助、和谐是我们的社会主义新型民族关系。这种民族关系的平等，有很多文章都做了解释。真正的民族平等不是说你是这样的，我就也得是这样的。有些时候，其实正是因为有了不平等才能够达到平等，就像为少数民族落后地区高考加分政策一样。在我们牛街，也涉及民族公平的问题。2012 年牛羊肉的价格持续上涨，这对于每个月收入 530 元的低收入回族群体是个不小的压力。所以 2013 年北京市政府就出台了一个政策，给北京市所有信奉伊斯兰教的市民和少数民族，每年春节的时候每户每人补助 300 块钱。所以说，由于少数民族的特殊性，民族之间的平等与公平必须要放在我们大环境中考量。

二　街道工委是地区多元诉求的平衡者

伴随着社会的快速发展和加速转型，地区群众的各种利益相互交织，各类诉求激烈碰撞，对街道工委的期望也不断提高。根据我们的分析，群众最大的诉求还是围绕着基本公共服务的内容，比如教育、医疗、就业、养老等。基本公共服务越是完善，地区的社会和谐程度就越高，老百姓的幸福感也就越强烈。所以从这个角度说，平衡地区多元诉求的核心就是抓好基本公共服务。就拿牛街来说，我们非常重视基本公共服务的建设，教育、医疗都处于全市领先水平。同时，我们还建成了一套特别完整的少数民族公共服务体系，涵盖幼教、小学、中学、医院、敬老院、清真超市等，已经成为全国民族地区的标杆。

当然，公共服务领域其实是可以由政府和社会一起做的。我们在实际工作中主要把握三个原则：社会组织有愿望、有能力而且又愿意去做的，政府可以按照公共购买的形式去做；社会组织能力弱一点的，就是没能力去做的，但是又愿意去做的，政府应该是支持扶持其去做；社会组织既没这个愿望，也没有这个能力去做的，那就要由政府来承担。在社会公共服务领域里面，我觉得可以这么划分一下，厘清政府和社会的职责。政府应该是兜底的，社会能做的部分将来要逐步地给出去。

为了找到群众利益的最大公约数，我们主要通过两种途径。

一是搭建平台，引导公民积极参与公共事务。要听取老百姓的声音，街道就要搭建公民参与社会治理的平台和沟通机制，让这个地区的老百姓都能够充分地表达自己的利益诉求。这样的话，老百姓互相之间自然会有一个基本判断或者利益取舍，最后可能就通过协商自己解决了。即便自己解决不了，政府也能够根据群众的意见找到合适的解决途径。目前牛街做的是“街道小人大”。马上就要开始换届了，我们每个社区都有居民代表，这些居民代表就是社区的一个核心。我们每年会让各个站队所及街道办事处，就社区的工作向居民代表做一个述职，内容就是说说这一年为社区做了些什么。说完之后，老百姓可以提意见。在这之前，居民代表还会先把自己楼门的意见收集好一起带过来，然后由社会办把这些意见进行分类，再交给各站队所。站队所要对所有意见一一进行答复，说清楚是否能够解决，如果解决的话是什么时间解决，不解决的话是什么原因。其实这么做也就是想多听一下老百姓的声音，增强机关干部的服务意识。

二是鼓励社会组织发声，维护辖区群众利益。社会组织牵扯到社会治理问题。社会组织是一个团体，是一个关注不同利益的群体，所以我觉得社会组织应该是我们政府着重关注的。我个人主张引导社会组织发出声音来，因为这比个体发出的声音影响力更大，我们也更好把握、更好引导。政府号召建立社会组织，所以这两年社会组织蓬勃发展，我认为“十三五”期间是我们该梳理这块工作的时候了，例如社会组织究竟应该怎么去培养，怎么让它成长为社会正能量的重要支柱。目前牛街街道在民政局注册成立了两个社会组织，一个是引导街道企业发展的清真食品商会，一个是促进公共服务体系建设的公共服务协会。我们注册的虽然不多，但是都很有代表性，发展得也都很不错，可以说这两个社会组织在维护自己群体利益方面正发挥着越来越大的作用，有效弥补了政府和市场的不足。

三　街道工委是地区治理合力的凝聚者

党的十八届三中全会提出要创新社会治理体制，其中很重要的一点就是要实现多元共治。首先要明确一点，多元共治一定是党委领导、政府主导下的多元共治，所以在地区治理的过程中，要强化基层党组织的作用和地位，充分发挥党委统筹、协调和引领的功能，使街道工委能够将各种治理主体凝聚起来，形成地区治理的合力。

就党委自身的建设来说，区域化党建是我们凝聚地区治理合力的一个重要方式。应该说继 2010 年街道成立党建协调委员会以来，我们进一步统筹集合地区优势资源，在推动区域重点工作中，各委员单位给予了街道工委大力支持。同时，在大家的带动下，驻地中央、市、区企事业单位纷纷参与到地区政治、经济、文化、精神文明和社区建设工作之中。尤其是在社区建设工作中，街道党建协调委员会和社区党建协调分会的成员单位给予了社区人力、物力或财力的支持，充分体现了资源共享、优势互补、共驻共建城市区域化党建格局特点。

另一个方式就是我们的“全响应”网格化社会服务管理。从2012年起，牛街与全区同步开展了“全响应”信息化建设，整合社会和政府服务管理资源，打造了“全响应”模式的社会服务管理体系，建立了“一格五员”的网格管理体系，也就是由社区书记作为本社区网格管理员，其他社区工作者作为网格服务员，机关干部作为网格协调员，公安、工商、城管、食药等职能部门工作人员作为网格执法员，社区楼门长、社区居民代表、社区党员和社区志愿者作为网格共建员，每天或每周进行情况收集上报、信息采集汇总、数据统计分析，实现了社区内立体式全方位的有效管理、任务落实及问题解决，避免了责任不清、反应不及时的现象发生，争取做到小事不出网格、大事不出社区，从而提升了我们社会治理的水平。

牛街在探索多元共治模式方面起步还是比较早的。比如我们2009年开始在春风社区打造的“民生一条街”，那就是街道工委充分发挥社区“大党委”统筹功能，以民族政策、专业技能、活动场地等优势为基础，积极整合组织资源、人力资源、阵地资源、项目资源所取得的成果。我们的“民生一条街”涉及文化、教育、医疗、养老、福利、助困、民族群众特殊需求等七个方面，有民族敬老院、回民幼儿园、牛街儿童早教发展指导中心、牛街社保所、牛街残疾人温馨家园、牛街礼拜寺、回民殡葬所、牛街司法所，还有改建的牛街春风社区党委、居委会、社区服务站、春风社区卫生站、春风社区文体中心、社区健身广场等，极大地方便了群众的生活，老百姓非常满意。而我们在建设的过程中所贯穿的其实就是党组织领导统筹，政府主导提供保障、自治组织参与管理、社会福利机构提供服务这样一个多元共治的思想。

四　街道工委是地区公共理性的实现者

自1997年党的十五大提出“依法治国”到2014年习总书记提出“全面依法治国”，已经整整过去了17年。但是为什么我们很多群众到现在依然是“信访不信法”，为什么有法不依、执法不严、违法不究还常有发生。我个人认为，除了法治体系还不够健全这个客观因素外，更重要的是我们还缺乏对法律的敬畏心理。而这种敬畏心的缺失，应该说与我们公共理性的匮乏有直接关系。

什么是公共理性？所谓的“公共理性”，就是说所有参加公共活动的主体都应该是受到规范和约束的，要以个人利益和公共利益的平衡作为价值取向。具体来说，就是当你维护自身利益、表达自己诉求的时候，要提倡客观、公正、平和的表达方式，而不是采取一些极端的手段，比如聚众闹事、报复社会等一些危害公共安全的方式。从人类历史发展的进程来看，任何一个成熟的、健康的国家，都应该遵循公共理性，寻求多方共赢。具体到我们牛街街道的工作，实现公共理性就是要畅通各族群众民意诉求的渠道，积极引导各族群众有秩序地共同参与所在区域公共事务治理，帮助辖区范围内的居民形成相互尊重、宽容、信任、友好的邻里关系。

为了培育和提升公共理性，我们牛街街道创新了社区自治模式。一是成立了社区统战委员会，紧紧依靠社区党组织、社区居委会及积极分子，充分发挥阿訇、乡老等民族宗教骨干作用，选拔、培养民族社区新闻发言人队伍，引导群众对非法、反动言论，坚持“不听、不信、不传、不参与、不声援”原则。二是大力培育社区服务性、公益性、互助性社会组织，成立了以党员、民族工作骨干为主体的60余支志愿者队伍，广泛开展“邻里互助、守望幸福”志愿服务活动，已形成“穆斯林志愿者服务队”“夕阳红老年接送队”等志愿者队伍品牌。三是在社区公共事务治理中，逐步形成了党政队伍“主力军”、社工队伍“稳压器”、民宗队伍“顾问团”及各族群众“后备军”的工作格局。这些举措其实都是为了增强大家形成理性的品质，让我们的社区更加和谐，人民更加幸福。

此外，我们还特别注意实现政府和群众的良性互动。这些年，我们街道领导班子和机关干部始终坚持“六联系”“三必访”“深入窗口、沉入基层”等工作制度，深入民族群众、信教群众、困难群众走访调研，切实听取意见建议，改进工作方式方法。同时落实“大接访”制度，做好民族宗教类信访件处理，有效化解了便民菜市场关闭、牛羊肉如格上涨引发居民不满等敏感事件。

其实现在政府已经意识到了要为公民构筑参与社会治理的平台，但是很多的老百姓还没有意识到自己有这个权利，所以我们要大力培养公民意识。培养公民意识不是一蹴而就的，而是需要长时间的积累。我们街道目前还处于引导老百姓参与公共事务的阶段，希望能够通过这种有目的的引领使老百姓养成自觉参与的习惯。例如我们街道会通过网络、信息公开栏等发布一些信息，然后设置一些征求意见的渠道，并且最重要的是，政府一定会对这些意见有一些反馈，让老百姓觉得自己受到了尊重，自己的主体地位是真实存在的。

这种征求意见的方式的确提高了居民参与公共事务的热情，但是我们也发现有一个非常值得注意的问题，那就是参与的人员基本上都是退休的老人，年轻人参与得少。从我们自身的感觉就是，现在听到的这些声音并不能完全代表未来时代的思潮或者社会的进步态势。所以说，如何动员年轻的上班族参与到社会公共治理的行列，是我们将来的一大课题。不过 2015 年我们搞的一个活动让我很受启发。2015 年我们采取政府购买服务的方式，将 2013 年成立的牛街街道儿童早教发展指导中心以委托社会专业机构管理的方式进行运营，为辖区内 0～3 岁婴幼儿家庭免费提供开展个性化育儿指导和亲子活动。那天我们利用回民小学的大场地给 0 ~ 3 岁的婴幼儿做测评，结果好多家庭来了四五口人，老百姓都非常认可，并且还给予了极大的鼓励。为什么这个活动大家这么积极参与？那是因为这个活动是大家感兴趣的，是跟切身利益紧密相关的。目前我们正在逐步地挖掘一些跟群众利益紧紧挂钩的或者群众都很感兴趣的活动，让群众首先融入我们的街道和社区里来，然后再慢慢地扩展到其他公共事务领域，这样会更好一些。

总 报 告

General Report

B.1

牛街：探索以少数民族聚集为特点的混合型街区治理模式

摘 要: 牛街地区是一个集少数民族聚集区、城市居住区、中央单位聚集区三种功能于一体的混合型街区。近年来，牛街街道把地区发展放在首都发展的大局中，立足自身特点，坚持民族民生两条工作主线，认真履行街道六大职能，不断夯实和谐宜居建设基础，保持了地区发展良好势头。本文提出，在京津冀协同发展和落实首都新定位的新时期，牛街要以地区特色文化为灵魂，以民生服务体系为载体，以规范化社区建设为基础，以区域化党建为统领，以精细化城市管理为依托，构建“五位一体”地区治理新格局，全面提升“四个服务”水平，将牛街地区建设成为独具特色的国际一流的和谐宜居示范区。

关键词: 民族 民生 “五位一体” 和谐宜居

一 牛街：北京最具民族特色的街道

（一）牛街街道是民族团结的象征

牛街是北京城唯一以牛为名的大街，因这条街上回族聚居而闻名，亦因街东拥有牛街礼拜寺而闻名于世。牛街礼拜寺始建于北宋至道二年（996），是北京历史最为悠久、规模最为宏大的清真古寺。是穆斯林主要宗教活动场所之一。开斋节这天所有回族群众从四面八方汇集到这里听教长讲经布道。牛街的形成是在宋朝年间，最初曾名柳河村、冈上，明时称礼拜寺街，清乾隆时称牛街。它的历史地理位置，曾是唐幽州藩镇城以及辽南京、金中都的所在地，金时属敬客坊，明代属白纸坊。

牛街是牛街街道的中心，牛街街工委、街道办事处、牛街派出所就坐落在此街上。1958 年 5 月，中共宣武区牛街街道委员会正式成立，同年 9 月，牛街街道办事处正式成立。随着国家民族政策的实施，牛街成为民族团结的象征，很多国家领导人专程视察、参观和考察过这里。1997 年，牛街危改一期工程上马，2000 年牛街危改二期上马，牛街及其附近地区的“危房”大多被拆除，2003 年新牛街大街通车。2010 年，原西城区与宣武区合并，牛街街道划归北京市西城区管辖。

（二）牛街街道是少数民族聚集区

牛街街道位于西城区中部偏南，辖区面积 1.44 平方公里，东至菜市口大街与陶然亭街道相接；西至护城河与广安门外街道隔河相望；南至南横西街和枣林前街与白纸坊街道相连；北至广安门内大街与广安门内街道相邻。街道下辖 10 个社区（见表 1）。辖区内有水利部、监察部、华北电网有限公司等中央单位，国家级宗教院校 2 所（中国佛学院、中国伊斯兰教经学院），中学 2 所，小学 2 所，幼儿园 1 所，敬老院 2 所，社区居委会 10 个，社区卫生服务站 3 个。还有体育场馆、图书馆和影剧院等文化体育设施。居住着包括汉族在内的 23 个民族，其中，回族人口 1.2 万人，占街道总人口的 23%，是北京市最具民族特色的街道之一。

表 1　牛街街道下辖社区基本情况

社区名称	位置和面积	人口情况	社会组织或社会单位	社区特色
西里一区社区	位于牛街中部，面积约 0.4 平方公里，社区共有楼房 12 栋	本市户籍数 1546 户，人口 3924 人，另有常住流动人口约 760 人。有 16 个民族	有 13 个社会组织，包括牛街民族掷子队、健骨操队、书画班、健身气功队、乒乓球队、象棋队、合唱队、养犬自律会、治安巡逻队、老年协会、老年饭桌、课后托管班、计生协会	以民族团结工作为主线开展各项工作。以社区“激情洋溢民族情”大型文化活动为载体，大力宣传党的民族政策，推进社区精神文明建设
西里二区社区	地处牛街大街西南侧，面积约 0.14 平方公里	有居民 9236 人，3048 户。社区是一个由 9 个民族组成的多民族社区，回族人口占 58.58%	有楼宇骨干志愿者队、治安巡逻队、巾帼志愿者服务队、城管志愿者服务队、党员“一助一”关爱服务队、民族之声合唱队、社区舞蹈队、社区太极拳队、社区柔力球队、葫芦丝队、社区乒乓球队、象棋队、手工制作班、残疾人协会、计生协会、文体协会、老年协会等 17 个社会组织	回族聚居区。社区特色服务项目有残疾人辅助器具租借服务、阳光午餐老年餐桌、修脚、理发服务

续表

社区名称	位置和面积	人口情况	社会组织或社会单位	社区特色
南线阁社区	地处牛街街道西北端，面积0.12平方公里，居民楼14栋、居民院7个、平房12户	现有居民1423户、4168人，其中少数民族332人，包括回、满、苗、维吾尔、蒙古、锡伯族等民族，目前社区流动人口923人	包括国家监察部、国务院台办、华北电网、中建铁路等4个中央机关单位，学校1个，驻京单位4个	以民族团结、服务居民、平安稳定、社区文化、构建和谐作为社区建设主题，是民族团结进步的先进社区
钢院社区	位于牛街街道中部，面积约0.063平方公里，是一个封闭式小区，居民楼19栋	现有1307户，常住人口4710人，常住流动人口约1050人	现有社会组织11个，包括老年合唱团、民乐队、西乐队、太极队、编织组、英语班、书法组、摄影组等	属学习型社区，社区环境整洁、人文环境友好、文化底蕴深厚
枫桦社区	地处牛街街道东北部，面积约0.14平方公里，是一个以回、汉民族为主的聚居区	现有社区人口数3420人，户数1743户，常住流动人口928人	现有情暖枫桦志愿者协会、社区科普小组、社区文体活动队等社会组织。有北京移动、大唐公司、宣武图书馆、张一元等78家单位，其中包括枫桦豪景等61家新经济组织	属市级和谐社区。以社区党建为龙头，以共驻共建、楼宇非公为突破，服务于广大居民
法源寺社区	地处牛街东南部，面积约0.25平方公里。共有居民院182个，居民楼10栋	本市户籍人口3169户，8630人，常住流动人口约1500人。居民中有回、满、土家、蒙古等少数民族群众1000余人	拥有千年古刹法源寺、全国佛教最高学府中国佛学院、中国伊斯兰教协会、中国伊斯兰教经学院和国家民委招待所。此外，有湖南会馆、绍兴会馆、奥东新馆、谭嗣同故居等明清时期的会馆	是民族团结社区。社区文化底蕴浓厚：伊斯兰文化、佛教文化、老北京的士子文化及民俗文化构成了宣南文化的重要组成部分

续表

社区名称	位置和面积	人口情况	社会组织或社会单位	社区特色
牛街东里社区	地处牛街街道中部，面积约0.13平方公里。是一个由回、汉、满、蒙、侗、朝鲜、俄罗斯等9个民族组成的多民族社区	本市户籍人口3034户，9066人，常住流动人口约1535人。回族占社区人口总数的49%	现有社会组织18个，包括“穆桥情缘”志愿者协会、书法协会、辖区循环服务互助协会、楼管会10个、夕阳红接送队、敬老服务队、文明乘车疏导队、邻里和谐调解团等	社区有现代化的技防设备。初步形成助人为乐、邻里互助、尊老敬老、家庭和睦、民族团结的良好社会新风尚
春风社区	坐落在牛街中心地带，与著名的牛街礼拜寺相邻，占地0.2平方公里	现有居民2192户，5198人，回族居民占居住人口的60%以上	社区有多个社会组织和文体活动组织，包括老年协会、志愿者协会、为老服务队、治安志愿者队、巧娘编织队、社区合唱队、社区民族舞蹈队、社区乒乓球队、社区柔力球队等。社区内有辖区单位6个	是一个以回迁为主的老旧社区，又是一个拥有多种服务资源和浓郁民族特色的社区
菜园北里社区	地处牛街西南部，与护城河紧紧相邻，面积约0.09平方公里	现有居民1400户，3800人，流动人口约465人	辖区单位25个，其中有中国北方工业公司、北京实验职业学校等。有备案的社区社会组织9个，包括计生协会、老年协会、残疾人协会、治安值班巡逻队、腰鼓队、柔力球队、太极拳队、合唱队、书画班等	社区以党建为龙头，以社区乐民文体俱乐部为载体，构建“和谐温馨菜北”。着力挖掘并壮大社区志愿者队伍，进一步完善志愿服务体系，打造志愿服务品牌

续表

社区名称	位置和面积	人口情况	社会组织或社会单位	社区特色
白广路社区	位于牛街街道西部，面积约0.62平方公里。居民楼19栋、平房3片。有宝应寺、辽燕角楼、辽宣和门三个文物保护单位	辖区内有常住居民1564户，4242人，流动人口1900余人，包括回、满、蒙、朝鲜、土家族等少数民族人口270人	辖区内有水利部、电力部、民政部、区审计局等中央、市区属单位。成立有社区舞蹈队、社区合唱队、社区健身气功队、社区太极拳队等文体队伍	通过“结对共建、先锋通行”达到了资源整合、资源共享，为居民提供了活动场所、各项便利服务及就业岗位等，促进了社区的和谐建设

资料来源：根据北京西城区社会工委、社会办《西城区社区基本情况汇编》（2013年7月）相关资料整理。

（三）牛街街道是多民族文化交融地

牛街街道是北京市最具特色的街道之一，主要体现在三个方面。

1. 民族团结全国示范

民族特色是牛街最基础、最鲜明的特色，在辖区内有23个民族，其中回族占总人口的23%。民族团结工作一直是牛街的一面旗帜，牛街街道民族团结表彰会自1988年开始，每两年召开一次，已成为牛街民族工作的特色品牌活动。近年来，牛街街道围绕民族团结进步主线，加强党和国家的民族政策宣传与教育，不断创新民族团结创建活动载体，培育民族特色的社会组织，挖掘整理牛街地区民族文化，建成牛街历史文化展陈室，民族团结进步工作水平进一步提高。

2. 多元文化交融发展

牛街历史悠久，辖区分布有牛街礼拜寺、中国伊斯兰教协会、中国伊斯兰教经学院，还有法源寺、中国佛学院，以及湖南会馆、绍兴会馆、奥东新馆、谭嗣同故居等明清时期的会馆。不仅具有独特的伊斯兰风格，还孕育着浓郁的京味神韵、民族文化、儒释文化、宣南文化。此外，老北京的士子文化及民俗文化也是牛街文化的不可或缺的组成部分。多种文化在这里交相辉映，交融发展。

3. 清真餐饮品牌集聚

牛街是北京清真食品的主要聚集地，清真食品企业发展迅速。其区域内的吐鲁番饭店、聚宝源等一批清真餐饮名声在外。除餐饮外，牛街的清真超市和牛羊肉市场也是北京人耳熟能详的地方，聚宝源的牛羊肉销售窗口常年都有消费者排长队。这些清真特色的商业不仅满足了当地社区居民的需求，也成为北京清真用品市场的重要部分和确保清真食品安全的关键环节。为此，牛街清真食品商会还申请注册了“牛街清真食品”这个集体商标。

二　民族民生两条主线夯实和谐宜居基础

近年来，牛街街道立足首都战略定位下的发展新要求，抓住民族和民生两条主线，紧紧围绕加强区域党建、落实公共服务、统筹辖区治理、组织联合执法、指导社区建设、促进社会和谐等六大职能，不断夯实和谐宜居基础，在辖区治理方面更是取得了新的进展。作为北京市最具民族特色的街道，牛街长期以来高度重视民族团结工作，曾多次荣获“全国民族团结进步模范集体”称号，同时，牛街街道还荣获过军民共建社会主义精神文明先进单位、“北京奥运会、残奥会先进集体”、全国“五五”普法先进单位等国家级荣誉称号。

（一）夯实社区基础，区域党建形成网络化体系

党的十八大报告明确指出“创新基层党建工作，夯实党执政的组织基础”“全面提高党的建设科学化水平”。区域党建是按照区域

统筹的理念，在街道辖区范围内，统筹设置基层党组织，统一管理党员队伍，通盘使用党建阵地，形成以街道党工委为核心、社区党组织为基础、其他基层党组织为节点的网络化体系。对加强和改善党的领导、拓宽党群联系渠道，提高基层党建科学化水平，进一步巩固党的执政地位，具有重大而深远的意义。一直以来，牛街街道把区域党建作为党建工作的中心工作，广泛吸纳驻区单位党组织负责人加入街道党建协调委员会。特别是在各社区党组织的基础上，形成社区“大党委”工作格局和运行机制，协调驻区单位参与社区建设，服务居民群众，开创了街道党建工作的新局面。

1. 建设社区“大党委”，打造区域党建工作新格局

党建工作协调沟通难、服务资源优势互补难、在职党员在居住地社区作用发挥难一直是基层党建存在的三个难点问题，在这种形势下，社区“大党委”应运而生。早在 2012 年，结合社区党委换届选举工作，在社区党组织的基础上，牛街街道 10 个社区全部成立了“大党委”，40 名辖区单位党组织负责人作为“大党委”席位制委员，参与到了社区重大事项的决策与组织中，在一定程度上解决了上述“三难”问题，开创了区域化党建新局面。

一是构建“全覆盖”的组织体系。街道建立社区“大党委”，使辖区内 10 个居委会、49 家驻区单位党组织全部纳入了社区“大党委”统一管理范围，实现了区域范围内党组织管理全覆盖。驻辖区机关、企事业单位、两新组织、物业公司、商务楼宇等驻区单位党组织负责人通过社区推荐、工委任命之后，可以入选社区“大党委”班子，在班子成员中，还有一定比例的社区民警。社区“大党委”建设，充分发挥了党组织的政治优势和组织优势，实现了基层党建由垂直管理向区域整合的转变，形成了区域化社区党建新格局。实现党组织“全覆盖”，商务楼宇党建是一项重要工作。按照“需求出发、服务入手、利益联结、活动凝聚、组织带动”的思路，社区“大党

委”选派了一名服务意识好、协调能力强、熟悉党务知识的同志担任联络员，推进楼宇内各工会、群团等组织工作同步开展。同时，以共建联席会为抓手，联合驻街单位、非公有制经济组织共同参与，通过攻克组建工作难点，建立社会服务站、党建工作站、工会工作站、共青团工作站、妇联工作站，实现“五站合一”工作站，实现党的组织和工作在楼宇的双覆盖。

二是完善“全联动”的工作运转体系。发挥街道党委统筹协调能力，整合辖区各类服务资源，充分调动社区“大党委”及党建协调委员会分会成员单位积极性，从需求的满足点和服务的切入点入手，开展互助共联的党建共建工作。制定社区“大党委”议事规则、议事决策、考核监督、党员作用发挥、党建协调、经费保障等多项工作机制，加强党建工作保障。牛街还采取社区为辖区单位服务、辖区单位为社区和居民服务的“双向服务工作法”，形成以社区党组织为核心，辖区单位党组织共同参与的资源共享、优势互补、共驻共建的大党建格局。社区党委以“思想工作联做、社会治安联防、公益事业联办、计划生育联管、环境建设联建、党的建设联抓”为主要内容，以创建“六型”社区工作为平台，实现为民服务透明化，共建工作制度化。整合了政治资源，增强了党组织在社区的影响力和战斗力；整合了物质资源，使社区单位、居民互惠互利；整合了人才资源，提高社区党建工作水平。

三是建立“全服务”的基层服务体系。牛街街道开展形式多样的社区共建活动，不但提高了辖区单位、在职党员的共建意识，推动了更多单位资源为社区服务，更重要的是满足了居民群众多元化的需求。打造了一系列服务党员群众的品牌活动和项目，切实增强了社会领域党组织和党员服务民生、促进和谐、推动发展的能力。围绕民生服务，推出“党日活动菜单”“爱心储蓄银行”“幸福夕阳·快乐生活”敬老为老服务等党建创新项目，发挥党员先锋作用；规范备案社区社会组织队伍80支，打造培育“春雨穆林社区服务队”、小学生托管班等多支品牌队伍，提升便民服务；设立辖区50余家企业单位参与的“民族团结就业援助中心”，解决企业招工难、社区人员就业难问题。

2. 深化教育实践活动，建设服务型党组织

牛街位于首都功能核心区，如何在首都新定位下，履行好“四个服务”职责，让服务成为街道党建工作的鲜明主题，是牛街建设服务型党组织面临的重大课题。围绕这一命题，街道工委以党的群众路线教育实践活动为契机，不断完善基层党组织服务格局，深入开展了服务型党组织建设。

一是扎实推进党的群众路线教育实践活动。按照北京市部署，2014年1月，各区县及基层组织深入开展党的群众路线教育实践活动。牛街街道立足基层实际，把教育实践活动与全面贯彻落实党的十八大提出的各项任务要求结合起来，与强化领导班子和干部队伍建设结合起来，与建设基层服务型党组织结合起来，努力实现转作风、强组织、促发展。主要体现在五个方面：认真组织学习，开展“理论理想大家学，微博达人谈体会”活动；广泛征求意见，2014年，牛街领导班子走访干部群众家庭61户，召开座谈会8次；深入查摆问题，做到“七必听”和“四必谈”，开好专题民主生活会和组织生活会；完善制度建设，废止制度2个，修订19个，新建17个；狠抓整改落实，街道和社区11个班子确定整改任务59项，班子成员个人确定任务332项。

二是加强基层服务型党组织建设。服务型党组织建设是加强党的执政基础的重要举措，也是适应发展形势和群众需求的必然要求。基层党组织处于改革发展稳定的第一线，其主要任务就是践行党的群众路线，更好地为群众服务。因此，牛街街道工委牢固树立以服务型党组织建设统揽基层党建工作的理念，在区域化党建过程中，抓好党员

干部队伍建设。开展“处带居、六联系、促安全”活动，将班子成员联系群众常态化；推进党风廉政建设工作，正风肃纪、防止腐败；创新干部教育培训方式，与社科院联手提升干部综合素质；开展科级领导干部岗位交流，加大干部交流、挂职、培训、培养力度。在社区服务型党组织建设中，加强社区党组织对居委会、服务站及其他各类组织的领导，不断完善社区党组织、社区居委会、社区服务站议事协调机制。支持和保证社区居委会依法充分行使职权，推进社区居民自治；领导社区服务站和各类社区服务组织开展社区服务工作，提高社区服务水平；领导社区群众组织和业主大会，支持和保证其依照各自的章程开展工作。

（二）创新服务机制，公共服务实现标准化作业

牛街街道坚持以社区居民需求为导向，以提升社区服务能力为重点，落实社区基本公共服务项目，推动形成党组织领导统筹，政府主导提供保障、自治组织参与管理、社会福利机构提供服务、满足群众多元化需求的公共服务体系，打造了公共服务大厅、民生一条街等群众满意的高品质服务品牌。其中，公共服务大厅作为政府提供公共服务的重要载体，在落实公共服务中发挥着重要作用。

1. 扎实开展基础建设，提升政务服务效能

按照西城区综合行政服务中心相关规定和全区政风行风建设有关要求，根据办事群众的个性需求，对公共服务大厅统一标准，科学规划，合理布局。

一是划分出九大功能区，实现“一厅多能”，提升大厅综合服务能力。功能区包括：业务办理区、信息公示区、政策宣传索取区、电子查询区、引导区、书写区、休息等候区、便民爱心区、意见投诉区。为机关各业务科室搭好服务平台，为辖区居民提供多方位、多角度服务。

二是完善设施和服务。安装大厅门口铜牌、政策索取架、政策展示架、意见箱等，规范大厅办事设施；安装调试大厅信息滚动屏、自助查询机，规范对外信息查询功能；统一工装，设置窗口公示牌，提升窗口服务水平；设置隔离带，维护现场办公秩序；提供花镜、药箱等便民服务，方便办事居民；等等。此外，设立大厅引导员，主动承担引导和现场秩序维护工作。辅助、指导办事人员办理业务，政策咨询等。

三是加强和改进作风建设，强化为民服务。落实教育实践工作成果，成立牛街街道公共服务大厅党风行风廉政建设监督小组。聘请地区人大代表、政协委员、社区居民、企业代表、残疾人代表、退休人员代表等各界人士为监督员，随时反馈检查结果或意见建议，进一步加强和改进作风建设，强化为民服务的本领。并按照“千家评政府”和全区开展的行政服务体系服务监测的要求，针对各种“明察暗访”测评结果制定措施加强管理。定期召集大厅相关科室负责人，通报监测结果，对存在的问题逐一分析现象、查找原因、限期整改，切实强化作风建设。

2. 积极推进行政服务标准化，形成长效机制

在实际工作中，牛街街道积极推进行政服务标准化工作，完善工作机制，为提升公共服务水平、打造高效统一的服务品牌提供保障。

一是推进标准化管理，建立自查自改机制。首先要求全体干部树立标准化工作意识，熟练掌握行政服务工作标准，自觉培养良好的行为习惯；其次要严格执行标准化工作规范和统一的管理模式提高工作效率，步入良性循环状态；再次是要求程序透明化、服务贴心化、办公效率化、环境舒适化，提高群众满意度。定期进行抽查，针对差距和不足，加以整改，建立行政服务标准化长效持续的自查自改机制。

二是明确岗位职责，制定考核办法。制定《牛街街道公共服务大厅窗口岗位内部考核规范（试行)》，严格要求窗口工作人员增强

服务意识，落实政务公开、透明服务、方便群众的要求，优化办事流程，提高工作效率，完善服务水平。对考核结果进行分析总结，以便持续改进工作。

三是落实社区弹性工作制，提高服务水平。落实西城区出台的《关于加强和改进社区服务群众工作指导意见》，为居民提供方便、快捷的服务，牛街街道深入开展党的群众路线教育实践活动，指导10个社区转变工作方式，实行延时工作制。此外，细化、分解各窗口服务事项、办事流程和联系方式，制定《窗口服务办理细则》在社区居委会公示，方便居民随时查阅、咨询和办理，方便社区值班员“综合受理、全科服务”。加强大厅工作人员学习和培育工作，学习社会主义核心价值观，提高窗口工作人员的服务意识。做好来访群众的接待、来访问题的记录整理工作，实现日常工作的一个窗口和“一站式”服务。

（三）强化街道统筹，治理主体实现制度化合作

街道党工委是统筹辖区治理的领导核心，包括公共服务、城市管理、环境建设、社会管理等各个方面。在统筹辖区治理中，必须发挥好政府、社会和市场的作用，街道办事处处于主体地位，发挥属地管理作用，各职能部门发挥行业管理和协调作用。从治理能力上看，重在挖掘政府潜力、释放市场动力、激发社会活力，形成三方合力；从治理主体上，更是要形成党委、政府、社会、市场、公众多元共治的格局。特别需要指出的是，牛街在辖区治理中，紧紧围绕“平安牛街”和加强社会治安防控体系的建设这个中心，着力解决影响社会和谐稳定的突出问题，努力提升群众安全感和满意度，营造了牛街地区安全、和谐稳定的社会环境。

1.“三办合一”强化统筹，合力创建平安牛街

在社会管理创新工作实践当中，牛街街道充分发挥了由综治办、

维稳办、流管办三个部门共同构建的新综治办的统筹协调作用，将辖区内社会治理工作纳入统一步调，推动形成“党委领导、政府负责、社会协同、公众参与、法制保障”的社会管理体系。

一是加强综治组织领导。与机关28个科室、11个站队所、10个社区和21个驻区单位签订了“牛街地区社会管理综合治理”责任书；实施组织、统筹、落实、督察的保障机制，坚持驻街站队所月工作汇总制度和专题会商制度，确保重点难点问题得到有效治理。

二是对群众反映强烈的热点难点问题开展排查整治。其一是持续开展教子胡同、输入胡同交通整治。其二是对辖区的地下空间、平房胡同区、老旧住宅楼、施工现场、餐馆的燃气煤气罐的安全使用进行了全方位的隐患排查整治。其三是在10个社区开展“消防安全社区行”巡回培训活动及模拟火灾现场灭火实训体验活动。其四是加强对12345热线问题的处理。

三是大力开展平安牛街创建活动。其一是开展了提高群众安全感专项走访。通过深入社区走访，征求了辖区居民的意见和建议，并及时进行了认真梳理和整改。其二是大力建设平安文化。利用墙报、漫画、张贴海报等形式，大力开展平安社区宣传活动。开展了以“携手共建平安牛街”为主题的百日宣传活动。其三是积极开展“平安社区”表彰。对被评为“平安社区”的7个社区进行了宣传与表彰，进一步掀起了争创“平安社区”的氛围。其四是落实了科技创安措施。对辖区技防系统进行了普查，对物防技防设施进行了维护。

2. 建立稳定风险评估机制，维护民族地区和谐稳定

在全球范围内，打击恐怖主义、维护和平稳定都是各国政府的重要工作。北京作为我国首都，受到潜在暴恐威胁的可能性长期存在，作为中央机关最为集中的西城区又是北京市预防暴恐威胁的重中之重。如何强化辖区反恐能力，维护好民族地区的和谐稳定，也是牛街街道工作的重点。

一是做好重要活动、敏感时期及佛教节日期间的社会面的防控工作。保证了“两会”“APEC”等7个重要活动期间、“6·4”等4个敏感时期及“开斋节”等5个节日期间的安全。

二是加强反恐防暴工作。建立健全稳定风险评估机制，对街道重大活动实施可能出现的稳定风险先期预测，先期评估，先期化解；完善了专群结合的反恐信息预警，最大限度延伸情报信息触角；加强专业培训，对辖区反恐维稳信息员100余人进行了培训，增强了反恐意识和发现处置能力。

三是加强治安处置的能力。为了加强快速反应，处置迅速，为派出所配备电动车15辆、警械具100套，反映出以地区工委牵头，派出所为主力全民参与的氛围，确保地区安全稳定、治安可控。

3. 加强人口调控，流动人口管理机制进一步健全

社会管理是对人的管理和服务。牛街街道在承接北京市人口疏解工作的同时，更加注重做好流动人口的管理工作。

一是建立了人口疏解工作机制。加强了对人口疏解工作的组织领导。成立了牛街地区人口调控工作领导小组，下设综合整治组、户籍人口调控组、产业调整组、重点工程组4个小组，明确了各自的职责、任务，保证工作能稳步推进。建立健全了工作长效机制。建立健全了每周五工作例会、每周一领导碰头会、每月汇总上报、阶段工作会商等制度，及时对调控情况进行分析、汇总，发现问题及时解决，积极稳妥推进人口疏解工作的顺利开展。

二是加强流动人口服务管理。加大了政策法规宣传力度。通过各种形式发放合法出租房屋相关政策、出租房屋税收等宣传折页，提高流动人口的法纪意识。加强了流管员队伍建设。按照每个社区不少于2名流管人员的要求，为社区配齐了流管人员，并对相关制度规定进行了培训和帮带，提高了流管人员的素质和能力。开展了出租房屋专项整治。采取错时清查、上门服务、下发告知书、约谈协商、联合执

法等方法，对违法出租房屋治理整改。加强出租房屋税收代征工作，采取上门宣传及与流管工作相结合的方法，加大了税收工作力度。

（四）组织联合执法，专项整治建立常态化机制

联合执法是指两个或两个以上行政执法机关，依据联合执法事项目录，共同开展行政执法，并依据法定职责，分别做出行政处理决定的行政执法方式。街道是辖区范围内联合执法的牵头单位和组织者。近年来，牛街街道积极推进建立联合执法制度，对涉及民生、公共利益、公共安全等重点执法领域，以及管辖边界交叉、重叠等特殊区域，推行联合执法长效机制，实现联合执法常态化。不定期的专项整治是联合执法的重要手段，是加强地区应急管理的必然要求，有利于维护地区良好的环境秩序和安全稳定。牛街在出租房管理、违法经营、违法建设等专项整治中，及时消除各类安全隐患，取得了良好成效。同时建立了常态管理机制，切实巩固集中治理成果。

1. 通过流动人口和出租房屋专项整治，消除安全隐患

2014 年 3 月，牛街街道围绕流动人口和出租房屋的服务与管理，深化各类出租房屋、地下空间的安全隐患排查，组织街道综治办、民防办、宣传部、辖区派出所、地区城管分队、卫生监督站、食药所、工商所、防火办及西城区房管局市场科等部门开展联合执法夜查行动，对群租房屋、地下空间进行地毯式隐患排查。此次联合夜查共检查群租房 5 处、地下空间 4 处，发现群租房打隔断、人员复杂、管理混乱等突出问题，地下空间消防设施不达标、消防出口堆放杂物、室内乱拉乱接电线等问题。各执法部门依据各自职责，对被检查单位存在的安全隐患，要求能现场整改的立即整改，不能现场整改的下发限改通知书限期整改。同时结合实际开展宣传教育，引导相关人员通过合法途径租赁房屋，维护自身合法权益，确保自身安全。

2. 加强违法经营和综合整治，解决环境秩序问题

牛街办事处牵头与地区各执法部门联勤联动，对广安门内大街围墙内违法建设、无照经营、占道经营等问题进行综合整治。街道制定了详细合理专项整治方案，首先由牛街城管执法队对广内大街围墙内所有商户进行详细的情况调查，就商户的工商营业执照、卫生经营许可、是否存在占道经营和违法建设等情况建立详细台账；其次，由办事处综治部门领导牵头，牛街城管联合公安、工商、食药各部门抽调执法力量成立的临时“小分队”，对广内大街围墙内存在问题的商户进行综合整治，规范其经营情况，拆除其违法建设，彻底解决了围墙内存在多年的脏乱差等环境秩序和违法问题。此外，加强不间断巡查管控，遏制了店外经营、露天烧烤等违法行为反弹。

3. 持续开展违法建设专项整治行动，杜绝违法建设

按照西城区城市管理精细化工作的总体要求，牛街继续大力开展拆违、灭脏、清障、治污、治乱、撤市“六大战役”。以拆除违法建设为突破口，根据实际情况制订严谨可行的工作计划，采取约谈、动员、强拆等多种手段拆除违法建设，适时对广内大街拆迁区进行了联合执法整治。对菜西片拆迁区的店外经营、大排档、堆物堆料等违法行为开展了集中整治行动。2014 年全年完成 3430 平方米拆除任务。在牛街街道各相关部门不懈努力和全力配合下实现了违法建设“杜绝新生、消减存量”的工作目标。此外，牛街还开展了“扫黄打非·清源 2014”专项行动，对辖区印刷、复印企业、报刊亭、报摊进行了集中清查整治。

（五）加强社区服务，社区建设实现规范化运作

街道主要行使社区建设的统筹规划、协调资源、监督管理、指导服务和综合治理职能，其承担的社会管理和公共服务职能及与之相关的事务性工作下放到社区。根据北京市政府出台的社会建设“1 +4

文件”的要求，牛街街道的10个社区全部建立了社区服务站。建立服务站以后，在2009年、2010年逐步调整功能定位，辅助政府做好居民接待以及政务服务工作，真正发挥党居站的作用。

1. 以便民为宗旨推进社区服务点建设

牛街街道生活服务中心在前期开展两项调查的基础上，针对调查结果，特别是服务资源方面的调查结果，进一步确定了明确的工作方向。一方面对街道现有的服务网点进行规范提升，对便民服务有意向的、愿意做公益的企业或个人做进一步引导。同时街道还制作了具有标识的便民服务的宣传灯箱，可以进一步提升这些服务商的信誉度，对社区居民反映比较好、服务质量较高的社区服务点，给予悬挂宣传灯箱。通过这些举措，对社区便民服务网点开展了分类管理，提高了便民服务点的荣誉感，同时也对服务网点进行了宣传。

2. 以优质为标准壮大社区社工队伍

近年来在社区社工队伍建设方面，牛街街道也做了大量卓有成效的工作。为了加强街道社工队伍建设，提升自己的凝聚力，街道成立了专门的社工自治组织——社工协会。社工协会的成员均为正式社工。从近几年社区发展整体情况来看，社区工作的骨干人数比较多，大概150人，这两年队伍整体比较稳定。从近两年整体招聘情况来看，街道招聘人员中京籍的比较多，稳定性方面得到保障，近两年招聘的人中也有一些外埠的大学生，但是所占比例不大。2015年，牛街街道将通过社工或者社会人员招聘的形式，将社工协会工作专职化，加强队伍自身建设。

3. 以细致周到为宗旨开展社区分片包户工作

近两年，牛街街道为了了解居民需求，联谊社区居民，在辖区内全面开展了社区入户走访，分片包户工作，定期包楼，定期联系。此后又根据居民当中有部分存在人户分离的实际情况，街道提出按房走访，以房联系等措施，只要有建筑物，只要有人居住，居委会人员必须联系到位。此外，街道原有的整体联系包户工作的制度，也逐渐细化到每一住户的联系方式、联系数量等方方面面的要求，形成了一个比较完善的规范。牛街街道长期以来，在联系群众、了解群众、服务群众方面的工作一直都开展得很好。尤其是这两年，牛街街道对社区联系群众、包户工作有了明确的要求，街道结合各自社区的八个委员会，跟居民深入联系，实际上也是促进居委会自身工作的提升。每个社区的居委会的所有人都参与到包户工作中，包括服务站的工作人员都参与其中。按照现在的要求，社区主任在走访居民的时候，必须随身带两个本子，一个本子是记录长期居住居民的台账，比如每家有什么成员、居住是否和谐等一些基本的情况。另外还有一个小本随时记录居民的想法，比如意见、建议、反映的问题等，可以说是“民生日记”。有了这两本“一手资料”，对于社区进一步完善居民基础资料信息档案有了重要的参考。以便居委会主任轮岗交流，社区之间人员调整的时候，可以通过查看这两本记事本以及基础信息档案了解辖区居民的基本情况，使社区工作更有延续性。今后，牛街街道计划将信息化处理工作逐步完成，以便为建立社区资料库与街道的全响应对接打好基础。

4. 以信息化、大数据为依托开展智慧社区建设

牛街根据北京市社工委和西城区对街道的要求，主要依靠的是市里社工委支持，按照智慧社区的一些标准的数据，自上而下进行牛街智慧社区建设。所谓智慧社区就是信息化建设的一个程度，它包括社区自身的建设，如办公、服务等硬件设施，还包括居民日常生活所需，如居民数字电视。智慧社区需要一个阶段来实现，尽管牛街街道与西城工作结合建设智慧社区，但是客观来讲这是一个综合的指标，一个系统的工程，并不是街道单一方面就能达到的。例如：宽带的使用率，好多都不是政府能推动的。因此，智慧社区建设现在还处于基础性研究阶段。西城区要求街道推进智慧社区建设，要求街道从试点

或者示范上做起，每年推一两个社区，但是街道觉得推进有困难，因为需要硬件设备、资金等的投入。如硬件的规范性要求比较多，信息化工程就涉及许多方面，有居民生活方面的，也有政府服务方面的，还有一些包括办公等其他方面的，这是一个综合体现，但是要整合这些方面很困难，尤其是在信息化通信业垄断的当今社会。目前，牛街街道只有在整体上，结合全响应指挥平台，进行智慧社区具体的细化的工作。

（六）促进社会和谐，服务民生形成特色化品牌

1. 推进老旧小区改造，构建和谐宜居环境

牛街街道采取多项措施改善居民生活环境，构建和谐宜居社区。第一，牛街东里一区、西里二区为老旧回迁小区，近年来因污水管线坍塌等原因造成污水排水不畅，给居民生活带来极大不便，同时还存在严重安全隐患。经过街道办事处多次协调，对上述小区污水管线进行改造，彻底解决了困扰居民多年的排水问题。第二，以老旧小区综合整治项目为契机，与环境建设、民生工作相结合带动辖区城市面貌改善。配合区重大办完成了南线阁 21 号楼、枣林前街丙 21 号楼老旧小区抗震加固改造工作。以及对辖区 13 栋居民楼近 2000 户居民进行了老旧楼房节能改造，改造内容包括墙体保温、屋面防水、外立面更换塑钢窗、护栏刷漆、楼道粉饰等，多措并举改善群众居住条件。第三，配合区环保局完成地区约 39 户平房户居民清洁能源改造——“煤改电”工程，将持续改善区域环境质量同改善居民生活有机结合。

2. 改善民生，促进民族团结

尊重少数民族风俗习惯，打造特色服务体系。街道坚持“民族宗教无小事”的原则，立足满足少数民族群众特殊需求，在少数民族群众聚居的社区中心路段，利用已有的民族敬老院、回民幼儿园、

牛街社保所、牛街礼拜寺、回民殡葬所、社区卫生服务站等12家服务机构物理相连、互补共存，规划“民生一条街”，形成政府主导提供保障，自治组织参与管理，社会福利机构提供服务，满足群众多元化需求的公共服务体系。组建街道民族政策监督员队伍，定期在重点大街、民族社区、清真餐饮企业收集社情民意、开展巡视检查，切实维护少数民族群众合法权益。制定《牛街街道民族特色教育项目经费管理使用办法》，对地区考取大学的少数民族学生给予不同程度的资助和奖励。开展少数民族适龄儿童入园需求调查，积极协调配合相关部门完成回民幼儿园扩建工程，解决“入园难”问题。

3. 强化服务，提升居民生活质量

街道确立“用服务增强友谊、用服务唤起真情、用服务架起‘共建’桥梁”的“三服务”原则，把开展共驻共建活动与开展为民服务活动相结合。相继推出了以“服务共享”“文化共建”“环境共管”等为代表的专项共建活动，解决了社区居民需求的热点和难点问题，进一步密切了党组织和群众的血肉联系，丰富了社区党建工作的内涵。并与辖区单位共同开展多项创建工作。共创活动提高了社区环境质量，提升了社区居民的卫生意识，更多的居民群众积极加入到了创建卫生城区的工作中，齐心协力创造清洁、优美、整齐、舒适的生活环境。

三　把握牛街街道发展新形势

（一）三大优势奠定发展基础

1. 健全的民族工作机制

我国是一个多民族的国家，处理好民族问题、做好民族工作是我们党和国家工作的重要组成部分，这关系到社会的和谐稳定，关系全

面建成小康社会进程，关系中国特色社会主义事业发展。多年来，牛街街道高度重视民族工作，通过工作实践促进民族团结和社会的和谐稳定。

首先，牛街街道结合实际，不断完善民族工作领导机制、民族干部培养机制、宣传教育培训机制、社区沟通协调机制等各项民族宗教管理长效工作机制，为推进民族团结进步提供制度保障。针对新时期新形势下民族宗教工作中遇到的新情况、新问题，街道积极修订和完善民族宗教各类工作制度。2009 年，街道修订《关于加强民族工作的意见》。2011 年，街道修订《关于培养选拔少数民族干部工作的意见》。另外，街道还制定了《社区民族工作考核办法》《社区民族工作手册》《牛街街道民族宗教重要活动安全服务保障工作规程》《接待工作规程》等工作制度，为全面提高做好新时期民族工作水平奠定了制度基础。

其次，组建团结务实的民族工作队伍，为推进民族团结进步提供人才保障。街道工委树立“大人才观”，高度重视人才在促进经济社会发展、促进社会和谐稳定方面的基础性、决定性作用，多措并举加强民族宗教人才的培养教育。多渠道吸纳少数民族干部，重点锻炼、培养、提拔少数民族干部，确保在街道领导干部、全体机关干部和回族比较集中的社区干部中，少数民族干部占三分之一以上的比例。街道制定《牛街街道 2012～2016 年干部教育培训规划》，明确将民族宗教工作专题培训、“三入门”教育纳入其中。

再次，健全街道民族宗教工作网络，为推进民族团结进步提供组织保障。街道工委办事处建立了由工委书记和办事处主任担任组长的民族宗教工作领导小组，由一名副书记负责民族宗教工作，工委班子定期听取民族工作汇报，协调解决工作中遇到的重大问题。

最后，在新形势下，广泛持久地开展民族团结进步创建活动。一是为推动党的民族政策，树立“汉族离不开少数民族，少数民族离不开汉族，各少数民族之间也相互离不开”的“三个离不开”思想，提高地区干部群众贯彻落实国家民族法规政策的自觉性，牛街街道结合实际，深入持续地开展地区民族团结进步创建活动。二是坚持典型引路，持续开展民族团结进步表彰。争创和表彰民族团结进步模范，是民族团结进步创建活动的重要载体。牛街街道将民族团结工作寓于精神文明建设之中，自 1988 年举行第一届民族团结进步表彰大会以来，每两年举行一次，历经 20 多年，距今已召开了 11 届，共表彰先进单位 579 个、楼门院 486 个、先进个人 823 名、和谐家庭 200 个。三是坚持品牌提升，推进“民族团结杯”品牌战略。“民族团结杯”是经过地区各族群众共同努力创建而来的特色活动品牌，近年来，以之冠名的象棋赛、书画展、知识竞赛和清真美食文化节等民族团结创建活动已经成为教育和引导干部群众了解民族政策、维护民族团结的有效载体。

2. 深厚的文化底蕴

牛街是北京历史悠久的民族文化街区。以回族文化为主要内容的民族文化、以法源寺为载体的儒释文化、以湖南会馆、粤东会馆等为代表的宣南文化在这条千年古街兼容并蓄，相互借鉴，共同发展。

牛街，曾名柳河村、冈上、牛肉胡同、礼拜寺街等，是北京最具民族特色的街道之一。牛街是北京最大的回族聚居地，也是北京回族文化的重要传承地、聚集地，其民族历史文化可追溯到元代，当时大量的回民进入北京，到了明朝，随燕王朱棣迁入北京的回族人也居住在牛街，从这之后牛街逐渐成为北京回族人民聚居的地方。与此同时，他们还带来了回族人民的宗教文化。他们的民族文化、宗教文化在这里与汉族文化相融合，共同发展。牛街的居民长期处于汉族群体的包围之中，包括服装、语言、姓氏文化、教育等方面已经与汉族人民融为一体，甚至与汉族人通婚，但在生活习俗上，他们高度重视并坚持自己的民族属性，严格遵守伊斯兰教义规定，殡葬方式、饮食禁忌等方面的习俗仍保留着，受伊斯兰教的规定和影响，一些宗教的戒律已转化为了牛街人的生活习俗，形成了牛街独特的儒释文化。在这里具有千年历史的牛街礼拜寺、法源寺更是吸引了世界各地人民，成为广大穆斯林群众宗教生活和社交中心。

牛街地处北京市原宣武区，不仅承载着民族文化、儒释文化，还蕴含着宣南文化。清顺治五年（1648），清政府颁布诣旨，在京师实行“满汉分城居住”，经过长期发展与演变，宣武门外逐渐成了一个以汉族官员和士子为主要居民的区域，在这里士人文化与平民文化融合发展，并形成了集通俗、儒雅、华丽于一身的宣南文化。回族人民在宣南土地上生息繁衍，形成具有京风京味又有浓厚民族风情的宣南文化。经过千年的发展和演变，牛街已经成了一个承载着民族文化、儒释文化、宣南文化的多元文化街区。

牛街街道为挖掘传承历史文化，以民族进步为主线，努力唱响文化品牌，全面加强文化建设。几年来，牛街街道先后成立了民族艺术团、民族京剧队、民族舞蹈队、合唱队、秧歌队、韵律操队等文艺演出队，并主办、协办大型演出 20 余场，社区文艺演出 200 余场，观看人数近 3 万，扩大了群众参与文化活动的覆盖面。牛街地区的多支文化队伍还参与国内、国际文化交流，扩大了牛街的美誉度和影响力。此外，牛街还连续五届举办了法源寺丁香笔会，吸引了众多诗人、书画家光临，进一步提升了牛街的知名度；“激情洋溢民族情”文艺演出连续举办了七届；“民族团结杯舞蹈邀请赛”连续举办了五届，牛街舞蹈队极具民族特色的表演受到好评；各社区开展的“摄影展”连续举办了多年；每年开斋节期间，举办“民族团结书画展”等。这些都成为街道颇具民族特色的品牌文化，突出了民族团结的主题，文化社区的建设不仅丰富了居民的文化生活，也使居民在交流切磋中增进感情，使邻里关系更加和谐。与此同时，具有浓郁民族特色的中国式摔跤在第八届全国民运会上勇夺冠军；白猿通背拳成功申报市级非物质文化遗产；由民族之声合唱团、民族之韵舞蹈队、民族之音京剧团三支精品社区文化组织组成的街道民族艺术团正式成立；牛街特色民族体育活动——掷子的代际传承保护工作有条不紊地进行。街道还将制定街道民族文化挖掘和保护工作规划，分步骤、分项目开展民族文化挖掘工作，力争实现民族文化的可持续发展。

3. 规范化的基层社会治理体系

在牛街工委和街道办事处的不懈努力下，街道社会治理体系日趋完善，党委领导下政府、社会和居民多元共治的格局逐步成为街道社区工作的主体框架。

首先，条块结合的基层治理体系逐步建立。2012 年，西城区政府出台了关于加强职能部门属地管理的两个文件，建立了综合执法机制，建立了街道对科站队所秩序执法工作考评机制，以街道统筹为核心条块结合的工作机制得到进一步完善。2012 年底，牛街街道在认真分析驻街站队所的职能职责，以及与街道工作的配合内容的基础上，按照“主体不变、职能不变、联合运作、优势互补、工作联动、形成合力、方便群众、服务大局”的原则，充分发挥统筹协调驻街站队所的作用，结合地区实际，制定了《街道对职能部门派驻机构工作实绩的考核评价意见》，强化了街道对驻街站队所职责履行情况的日常监督和统筹协调，提升了工作合力。

其次，以区域化党建为载体的社会治理体系逐步建立。牛街街道着力构建“一中心多基地”社会组织建设工作体系，开展社会组织带头人培训，不断扩大社会组织服务民生的范围和途径，促进社会组织服务民生能力不断提升，地区治理社会化格局雏形已现，地区组织化程度进一步提高。

最后，发挥街道统筹辖区作用，区域安全稳定。理顺街道与驻街职能部门、专业管理部门关系，通过会商会、联席会等形式，加强统筹协调，制定考核办法，加大监督力度。规范各类协管员的管理，明确岗位职责，提升管理水平。加强信息化建设，设计建设综合服务、管理、监督、指挥、处置为一体的全响应社会服务管理指挥中心，为提升管理水平提供有力支撑，推动地区社会服务管理创新。依托街道综治维稳工作中心，定期召开矛盾排查调处会，分析研判区域维稳工作形势，及时发现可能引发涉及民族宗教方面的苗头性、倾向性问题，采取切实措施，把问题解决在萌芽时期。积极整合综治、信访、维稳、司法、民族宗教等部门力量，做好重大民族宗教节日服务保障工作。

（二）三大劣势制约街道发展

1. 人口密度大，疏解难

牛街位于北京市西城区中部偏南，辖区面积 1.41 平方公里，户籍人口 17622 户、52091 人，流动人口 16476 人，常住 54716 人，常住人口密度为 38805 人/平方公里，常住人口密度已经达到了极限，是导致牛街患有严重的“城市病”的原因之一。北京市常住人口密度为 1289 人/平方公里，西城区常住人口密度为 25787 人/平方公里（见表 2）。牛街常住人口密度是北京的 30 倍，是西城区的 1.5 倍，是北京市人口密度最低区县延庆县的 245.6 倍。通过比较能够更真切地认识到牛街人口密度的状况。牛街位于首都核心功能区，要实现其功能定位，解决大城市病，完成各种疏解，首要任务就是要疏解人口。然而在疏解人口时面临着许多难点。

表 2　2013 年北京市各功能区常住人口密度

地区	土地面积	常住人口(万人)	常住人口密度（人/平方公里）
北京市	16410.54	2114.8	1289
首都核心功能区	92.39	221.2	23942
西城区	50.53	130.3	25787
东城区	41.86	90.9	21715

续表

地区	土地面积	常住人口(万人)	常住人口密度（人/平方公里）
城市功能拓展区	1275.93	1032.2	8090
朝阳区	455.08	384.1	8440
丰台区	305.80	226.1	7394
石景山区	84.32	64.4	7638
海淀区	430.73	357.6	8302
城市发展新区	6295.57	671.5	1067
房山区	1989.54	101.0	508
通州区	906.28	132.6	1463
顺义区	1019.89	98.3	964
昌平区	1343.54	188.9	1406
大兴区	1036.32	150.7	1454
生态涵养发展区	8746.65	189.9	217
门头沟区	1450.70	30.3	209
怀柔区	2122.62	38.2	180
平谷区	950.13	42.2	444
密云区	2229.45	47.6	214
延庆县	1993.75	31.6	158

注：本表人口数据为2013年人口抽样调查推算数据。

第一，要把哪些单位、哪些人口疏解走。牛街现有社会单位1238个，中央所属单位112个，国有企业单位141个，市属单位54个，民营单位1042个，区属单位71个，外资企业5个，金融单位9个，保险单位2个，其他单位50个。在疏解过程中要明确哪些单位需要疏解走，哪些单位需要留下，以及哪些单位需要先走哪些单位可以后走。另外在疏解过程中如何解决迁出人员的家庭问题，也是需要考虑的。然而，很少有家庭成员都在一个单位工作，当其中一人迁出时，其他人员工作问题怎么解决，是辞职，还是变为两地家庭，这都是需要相关部门进行协调解决的问题。

第二，人口疏解表面化。牛街流动人口 16476 人，租赁房住户 6562 人，地下空间有 4630 人，每年“两会”前后都要进行一次地下室清理运动，把一些外来人口清理到周边去，但是这种清理方式是一个运动式的人口疏解工作，是没有效果的。因为一些人的工作在这里，利益在这里，有关部门驱散完之后，过段时间人口又会重新聚集起来。另外一些人虽然搬走了，但是他们的工作、就业、上学、宗教活动等需要依靠这里，从一定层面来讲，它反而加大了整个北京市的负荷，会加剧整个城市的交通拥堵，加剧城市病。

第三，法源寺文保区人口迁出难。法源寺文保区是牛街弱势群体比例较高的地区，区内本市户籍人口 3204 户、8694 人，低保户 102 户，残疾人 354 人，申请经济适用房 131 户。常住人口 2180 户、6550 人，90% 以上居民人均住房面积低于 15 平方米。法源寺地区作为历史文化保护区经过长期的风雨侵蚀，居住环境差、用地功能混乱、基础设施缺乏，这里又不适宜大拆大建，所以需要通过人口疏解来改善周边环境，但是由于历史、产权复杂等原因，人口疏解和房屋腾退工作困难比较多。同时，对于中心城区居住的百姓来说，他们对腾退补偿款心理预期较高，对于对接的定向安置房的地理位置、公共配套设施要求也较高，因此居民对此持观望态度，配合腾退的居民只占总腾退的六分之一。

2. 低端业态多，治理难

牛街地区作为北京市的老街道，还存在很多相对原始的聚居形态，聚集了大量低收入人群，与之相对应的是低端的发展业态。多以小餐饮、小发廊、小作坊、小卖部等“七小”业态为主，普遍存在经营不规范、安全生产隐患比较多、卫生条件比较差等问题，其中最主要的是这些经营单位租用的房屋老旧，水电气热等基础设施条件比较差，管线老化的情况比较严重，对安全生产监管提出了更大的挑战。目前，伴随着人口调控工作的推进，尤其是“以业控人”等措施的出台，牛街辖区内的“七小”业态面临调整提升，有些商户可能会迁出。但是辖区居民对餐饮、发廊、小卖部等服务的需求并没有减少。业态调整提升与辖区居民需求之间有效对接，将会是牛街街道未来面临的问题。

此外，由于牛街地区因其自身特点，辖区内重点产业尤以民族餐饮、食品加工为代表。牛街街道作为民族街区，清真食品产业一直是一面招牌，如今的牛街，是北京城里老百姓公认的正宗清真食品聚集地。但是，由于长期以来，牛街街道清真食品加工主要的经营手段是家庭作坊式的经营方式，因此虽然名声在外，却没有形成上规模的清真食品产业，这就为市场的竞争和良好经营秩序的建立带来了诸多障碍。

3. 文保区规划滞后，建设不足，保护不够

法源寺片区作为牛街地区重点历史文化保护区，同时也是北京市唯一一个未被开发的文保区。目前有关法源寺文保区具体规划还在酝酿之中，尚未具体制定。在法源寺片区还存在大量违建、临建拆除等关系辖区居民切身利益的问题，文化保护区的保护与发展工作中依然面临诸多的历史遗留矛盾和现实复杂问题。法源寺文保区目前基础设施也比较落后，尽管市政基础设施近年来有所改善，但由于地形条件的制约和路网密度的局限，保护区内道路交通拥堵、机动车停车困难的现象普遍存在。有的胡同双边停车阻碍了正常的胡同交通，有的住户私自安装地锁、放置废旧物品占停车位，有的居民由于争抢车位发生矛盾纠纷。解决机动车停车问题已经成为困扰保护区保护与发展的重要难题之一。

（三）地区发展面临四大机遇

1. 全面深化改革为完善地区治理体制提供机遇

全面深化改革为牛街街道打破影响和阻碍街道发展的旧体制、机

制提供了机遇。党的十八届三中全会做出的《中共中央关于全面深化改革若干重大问题的决定》提出，全面深化改革的总目标是完善和发展中国特色社会主义制度，推进国家治理体系和治理能力现代化。在推动国家治理体系和治理能力现代化的过程中，要注重发挥市场在资源配置中的决定性作用，注重加快实施政社分开，推进社会组织明确权责、依法自治、发挥作用。全面深化改革的新要求和新精神，要体现在各级政府服务管理职能的落实中去。为推进全面深化改革，北京出台了《关于深化街道社区管理体制改革的意见》，要求加快推进街道体制改革，努力实现工作重心下移，明确提出进一步把社会服务和城市管理的职能下沉到街道，进一步理顺街道与政府专业管理部门的关系，街道统筹管理交通、城管、计生、民政等各领域内的协管力量。并将街道职能定位为“加强区域党建、落实公共服务、统筹辖区治理、组织联合执法、指导社区建设、促进社会和谐”。此外，还将建立健全街道地区管理委员会机制，以机制创新推进体制创新。牛街街道作为首都功能核心区的重要组成部分，应加快制度创新和政府机构调整，积极推进街道社区管理体制改革，在首都深化改革发展的进程中起到典范作用。

2. 落实首都战略定位为优化牛街区域功能提供机遇

习近平总书记“2·26”重要讲话中，对新时期首都发展的战略定位、发展方式、发展途径、发展重点提出了明确要求，深刻地阐明了新阶段北京发展、管理方面的重大理论和实践问题，为首都各级政府做好工作指明了前进方向。讲话进一步明确了北京是全国政治中心、文化中心、国际交往中心、科技创新中心的战略定位。落实首都新的城市战略定位，需要在城市功能调整、业态调整、人口调整方面下更大气力，做更多工作。作为首都城市功能核心区的重要组成部分，牛街街道要在遏制人口无序过快增长、调整疏解非首都核心功能、提升城市建设特别是基础设施建设质量、提高城市管理水平、保护古都风貌、加大大气污染治理力度、推动京津冀协同发展、维护首都安全稳定等问题上再接再厉、开拓创新，在建设首善之区上不断取得新成绩。

另外，西城区提出“7+2”特色功能区建设。牛街街道内虽然没有重点项目直接被列入特色功能区建设的核心，但是作为首都重点民族聚居区，又是旅游区，还是历史文化保护区，应主动寻求融入“7+2”特色功能区建设规划，对街道层面如何统筹利用好辖区资源，不断提升区域建设发展水平，不断提升为民服务水平提出更高的要求。牛街街道应把整合资源、统筹发展摆在重要日程上，密切联系周边街道发展规划，既要注重资源的统筹，也要注重方式方法的统筹，更要注重目标的统筹，要让街道的建设与服务在实现自我完善的同时，融入全区的发展规划当中。使发展成果覆盖辖区的每一个角落、覆盖每一位居民，让人人享有公平、均等的公共服务。

3. 疏解非首都功能为提高辖区和谐宜居水平提供机遇

2015年，中共中央政治局审议通过《京津冀协同发展规划纲要》，京津冀协同发展国家战略正式确立，明确提出将有序疏解北京非首都功能。根据相关要求，禁止新建、扩建首都不宜发展的工业项目；就地淘汰高污染、高耗能、高耗水企业，加快清理小散乱企业。有序迁出不符合首都城市战略定位劳动密集、资源依赖型产业，严格控制产业功能增量。牛街地处核心功能区，必须要明确城市战略定位，在优化产业特别是工业项目选择时，要突出高端化、服务化、集聚化、融合化、低碳化，构建“高精尖”经济结构，同时，研究调整方式，采取有效方法，分步骤有序地将人口向周边地区疏解，实现“职居”，努力把牛街建设成为一流的和谐宜居街区。

4. 智慧城市建设为提升街道社会治理能力提供机遇

2014年度国家智慧城市试点名单，确定84个城市（区、县、镇）为国家智慧城市2014年度新增试点，北京市有5家单位入选，牛街街道位列其中。牛街智慧城市建设规划内容包括基础设施工程、数据资源中心、公共信息服务平台、“全响应”智慧服务中心、智慧产业服务、智慧社区建设、智慧养老服务、智慧民族服务八方面工作。目前，街道已启动民族工作网络服务平台和民族工作信息资源数据库的建设工作。为建设最适宜居住的智慧民族社区，街道整合地区民族特色公共服务体系，发挥辐射作用，更好地向全区乃至全市少数民族群众发挥民族工作窗口示范作用。通过加强流动人口服务与管理，依托网络和信息化技术，推进嵌入式社区建设，促进多民族社区的和谐共融。同时注重打造互动交流平台，弘扬各民族传统文化和各民族对中华民族传统文化的认同，实现文化上的团结和谐。下一步，街道将主要开展信息化基础设施完善、数据资源中心建设和云数据整合，分步骤实施智慧安全、智慧服务、智慧交通、智慧养老等项目建设。

（四）地区发展面临三大挑战

1. 基层治理体制改革中要明确并落实街道职能

伴随着城市治理重心的下移，政府许多行政事务都是通过街道和社区居委会开展和落实的，街道不得不直接承担大量行政性事务，而弱化了其本身的职能。在不断突出街道在社会治理中的基础地位，强化社区自治功能，积极实施街道社区体制改革的基础上，北京市出台了《关于深化街道社区管理体制改革的意见》，将街道职能定位为“加强区域党建、落实公共服务、统筹辖区治理、组织联合执法、指导社区建设、促进社会和谐”，但是如何落实街道的六大职能将是一项重大挑战。

第一，伴随着城市化的发展，居住人口流量大。牛街流动人口16476人，同时，旧区改造持续推进，“人走户不走，人进户不进”

的现象也越来越严重，牛街户籍人口52091人，人户分离10639人，我国又是主要依靠户籍进行管理的社会管理模式，这对街道对辖区安全、计生、卫生等方面的管理构成了较大的挑战。

第二，养老服务压力大。牛街街道60~65岁老人占家庭人口总数9.86%，65岁以上的占12.15%，80岁以上的占4.41%，100岁以上的占0.05%，人口老龄化比较严重，而目前街道为老服务机构和设施不足，还不能很好地满足老年人的服务需求，如何针对老年人的需求，提供饮食、医疗、健康、心理慰藉等方面的服务，满足老年人的个性化需求，仍是一项巨大的挑战。

第三，辖区管理难度大。街道对辖区单位统筹管理、辖区环境综合治理、治安管理等方面的压力都比较大，如何建立长效机制，使街道办事处能真正行使职权，切实扭转统筹协调难的局面，这是探索街道管理体制、机制改革方面的艰巨任务。

第四，群众参与社区治理意识淡薄。随着社会的发展，群众参与社区治理的意识已有提高，并对享有公共服务、参与社会管理、追求民主、实现公平正义等方面提出了新的要求。但积极性还是不够，如何进一步激发群众在社区自治中的内在活力，把街道办事处、居委会、社区自治组织运作效率提高；如何进一步加强居委会对业主大会、业委会的组建、换届选举和日常运作的具体指导工作，还需要不断探索实践。

第五，文化传承挑战大。牛街具有悠久的历史文化、民族文化，但如何继续传承优秀历史文化，创新群众参与的多形式载体，积极开展共建共享的多样化文化活动；如何以文化为纽带，促进地区内各民族间、跨区域民族间的交流与融合，凝聚社区精神、促进和谐社区建设等等，挑战较大，还有待在推进机制上加以创新和完善。

2. 首都功能发展中要明确牛街定位

选择地区改革发展的战略重点有这样几个标准：一是有助于解决

问题，要有利于解决制约地区发展的主要矛盾和瓶颈问题；二是有助于提升价值，要有利于体现地区的功能优势和核心价值；三是有助于推动工作，要有利于带动和推动地区整体工作，尽快见到成效；四是有助于未来发展，既要符合当前中央和北京市的要求，能借势加快发展，也要有利于地区长远目标的实现。

从这样的标准出发，就经济、社会两个领域而言，必须把社会建设和社会治理作为牛街街道改革发展的战略重点来考虑。从主要矛盾看，相对于先进的社会生产，解决落后的社会服务管理问题应该是矛盾的主要方面。从城市价值看，西城区最核心的价值是“四个服务”，也是西城区的价值底线，牛街街道的核心价值亦是如此。如果社会事业落后，社会秩序混乱，城市环境脏乱差，如何体现全国政治中心、文化中心、国际交往中心和科技创新中心的功能？从推动工作看，当前牛街街道经济发展的战略空间十分有限，加之目前世界经济进入低速增长新常态，牛街的经济工作更多的应该是着眼于结构优化和功能疏解来作文章，而在社会建设和社会治理领域要勇于创新，提升城市发展的社会承载力。要在发展环境上下功夫，进一步解放思想，确立做社会就是做功能、做功能就是做环境、做环境就是做经济的理念，做好社会事业，做好社会治理，做好城市管理，为企业和社会提供一个优质的营商环境、优良的城市环境。只有这样才能更好地实现地区的可持续发展。

3. 北京“瘦身”中要明确牛街发展方向

人口膨胀、交通拥堵、环境污染、房价高企、资源紧张等“大城市病”给北京市的可持续发展带来严峻挑战，北京“瘦身”势在必行。而在此过程中，牛街如何有序疏解非首都核心功能，如何调整经济结构和空间结构，结合市场机制，引导现代物流、旅游休闲、健身疗养及文化教育等高端服务业向周边地区的疏解？如何控制增量与疏解存量，探索出一种人口经济密集地区优化开发的模式，促进区域协调发展？如何在“瘦身”过程中坚持以人为本，服务居民，提高居民生活质量和文明程度，建设和谐宜居街区？这些都是推进牛街发展，提升区域治理能力必须面临的重大考验。

四 牛街地区发展亟待关注的主要问题

（一）新常态下如何提升基层治理能力

从牛街街道的整体发展来讲，今后的形势不是十分乐观，当前正处于增长速度换挡期、结构调整阵痛期、前期刺激政策消化期“三期叠加”时期，同时也是群众上访高发期、爆发期。进入高速发展的机遇期以来，随着社会发展的不均衡，贫富差距逐渐拉大，各种利益冲突加剧，群众情绪燃点非常低，一点小事就可能引起巨大的反应。这为牛街街道维护社会和谐稳定带来诸多不确定因素。

一是“四个全面”战略部署落实的适应期。这对街道等基层单位在根本上提出了新的要求。例如，四中全会之前，牛街街道一些拆违任务必须完成，执行过程中，可能存在政策放宽、手续简化等，然而，这些做法同依法治理的标准还是有差距的。但是，就目前实际情况看，如果严格按照法定流程，高标准，严要求，有些任务就无法按时完成。如何从制度设置和机制改革上改变上述矛盾，给街道进一步深化改革提出了更新的课题。

二是稳定基层公务员的应对期。当前国家落实“八项规定”基层公务员的福利待遇改善和提升速度有所减弱，同时，他们负责的一些工作标准正在快速提高，这就造成公务员稳定问题较为突出，作为街道领导，既要求干部提高工作效率标准，又无法满足广大基层公务员的基本生活改善的需求。这对街道而言，稳定基层工作人员的工作压力巨大。

（二）首都战略定位中如何落实“四个服务”

北京“四个中心”的城市战略定位对做好“四个服务”提出了更高要求，即为中央党、政、军领导机关的工作服务、为国家的国际交往服务、为科技和教育发展服务、为改善人民群众生活服务。而作为首都核心功能区，西城区最核心的价值就是要体现在“四个服务”上，同时也是西城区的价值底线。而牛街作为西城区重要的组成部分，必须将体现首都城市职能的服务水平提高到一个全新的高度。一个地方公共服务水平的高低，直接反映出地方政府工作能力的高低。近些年，牛街地区虽然在公共服务方面也做出了一些成绩，但是，距离国家和市里的要求还有一定的差距，还有很多实际问题没有得到有效解决。因此，牛街街道不能站在已有的成绩上沾沾自喜，而是应该不断进步，争取更大的成绩。这就要求牛街街道不但要在思想上高度重视，认识上思路清晰，同时还要制定具体的规划方案和明确的实施细则，做到在思想与行动上的一贯统一。

（三）DT 时代如何实现“互联网 +”益民服务

随着科学技术的不断发展，“互联网 +”、大数据、云计算等正在逐渐改变人们的生活方式，DT 时代已慢慢到来，它是一个以服务大众、激发生产力为主的时代。为实现互联网的创新成果与社会各领域的融合发展，打造新动能、壮大新经济、培育新兴业态、引领新常态和创新公共服务模式，推动全面深化改革进程，以及推进中国特色社会主义伟大事业发展，国务院出台了《关于积极推进“互联网 +”行动的指导意见》，该意见把“互联网 +”益民服务纳入 11 个转型升级任务迫切、融合创新特点明显、人民群众最为关心的领域之中。并提出创新政府网络化管理和服务、发展便民服务新业态、推广在线医疗卫生新模式、探索新型教育服务供给方式、促进智慧健康养老产业发展。街道作为社会基层治理体系的基础，肩负着落实公共服务、统筹辖区治理、指导社区建设、促进社会和谐的职能，所以牛街必须要坚持互联网思维，结合自身发展实际，助推“互联网+益民服务”，激发融合创新，促进公共服务资源的有效配置和高效利用，提升公共服务水平，扩大社会保障和公共服务覆盖范围。但是就目前情况来看，推进“互联网+”、实现公共服务转型升级，还有许多困难，还要消除诸多壁垒。

首先，技术支撑不足。益民服务的创新有赖于底层数据的打通，需要各级政府做好智慧城市建设，利用好云平台，目前，尽管辖区内网络覆盖面较广，具有较好的发展基础，但是网速偏慢、网费偏高问题仍然存在。加之既懂行业又懂互联网跨界服务型人才不足、标准规范不完善、数据资源开放不足等，这些问题都制约着“互联网+益民服务”的发展。

其次，体制机制不完善。在实施“互联网+益民服务”的行动中，需要较好的政策环境、制度环境等，需要妥善处理创新与监管的关系，但是目前“互联网+”面临着瓶颈制约，融合性业务的管理服务水平有待提升，需要更加包容的态度、更加宽松的环境来激励全社会参与到“互联网+益民服务”实施行动中，这就要求政府进一步简政放权，释放活力，消除体制机制上的壁垒和障碍。

最后，数据安全意识不够。虽然推进“互联网+”需要数据的汇集与整合，需要各级管理部门建立数据的开放机制，但是同时也需要益民服务的提供者们还要树立保护数据隐私和数据安全的意识。“互联网+”要求数据的互联互通，也就意味着政府与企业内网、用户、互联网之间的界限变得模糊，为网络黑客攻击提高了更多的入口，更容易受到非法存取、网络资源非法占用和非法控制等威胁，而益民服务与老百姓生活的方方面面息息相关，往往会涉及比较核心的数据，实施“互联网+”益民服务过程中，如何掌握好创新与安全之间的平衡点，使信息不泄露给非授权用户，需要各级政府探索有效机制，采取有效措施建立综合防护体系。

（四）疏解非首都功能中如何有序完成人口疏解

人口规模及空间布局对社会的发展、资源调控、环境的改善具有重要影响，同时，人口问题也是民生问题，人口的均衡发展是促进区域协同发展的重要因素。牛街位于首都核心功能区，其人口的均衡发展是实现京津冀地区人口整体均衡发展的重要组成部分。牛街常住人口密度为 38805 人/平方公里，是北京市常住人口密度 30 倍，西城区的 1.5 倍。人口规模过大、布局不合理问题突出，需要在京津冀协同发展、疏解非首都功能的大背景下，从北京市域和京津冀地区两个层面上有序疏解人口，缓解人口过度密集与居民居住环境适宜性制约存在的矛盾，实现和谐宜居街区建设。

北京市历来十分重视人口规模的控制。一直以来，牛街根据北京市要求，通过北京市户籍人口调控和流动人口调控的方式控制街区人口的盲目增长。20 世纪 80 年代以前，通过对户籍人口的迁移增长控制本地区的人口规模，严格限制户籍人口的迁入，实行严格迁入审批制度，征收城市人口增容费，同时，鼓励户籍人口迁出，然而户籍人口迁移调控的方式并未有效控制地区人口增长。从 20 世纪 80 年代中期开始对城市流动人口的增加进行控制，通过限制外地人在京务工的工种等措施严格控制流动人口数量，但是都基本没有收到预期的成效，流动人口规模不断增大。在新的历史时期，人口问题更为严峻，人口规模、素质、结构、分布等问题相互交织，人口、资源、环境之间的关系日趋紧张，具体为常住人口规模过度膨胀、流动人口的管理和服务亟须加强、人口的分布不尽合理、人口与资源环境的矛盾日益尖锐、人口老龄化日趋严重。故此，如何对人口进行有序疏解，合理安排疏解工作重点、步骤、时序；如何统筹好增量控制和存量疏解，严格控制辖区内人口规模增大；如何提高人口素质、开发人力资源、改善人口服务，建设社会主义和谐社会首善之区，营造良好的人口环境，成为当前牛街面临的重大课题。

五　以民族民生工作为主线构建“五位一体”地区治理新格局

综上分析，经过多年的积累，牛街街道在区域化党建、民生服务体系建设、社会和谐稳定及地区特色文化建设等方面均已站在一个新的起点上。面对落实首都新定位和京津冀协同发展的新形势和新要求，牛街街道发展优势明显，劣势也很明显，机遇与挑战并存，但挑战先于机遇。为了进一步把握机会，利用优势，消除劣势，破解挑战，科学制定牛街街道地区发展战略，我们提出牛街街道新时期总的发展思路建议：

认真贯彻党的十八大及十八届三中、四中全会精神，以习近平总书记系列讲话为指针，抢抓京津冀协同发展和落实首都新定位的历史机遇，紧紧围绕民族民生两条工作主线，以地区特色文化为灵魂，以民生服务体系为载体，以规范化社区建设为基础，以区域化党建为统领，以精细化城市管理为依托，构建“五位一体”地区治理新格局，全面提升“四个服务”水平，将牛街地区建设成为独具特色的国际一流和谐宜居示范区。

（一）进一步打造地区文化共同体

区域发展需要协同行动，在同一核心价值观的引导下，接受相同的文化理念，拥有共同的精神文化生活和稳定的社会群体。因此，牛街需要进一步打造地区文化共同体，这样可以有效调节多元文化之间的关系，增强街道凝聚力，强化社会认同，弥合社会矛盾，构建和谐街区。

1. 加强民族文化建设力度，推进文化共同体构建

多年来，牛街街道紧紧围绕落实“服务立区、金融强区、文化兴区”的发展战略，以民族团结进步为主线，努力唱响文化品牌，全面加强文化建设，开展“牛街地区历史文化”收集整理与保护开发利用工作，举办了“牛街记忆”文化沙龙、“牛街往事”主题征集、“百位老人话牛街”口述史工作等活动，取得了显著的成效。今后应在此基础上进一步加强民族文化建设力度，推进特色民族文化繁荣发展，构建文化共同体。

一是传承民族文化，实现文化自觉。社区居民要对自身的民族文化有高度的自信和自觉，在此基础上对其文化历史、文化现象、文化成果进行充分的考察和分析，总结经验，评估价值，努力挖掘，提升历史文明成果，实现对文化的自我认知、自我反思、自我创建。要充分凸显本土文化的鲜明特色，注重对历史文化、地域文化的定位与传承，将保护并传承地域优秀的非物质文化遗产与创造艺术精品有机结合，保留民族文化的特质，重塑地域文化，传承民族文化，打造出能够充分展示地域文化精髓的优秀作品，塑造地域文化品牌。

二是增强文化创造活力，坚持艺术创新。创新是文化得以延续和发展的基础，只有不断的创作才能使民族文化永续发展，迎来更加辉煌的未来。艺术精品创作的前提是文化自觉自信，只有充分认识那些具有浓郁地域特色和悠久历史的民族文化的深厚与博大，才能进行具有现代意识的艺术创新和精品生产，让传统文化与现代的精神情感相通相融，才能完成新的文化创建，挖掘民族文化的精华，形成强大的文化凝聚力和影响力。

三是加强文化建设，把握当地人文资源。人才是文化传承和发展的根本。打造民族文化教育基地，建设文化人才队伍。以培养高层次人才和高技能人才为重点，不断创新文化人才培养模式，优化文化人

才结构，提升文化人才层次。在成立各类文化活动队伍时，聘请专业老师进行指导和培训，营造有利于高素质文化人才大量涌现、健康成长的良好环境，塑造具有专业素养的人才队伍。

2. 加强社区文化建设，打造地区文化共同体

社区居民在拥有共同精神、共同社会规范、每个人都认同的共同福祉和一般福利、以公民意识和社会平等为前提的共同工作及共同生活构成的基础上形成社会生活共同体，在共同体中必须满足群体的需要，在享受权利的同时，必须承担义务，在建立和谐的邻里关系中实现个人安全、自我放松、家庭温馨、邻里和睦、共同认知，完成社区文化建设，打造地区文化共同体。

睦邻文化是社区文化建设中的一项重要任务，然而，随着经济社会的发展，中国传统的睦邻文化已经严重萎缩，甚至荡然无存，一些邻里之间即使是门对门居住也有可能从来都不来往，甚至谁住在自己家对门都不清楚，因此，开展社区邻里文化建设就显得十分必要，这有助于加强人们之间的相互了解，促进人们之间的相互交流，增强居民对所属社区的凝聚力和归属感，可以培育互信互助、和谐团结的社区精神，同时，也能充分挖掘社区居民的特长，使他们都能充分发挥自己的积极功能。

一是要探索培育睦邻文化的载体建设。如一些地区通过创建睦邻点或睦邻节来推进睦邻文化建设。这些载体为和谐社区文化建设注入了沟通力、凝聚力和引导力。睦邻点或者睦邻节以社区邻里为基础，举办丰富多彩活动或者为弱势群体、困难家庭提供志愿服务，这些活动可以引导居民在广泛参与中互相交流、互相学习、增进了解、消除隔阂，使社区成为一个其乐融融的温暖大家庭，增强社区凝聚力。

二是整合社区资源建设邻里文化。社区邻里文化建设需要党和政府高度引导和支持、辖区各部门各单位积极配合，以及社区居民和社区组织积极参与，因此，要对政府公共资源、驻区各单位资源和辖区

居民资源等进行整合，在党和政府的领导下，积极调动各单位和社会组织的积极性，广泛联系居民群众，促进社区邻里文化建设。

三是引导居民参与社区邻里文化建设。社区居民的广泛参与是社区邻里文化建设的生命线，要通过社区骨干带动社区群众，因为社区骨干有先进思想，工作有积极性，他们可以调动群众的热情，参与到社区文化建设中。同时，还可以通过社区党组织、社区居民委员会和社区民间组织等动员并组织群众参与社区文化建设，提高居民群众的参与度。

3. 为地区文化共同体构建提供保障和支持

文化共同体的构建和发展离不开政策、经济、人才等方面的保障，因此，牛街街道要采取有效措施提供有力的保障和支持。

一是为文化共同体构建提供政策保障。当前，街道各社区文化站（活动室）的硬件设施还未能有效地解决，缺少举办文艺演出的场地和基础设施，社区文化阵地作用没有充分发挥出来。在这方面，街道应进一步加强政策支持，可以利用腾退的地下空间，建设牛街民族文化展陈室。

二是为文化共同体构建提供社会各界支持。街道要鼓励更多公益性组织、企业参与社区文化指导，鼓励社会力量办文化，文化人才资源应进一步向社区倾斜。民族传统文化挖掘还需各方的支持。特别是回族的传统文化要继续挖掘、传承和保护，在这方面，街道应更加科学地运用资源调配和协调手段，使民族传统文化发展得到更多相关领域专家、学者及相关部门的关心和重视。

三是为文化共同体构建提供专项资金保障。对街道、区级、市级品牌文化活动，在政策、资金上给予更多的扶持，费随事转，丰富基层文化。

四是为文化共同体构建建设专业人才队伍。街道层面应进一步结合实际，加强对民族文化队伍发展的扶持。创新机制，因地制宜地强化人才队伍建设，维护好队伍的稳定，加大培训力度，建设高素质、专业化人才队伍。街道可以建立专业化节日服务保障志愿者队伍，引导宗教组织适应社会发展。

（二）进一步完善民生服务体系

牛街民生服务已经取得了很好的成绩，其具有民族特色的民生服务涵盖了文化、教育、医疗、养老、福利、助困、民族群众特殊需求等多个方面，满足了辖区居民需求。在此基础上牛街应进一步完善民生服务体系。

1. 着力解决社区居民重点需求

一是推进文化社区建设。认真贯彻落实党的十七届六中全会精神，加快构建牛街街道社区公共文化服务体系，以满足人民精神文化需求为出发点和落脚点，加强社区居民思想道德建设，弘扬社会主义核心价值观，推进具有牛街民族团结特色的社区文化。加强社区文化图书室建设，争取有关部门支持，建设社区“益民书屋”。依托现有图书馆资源，增加图书种类和数量，开展“异地借还”“预约借书”服务，适时建设电子图书馆。加强学习型社区建设，重视开展适合老年人、残疾人、青少年、妇女等各类特殊群体的社区教育大课堂，有针对性地开展电脑、英语、文明礼仪、科普、法律等项目培训教育，培育有特色和影响的学习品牌。推进民族特色服务，做大、做强、做规范春风社区“民生一条街”，建立少数民族服务中心；打造“京城清真小吃一条街”品牌，扩大民族文艺、手工艺、传统风俗习惯等方面的文化交流活动，弘扬民族团结共建良好氛围，规划建设回族民俗博物馆。

二是健康社区建设。整合牛街街道内社区卫生服务站和宣武医院的资源，积极开展预防保健进社区的行动。采取收编、托管、合作等多种形式，将社区卫生服务站、宣武医院纳入到社区卫生服务范围。

同时与计生部门联合，为社区提供免费的B超检查、乳透测试及计生方面相关咨询。加强卫生在职人员的培训，建立起比较严格的人员准入机制，分流和淘汰一些技术上不合格的卫生人员。从长远来看，要加大医院医师规范化培训的力度，充实社区卫生服务队伍，补充新生力量。调整社区卫生服务的人员结构，充分发挥护士在社区卫生服务中的作用，降低社区卫生服务的成本，也有利于拓展更多的卫生服务领域。推行责任医师制，让社区居民也享受“片医”入家中的温馨服务。针对老年人的身体健康，可以建立老年人健康档案，定期为老年人体检、讲解防病知识。除了身体健康方面，还可以给老年人提供一些便捷服务，如办理老年便民服务卡，提供有看病输液、洗衣、修家用电器、上门理发等日常服务的服务电话，老年人打个电话就能让服务单位上门服务。

三是推进社区特殊服务。各社区组建一支扶老助残服务队，为老年人提供生活方面的服务，如陪同购物、陪同看病等；重视解决多层住宅老年人、残疾人“走出家门”的问题，通过政府购买公共服务的方式，帮助他们走出家门。关注老年人精神抚慰，为孤寡老人提供临终关怀。加大对贫困老年人的支持力度，提升街道养老服务水平，增加探望频率。探索出家庭自助、邻里相助、社区扶助、机构辅助、志愿帮助等老年助人的模式。并以街道老年日间服务中心为重点，打造三层养老服务循环体系及信息化服务平台。开展康复服务进社区行动，开放社区内康复器材，供社区内残疾人使用。由专业机构对残疾人进行康复知识的培训。拓展残疾人温馨家园功能，建立温馨家园运行长效机制。增强残疾人就业培训及就业服务能力，通过社区就业服务和培训网络，为有就业愿望和培训需求的残疾人提供基本劳动技能培训和就业信息，开发适合残疾人的社区就业岗位。

2. 推进社区服务体系建设

一是继续推进公共服务社区均等化建设。以街道和社区服务站为依托，按照社区公共服务均等化的要求，面向全体社区居民提供劳动就业、法律服务、社会保障、社会救助、社区养老、医疗卫生、计划生育、文体教育、社区安全、流动人口管理等服务项目。重点保障老年人、残疾人、低保对象等社会特殊群体服务需求。通过政府购买公共服务、加强公共服务设施设备投入力度等途径，努力拓宽公共服务的新境界。

二是大力发展社区志愿互助服务。根据社区居民构成，培育具有牛街特色的社区志愿服务组织，按照《北京市志愿者管理办法（试行）》的精神，积极推行社区志愿者注册登记制度。建立志愿服务需求信息发布机制，使志愿服务需求与服务形成有效对接。鼓励和支持驻区单位和社区居民开展邻里互助等群众性自我互助服务活动，为老幼病残、优抚对象等困难群体提供服务。充分发挥共产党员的先锋模范作用，组织和带动共青团员、青少年学生以及身体健康的离退休人员等加入志愿者服务队伍。

三是大力发展便民利民服务。摸清从事社区服务的各类组织、机构底数，结合“一刻钟服务圈”建设，优化社区服务单位结构布局，绘制牛街地区社区服务引导图，使社区服务底数清、情况明，方便社区居民接受、购买服务。鼓励和支持各类组织、企业和个人兴办居民服务业，培育新型社区服务类社会组织，打造社区服务品牌，鼓励有实力的企业运用连锁经营的方式到社区设立超市、便利店、标准化菜店等便民利民网点，满足居民多样化生活需求。大力推行物业管理服务，采取切实办法，建立社区管理和物业管理联动机制，提高物业服务质量。完善民生保障服务体系，以政府优质基本公共服务为基础，推动服务社会化，提高市场化服务的有效使用和监督。

3. 进一步加强社区服务的保障力度

一是合理配置社区服务设施。按照国家有关标准配置社区综合服务设施，社区的办公和服务用房总面积原则上每百户居民不低于20

平方米，最低要达到350平方米。对社区的办公和服务用房进行集约化使用，按照社区工作者每人使用面积不超过6平方米，适当减少办公用房面积。

二是加强社区服务的经费保障。深化社区公益事业专项补助资金的管理与使用，通过政策引导和有效指导，规范使用，提高效率。明确公益金购买服务项目、培育发展社区社会组织，以及开展各类社区活动等费用所占比例，确保社区服务所占资金比例逐年上升。

三是建立一支高素质的专职、专业服务人员队伍。继续选拔一批高素质、有能力的社区工作者，提升社区服务站人员素质水平。建立社区服务项目奖励机制，社区服务项目由社区工作者包干负责，通过对社区服务的民主测评，采取以奖代补、绩效考核的形式，鼓励社区工作者提升社区整体服务质量。

四是推进社区服务信息化建设。建立街道、社区两级社区服务信息化网络系统，涵盖居民家庭基本情况、居民服务需求、社区服务供给等信息，动态掌握和提供社区服务。做好电脑的配备工作，社区居委会电脑配备占工作人员的80%以上。加强基层干部培训，提高社区信息化应用水平。通过鼓励社区建立网站、微博、论坛等形式，推进“网上社区”建设，引导社区居民更多参与社区生活。

五是培育一定规模的社区服务类社会组织。大力培育社区服务类社会组织，在组织运作、活动场地等方面为其提供切实帮助。加大政策扶持力度，通过政府购买服务、设立项目资金、活动经费补贴等途径，积极引导各类社会组织参与社区管理和服务。

4.加强社区服务制度建设

着力理顺社区内外权责关系，基本建立多方参与、优势互补、利益协调、规范有序的社区服务运行机制。当前亟待建立的工作制度包括：

一是社区居民服务需求监测制度。进一步细化调查问卷，按照牛街街道总人口1%的比例随机抽取，每年由有关部门完成不少于600人的居民服务需求抽查报告，使监测情况更加客观、真实，更能真正反映社区居民的实际需求。

二是便民商户资格认证和备案制度。用制度引导便民商户为居民提供社区服务，接受街道办事处、社区居委会和居民群众的监督，在为便民商户提供有力支持的基础上，提升便民商户服务水平。

三是社区居民对社区服务的民主监督评议机制。建立社区服务评价体系，充分发挥社区居民民主自治作用，由社区居民对社区服务（以公共服务、志愿互助服务、便民服务为主）进行测评，综合打分，保证社区服务目标明确、任务清晰、要求规范、监管有力。

四是探索建立小区业主委员会的有关措施。根据有关法律、法规和规范性文件精神，探索建立业主委员会的各项制度措施，通过提倡社区“党、居、站”成员与业主委员会成员交叉任职，设立监事会等创新形式，发挥业主大会和业主委员会在社区管理和服务中的积极作用，及时协调解决物业服务纠纷，维护各方合法权益。

（三）进一步加强规范化社区建设

社区规范化建设是社会管理领域的改革，这要求从辖区实际情况出发，在注重解决民生问题的要求下，加强社区建设。牛街街道落实北京市加强社会建设“1+4”系列文件精神和西城区有关要求，完善了社区治理模式，夯实了社会建设基础，以社区服务站规范化建设为重点，以推进社区居委会和社区服务站职能分开为切入点，积极探索社区规范化建设的途径，提升了社区管理和服务水平。牛街街道要在此基础上进一步推进社区场所建设标准化、社区治理民主化、建设经费投入多元化，建设国际一流和谐宜居街区。

1. 推进场所建设标准化

一是加强基础设施建设。加强社区居民活动场所建设，完善社区体育服务设施，为社区组织开展多样化的体育活动提供保障，为居民提供优质便捷的社区体育服务；根据原有房屋腾退政策，结合市场发展状况，制定切实可行的房屋腾退政策，做好房屋腾退工作，可将腾退的房屋作为辖区居民组织开展丰富业余活动的场所；做好交通规划，打通莲花胡同和法源寺后街断头路，形成法源寺历史文化保护区交通回路，解决文保区发展过程中可能引发的交通拥堵问题，为法源寺历史文化保护区的开发奠定基础，将文保区的市政基础设施改善纳入菜市口西片建设整体规划，对基础管线进行合理铺设，为保护院落实现地下污水循环、平房供暖等提供保障，并为文保区后期发展预留停车空间。

二是加强社区基础设施管理。加强社区环境设施维护，提高绿化美化程度，建设环境整洁优美社区。落实社区单位门前“三包”责任制，与有关单位签订“门前三包”责任书，明确单位卫生责任，采取批评教育、发出整改通知书、行政处罚等形式，督促整改。举行社区居民听证会，实现社区居民自治，加强对私安地锁的执法力度，综合治理停车秩序。通过建设立体停车位、划定停车区域等方式，有效增加停车位，以错时停车、协调车位的方法提高社区有效停车位利用率，解决居民停车难问题。

三是深化基础设施建设标准。按照《北京市六型社区指导标准细则（试行）》等一系列文件要求，继续深化干净、规范、服务、安全、健康、文化的“六型社区”建设，着力解决社区居民的重点需求。推进干净社区建设、安全社区建设。推进城市电力、燃气、热力等公用事业设施标准化，加强安全社区建设。建立社区治安志愿者队伍，协助专门机关做好治安巡逻、隐患排查等工作。探索旧有小区封闭化管理，在小区出入口、重点部位、主要道路安装视频监控系统。每个小区要规划建设至少一处自行车存放处（包括存放三轮车、残疾人机动轮椅车、电动自行车）。

2. 推进社区治理民主化

社区治理民主化可以促使居民公共利益最大化，使国家权力向社会回归，社区治理民主化的实现有赖于居民的资源合作和对权利的认可。

一是要规范程序，落实民主决策制度。在突出党在社区建设中的领导核心地位的同时，要提高公众的参与度和决策的透明度，发挥政府主导作用，鼓励和支持社会各方面参与，实现政府治理和社会自我调节、居民自治良性互动。并完善居委会议事规则、民主决策的操作规范和程序，强化居民代表会议的职能，用制度来保证居委会民主决策的自觉性、合法性、合理性和科学性。

二是要大力培育和发展非政府组织，增强公民的参与度。非政府组织承担着大量的社会管理职能，可以使政府的强制最小化，保障政治自由，还可以与一定范围内的社会成员进行直接沟通与交流，最大限度地在双方意见一致的基础上开展自治管理与提供服务。街道可以结合实际，建立社区城市综合治理工作站、小区居民自治委员会、社区居民自治组织等形式多样的自治组织，由政府给予一定扶持或经费补贴，推动社区自治的发展。

三是搭建民主平台，鼓励居民参与民主管理。积极搭建有效互动平台可以让居民知晓社区公共事务，了解社区自治规程，及时了解涉及社区建设的各类信息，促进居民积极参与民主管理，提高参与意识，扩大居民参与的广泛性。同时，还可以使相关部门了解社区居民诉求，使相关部门和居民之间形成良性互动，满足居民需求，实现社区居民公共利益最大化，推进社区民主自治。

四是完善监管体系，有效推进民主监督。建立健全社区组织内部民主监督体系，形成以社区党组织、社区居民代表大会的职能监督与工作跟踪、定期述职相结合的监督制度，提高决策的透明度，使社区居民了解居委会的年度工作计划、社区公共事务处理等事宜。

3. 推进经费投入多元化

在加强社区建设过程中不能仅仅依靠政府的力量，还需要社会力量积极参与其中，尤其是在资金投入上，坚持全面动员，引导有资金实力的企业投资社区建设，充分发挥成功企业家、社会知名人士等人员的力量，动员他们冠名捐助或自愿捐助，支持社区活动场所和公益性服务设施建设。并充分利用辖区的土地资源、区位优势等，进行市场化运作，筹集社会资金，解决社区建设的资金问题。同时，政府大力争取政策性项目资金扶持，将社区场所建设资金及社区活动经费纳入辖区财政预算，在通过采取各种渠道筹措资金后，由政府弥补资金缺口的部分。通过辖区单位联建、社会企业帮建、社会多方参建等方式，帮扶社区建设，建立财政支持、社会赞助、费随事转、有偿服务等多元化经费投入机制。

（四）进一步推进区域化党建

牛街街道因地制宜充分发挥驻街单位资源优势，开展各类党建活动，营造了良好的社区共建氛围，突出了社区党组织和广大党员在共建中的先锋作用。在取得良好成绩的基础上，进一步强化区域党建统筹，发挥党建带群团建设作用，采取特色活动引领，不断丰富特色活动形式，凝聚人心，激发社会活力。

1. 加强统筹区域化党建工作

区域化党建是街道、社区党建的延伸和拓展，加强区域化党建是党组织巩固执政、推动发展、服务群众、凝聚人心、促进和谐重要途径。

一要加强“大工委”建设。为使探索的成果固定化、运行机制常态化，充分发挥“大工委制”最大效能，要不断完善工作机制，建立大工委例会、情况通报制度、经费保障制度、议事制度、目标承诺制、承诺办结制等制度，严格规范权责，落实各项制度，并采取考核评议制度。

二要加强社区“大党建”制定议事规则，健全社区大党委运行机制。组织社会领域党建协调委员会成员单位开展经验交流、问题研讨。加大非公企业党组织组建及党建指导工作力度。实行非公企业基础台账动态管理，搭建工会、税务、统计企业信息共享平台，及时掌握地区企业数量与发展规模变化。深化党代表常任制工作，落实党代表讲党课和党代表提议制度。

2. 提升基层党建的创新性

牛街街道以社区“三级联创”工作为突破，继续深化“党日活动菜单”“爱心储蓄银行”等党建创新项目。

一是在观念和思路上创新。要勇于冲破固化的思维方式，在思路上把党建在自我封闭的体系中解脱出来，扩大党建工作领域，对有利于巩固党的执政地位、有利于促进深化改革的党建工作进行积极探索。在基层党组织要继续组织好七一系列党日活动，增强基层党组织的战斗力和凝聚力。

二是在宣传党建方式和方法上创新。要着眼于新的发展、新的实践，着眼于已经变化了的机关党员干部的素质状况，明确党员教育培训目标，借助微博、博客等新媒体优势，开展党政方针宣传。进一步落实老干部“两个”待遇，多种形式丰富老干部精神生活。

3. 增强群团建设的活力

加大基层工会组织组建力度，实现工会组建与工资协商、集体合同签订、会员发展等工作相结合，形成较为健全的工作机构和保障体系。

一是深化“深入窗口，沉入社区”主题实践活动，提升服务意识和基层工作能力。成立工委统战部，不断加大民族工作骨干力量的协调和服务力度。

二是继续开展驻街党代表、人大代表、政协委员社区接待日活动，畅通民意表达渠道。贯彻落实中央、市区各级精神，坚持解放思想、锐意进取，以更加奋发有为的精神面貌，服务地区各族群众，提升牛街地区社会发展水平。

（五）进一步提升城市精细化管理水平

遵循“建管并重”的原则，以深化街道体制改革为契机，继续探索现代城市管理有效机制，提升精细化城市管理水平，着力打造安全型、清洁型、宜居型街道。落实各项惠民政策，确保群众共享发展成果。

1. 探索建立基层城市管理体制

一是明确街道属地管理权责。城市管理重心下移，实行作业属地管理，扩大街道的城市管理权力，实现街道对辖区范围城市管理全职全责。

二是健全街道对科站队所的考核评价机制。调整考核流程和指标，以街道考核科站队所的结果作为专业部门绩效考核的依据，完善考核主体，制定分类考核、评价指标。

三是建立健全辖区内城市管理综合协调机制。实施城市管理流程再造，打破各部门之间利益分割。在进行城市建设、环境维护等工作时，相关部门进行有效沟通，协调施工，防止各部门之间为了各自的利益互相拆台，在公共利益最大化的目标下，实现全局最优。

四是完善城市管理法律法规。全面梳理城市管理的法律法规，对城市管理目标、管理程序、管理方式做出明确的、可供操作的规定，明确政府、企业、社会团体和居民各自的责任和义务，实现城市管理有法可依。

2. 完善城市管理标准体系

一是建立环境建设事项分级分类管理。制定分级分类的环境管理标准，以居民需求、服务保障需求、管理需求、环境容量、社会容忍度等因素为基础，建立管理指标体系。并进行分类分层管理。对于街道层级能解决的事项，及时予以解决；对于本层级无法解决的事项，及时向有关部门报送，与其进行沟通、反馈，增强分类分层管理效果。

二是探索“城市病”治理常态化管理机制。充分总结和提炼街道过去在整治“城市病”战役中取得的经验，建设“一站式”管理服务平台，逐步建立健全城市综合管理体系，提高街道统筹协调辖区职能部门解决环境治理、人口调控、交通拥堵等问题的能力，从而提升城市精细化管理水平。加强街道统筹能力，做好环境整治工作。针对辖区内乱堆乱放、拆违章建筑、乱贴乱画等现象及时进行清理，并建立有效机制，采取超常规的措施进行整治。同时，还要加大对街道政府驻地、街道公路、集贸市场等卫生整治力度，保障全街道范围内的环境清洁。组织和督促有关部门做好学校、医院、住宅小区、商业街区等重点区域周边市容秩序和环境卫生管理工作。建立完善以业控人、以房管人、以证管人的人口调控机制。

三是建设以信息化为支撑的智慧城市管理服务系统。完善在网格化管理的基础上，实施大数据战略，通过信息资源的整合运用和大数据的深入挖掘，建立网格化、数字化、智能化和属地化的管理服务模式。

3. 文保区的有效利用与开发

加强城市建设管理更加精细，要继续推进法源寺文保区保护性建设工程，开展居民生活状况调查，系统掌握文保区居民居住现状和生活诉求。配合有关部门制定《法源寺文保区保护性规划》，为法源寺地区保护性开发做好顶层设计。

一是解决好历史文化保护与居住环境改善之间的矛盾。文保区的性质决定了法源寺地区的开发不能一蹴而就，“微循环、渐进式、综合性”的开发模式是解决文保区保护与发展的切实之举，从而既能使文保区历史风貌得到体现，又能提升民生服务，保障居民、单位的切实利益。

二是保持政策的延续性。根据原有房屋腾退政策，结合市场发展状况，制定切实可行的房屋腾退政策。在整个开发过程中坚持政策标准，以维护积极响应政府腾退政策的居民利益。

三是积极推进文物腾退。结合市政府关于文物腾退的有关要求，加快文物腾退步伐，重点推进绍兴会馆、浏阳会馆、粤东新馆三处文保院腾退，加快实施非文保院腾退。做好文物院落保护的同时挖掘其商业价值，为地区整体规划的实现营造环境优势。

牛街街道在推进地区特色文化、民生服务、社区建设、区域化党建、城市管理的基础上，还要推进基层社会治理体制改革。因为完善基层社会治理体制是一切基层工作的基础，加强和创新社会治理，关键在体制机制创新，核心是人，重心在基层。社区是基层基础，在服务居民群众、搞好城市管理、密切党群干群关系、维护社会稳定等方面发挥着不可替代的重要作用。由于社区服务站之于社区居委会，存在专干不单干、分工不分家、人员交叉任职情况，导致居站职能不分，社区负担过重，居委会的自治功能弱化等问题更加突出。因此，推进社区居委会与社区服务站相分离，为社区减负增效，还原居委会民主自治功能已成为基层改革的一项重要课题。同时，充分发挥基层党组织作用，推进服务型党组织建设和社区建设，不断提高服务群众能力和社区管理水平。牛街地区作为西城区独具特色的街道，应主动承担基础体制机制改革的重要任务，探索居站分离改革，这有利于基层社会治理体系完善和治理能力提升，有利于构建既充满活力又和谐有序的基层社会，对服务首都“四个中心”建设和建设国际一流和谐宜居之都意义重大。

参考文献

牛街街道工委、办事处：《工委、办事处2013、2014年工作总结》。

牛街街道工委、办事处：《工委、办事处各科室2013、2014年工作总结》。

牛街街道办事处：《牛街街道办事处主任王旭专访简报》，2015年1月8日。

王少峰：《西城区提升城市精细化管理水平的思考》，2014。

沙秀华：《2014年1月17日在牛街街道2013年全年工作总结大会上的讲话》。

北京市委社会工作委员会：《关于深化北京市社会治理体制改革的若干意见》。

北京市委社会工作委员会：《关于全面加强北京市城市服务管理网格化体系建设的意见》。

北京市委社会工作委员会：《关于深化城市街道社区管理体制改革的意见》。

北京市委社会工作委员会：《关于北京市城市管理与服务标准化建设的意见》。

数据报告

Data Reports

B.2
牛街街道基于工作人口的地区公共服务问卷调查报告

摘　要：为了解牛街街道公共服务情况，牛街街道辖区内的驻区单位工作人员随机进行了街道公共服务需求问卷调查，主要从社区服务机构认知度、社区服务参与度、地区生活便利度、社区公共服务满意度和社区公共服务需求度五方面着手展开调查。通过对反馈问卷的数据统计分析做横向对比、纵向对比及频数分析等，真实了解牛街街道公共服务现状、趋势及诉求，为整体提升牛街街道公共服务体系做好数据支撑及意见建议。

关键词：牛街街道　公共服务　工作人口　需求满意度

做好驻区单位和辖区居民的服务工作是街道一项重要任务，为了解牛街街道的公共服务现状、趋势及居民诉求，提高街道公共服务水平，特开展此次问卷调查。本报告所涉及的调查对象是牛街街道驻区单位的工作人员。调查进行时间为2015年1月。共发放问卷200份，回收188份，其中有效问卷186份，有效回收率为93%。

一　调查样本情况

调查对象中，男女比例约为1∶1.18。年龄在26～35岁和36～45岁所占比重最大，分别占到总调研人数的36.8%和22.0%。

职业分布情况以餐饮、物业等私企职工为主（55.4%），其次是机关事业单位职工（24.1%）。

户籍以本市户籍为主，其中本区户籍比例更是占到了23.4%。

教育程度为大专或本科学历的人群所占比例最高，为48.2%。

家庭组成结构方面，44.4%的家庭是3口之家，所占比例最高。

从家庭收入上看，29户家庭人均月收入低于1560元，占调查居民总数的16.0%；家庭人均月收入在1560～3400元之间的被调查居民数量最多，比例为42.0%；其次是家庭人均月收入在3400～5000元的被调查居民，比例为27.6%（见表1）。

表1　调查样本基本情况

单位：户

性别	男			女		
	83			98		
年龄	25岁以下	26～35岁	36～45岁	46～55岁	56～65岁	65岁以上
	24	67	40	33	11	7
户籍	本市户籍	本区户籍	居住证	暂住证	居住半年以上但未办理居住证	外籍
	70	43	4	60	1	6

续表

职业	公司白领	机关事业单位职工	公务员	其他		
	32	40	2	92		
学历	硕士及以上	大专或本科	高中或中专以下			
	14	81	73			
家庭人数	4 口以上	4 口	3 口	2 口	1 口	
	17	41	75	23	13	
家庭人均月收入	1560 元以下	1560 ~ 3400 元	3400 ~ 5000 元	5000 ~ 10000 元	10000 ~ 20000 元	20000 元以上
	29	76	50	19	7	0
本社区居住时间	3 年以上	1 ~3 年	1 年以下			
	285	91	33			

注：回收问卷中，全部题目漏答率在 15% 及以下，判定为有效问卷。由于题目漏答，表中对各属性的汇总统计数存在不一致并且小于有效问卷的情况。

二　社区服务机构认知度

（一）街道办事处认知度：65.9%的人表示“知道”

对于牛街街道办事处，被调查者认知度还比较高，65.9% 的受访者表示“知道”街道办事处地址，21.0% 的受访者表示“知道大体位置，但没去过”，但也有 13.1% 的受访者表示“不知道” （见图 1）。

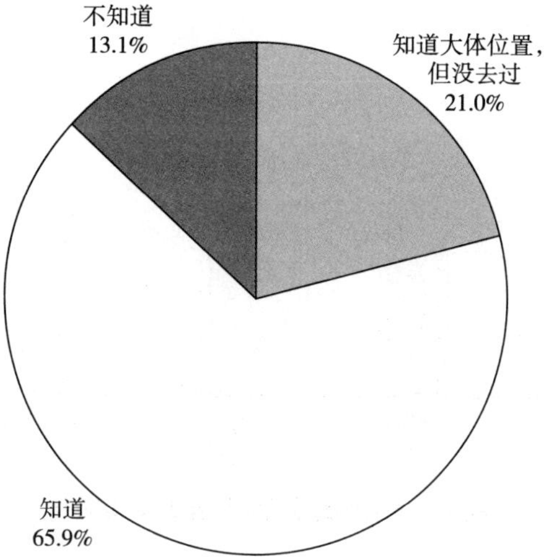

图1　牛街街道办事处认知度

（二）社区居委会认知度：79.1%的人表示“知道办公地点”

对于社区居委会的认知度要明显高于街道办事处，表示“知道办公地点”的受访者人数达79.1%。但是对于居委会更加详细的内容则了解情况有所下降，其中，表示“了解服务项目”的受访者人数为46.5%，表示“知道领导姓名”的受访者为32.0%，表示“参加过活动”的受访者人数为37.2%。值得注意的是，仍有11.0%的受访者对以上情况都不知道（见图2）。

（三）社区认同度：81.1%的人表示会以社区为荣

调查问卷以“您会以您单位所在的这个社区为荣并经常向朋友或亲人提起和夸耀吗”这一问题来了解被访者对于社区的认同度。结果显示，32.4%的受访者表示“会”，48.7%的受访者表示“有时候会”，18.9%的受访者表示“不会”（见图3）。

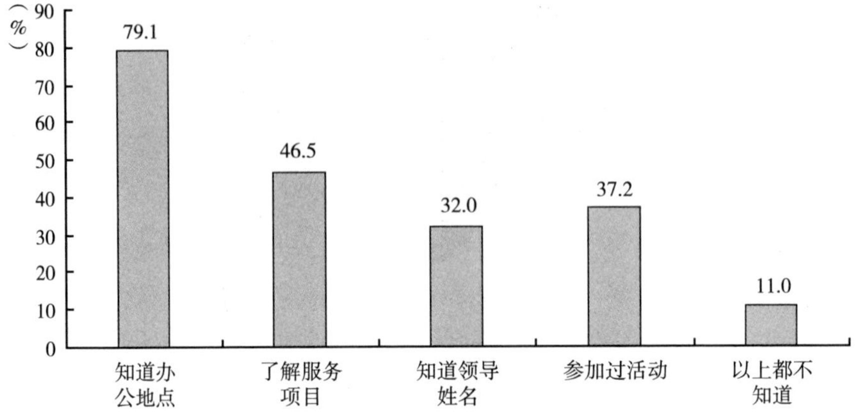

图 2　牛街街道社区居委会认知度

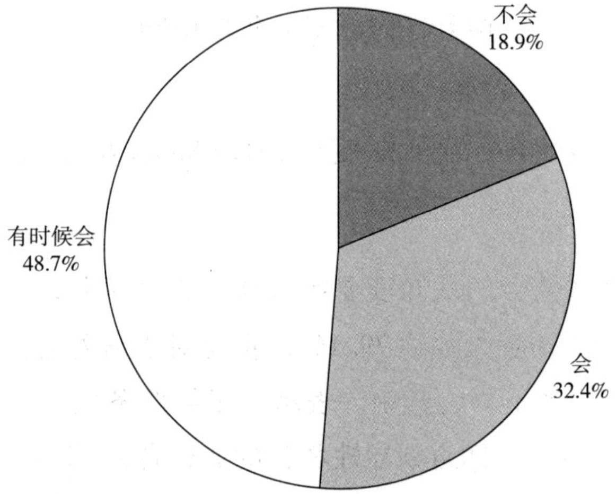

图 3　牛街街道社区认同度

三　社区服务参与度

（一）社区服务项目参与度：法律服务参与度最高

社区服务项目参与度是衡量社区服务项目水平的重要方面之一。

调查显示，对于社区服务项目参与度，参与“法律服务”的受访者达38.9%，所占比例最高，其次是参与“图书阅览”的受访者达23.3%。除此之外，其他服务项目的参与度均不足20%。但需要注意的是，表示“都未参与”的受访者人数却高达28.3%，由此可见，社区服务项目的提供者对于驻区单位工作人员之间的接触仍显不足（见图4）。

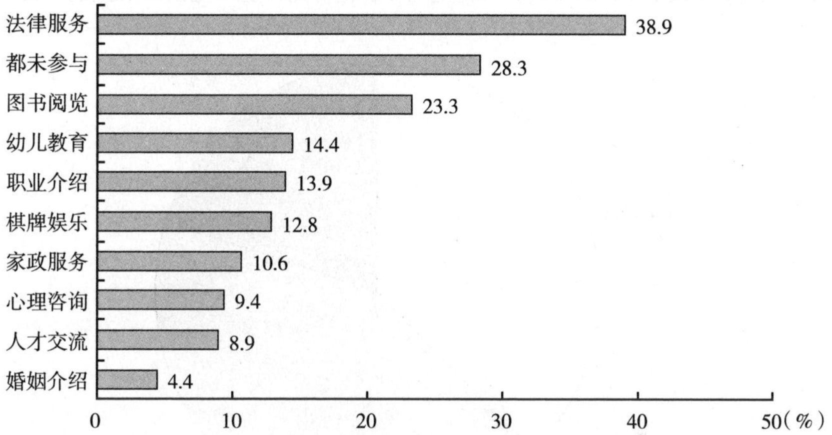

图4 牛街街道社区服务项目参与度

（二）社区文化活动参与度：62.5%的人曾参与

对于牛街街道社区文化活动参与度，20.1%的受访者表示“经常参加”，42.4%的受访者表示“偶尔参加”，37.5%的受访者表示“从来没有”。其中，西里二区社区、钢院社区、南线阁社区表示“经常参加”的比例最多，分别达到了55.0%、47.4%和44.4%；而白广路社区、春风社区、枫桦社区的参与程度最低，其从来没有参加过社区文化活动的比例分别占到了80.0%、76.5%和75.0%（见图5、表2）。

实际上，牛街街道的社区文化活动非常丰富，在牛街地区91个备案组织中，共计57个文体科教类社区社会组织，占备案组织的62.6%。街道定期召开社区文化工作会，注重发挥枢纽型社会组织作用，搭建社区群众文化展示平台，开展了众多深受社区群众欢迎的社区社会组织精品文化活动和特色文化活动，不断满足群众日益增长的精神文化需求。此外，街道积极整合地区文化资源，充分发挥与辖区单位文化资源的共建共享功能，在服务驻区单位、促进文化建设、维护民族团结等方面形成了长效机制，从而扩大了群众参与文化活动的覆盖面。

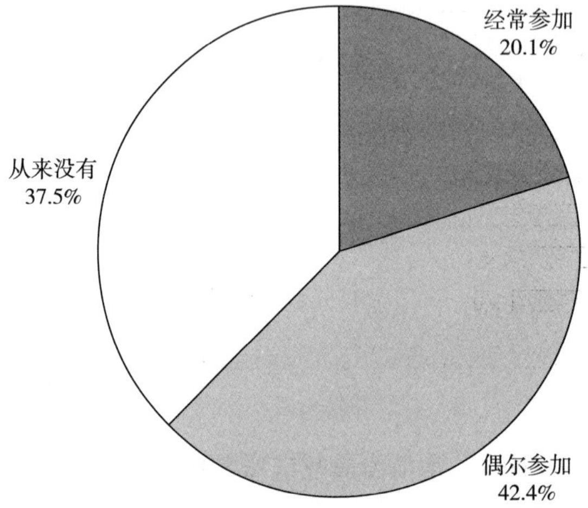

图5　牛街街道社区文化活动参与度

表2　牛街各社区文化活动参与度

单位：%

社区	社区文化活动参与比例		
	经常参加	偶尔参加	从来没有
白广路社区	0	20.0	80.0
菜园北里社区	11.1	61.1	27.8
春风社区	0	23.5	76.5
法源寺社区	20.0	80.0	0

续表

社区	社区文化活动参与比例		
	经常参加	偶尔参加	从来没有
枫桦社区	0	25.0	75.0
钢院社区	47.4	36.8	15.8
南线阁社区	44.4	50.0	5.6
牛街东里社区	12.0	32.0	56.0
西里二区社区	55.0	25.0	20.0
西里一区社区	9.5	85.7	4.8

（三）社区公益事业参与度：公益培训、助老助残、治安居前三位

对于社区公益事业参与度，参与“公益培训”的受访者人数达35.6%，所占比例最高，其次参与“助老助残”和“治安”比例相当，受访者人数分别达33.9%和33.3%（见图6）。驻区单位本应成为社会公益事业的重要参与方，然而平均30%左右的参与水平说明，成效并不理想。

早在2012年4月，牛街街道为促进社区的机关、企事业单位在职党员参与社区活动和社区共建，在10个社区全部成立了“大党委”，40名辖区单位党组织负责人作为“大党委”席位制委员参与社区重大事项的决策与组织。运行两年来，大党委虽然取得了一定的效果，但是大多数在职党员仍不了解大党委，到社区报到的在职党员非常少，能够长期延续性参与活动的就更少了。

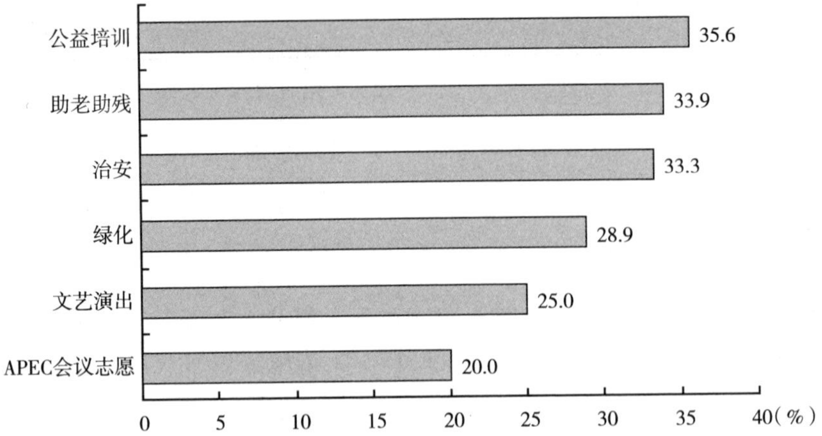

图6　牛街街道社区公益事业参与度

四　地区生活便利度

（一）停车资源情况：21.2%的受访者认为停车条件很不好，影响工作

停车难问题是牛街街道的一个难题。对于停车资源的调查结果显示，只有18.4%的受访者表示“很好，没有”，而有21.2%的受访者表示“很不好，严重影响工作”。其中，春风社区反映出来的问题最为突出，认为停车条件不好的比例达到了43.8%（见图7、图8）。

（二）交通便利度：56.5%的受访者从公交车或地铁下车后走到单位时间不超过10分钟

总体来看，西城区作为北京市城市中心区，地铁、公交等公共交通系统发达，应该成为驻区单位通勤的首要选择。调查问卷对“最后一公里”换乘情况做了了解，各调查选项分布较为均衡。其中，23.5%的受访者可以在步行“5分钟以下”到达，只有18.4%的受访者表示需要步行“15分钟以上”才能到达单位（见图9）。

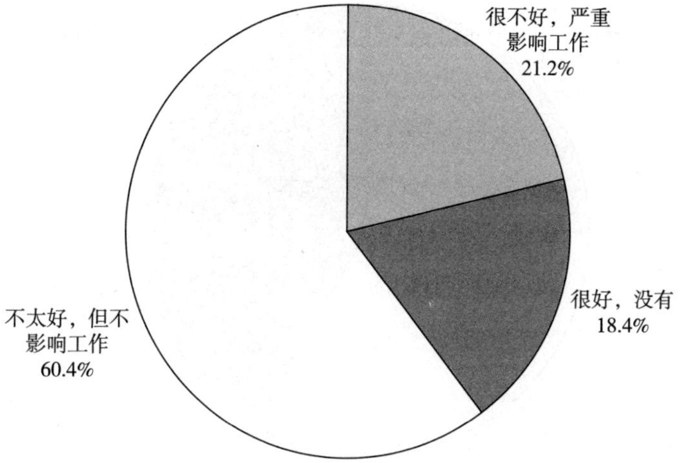

图7　牛街街道的周围停车条件

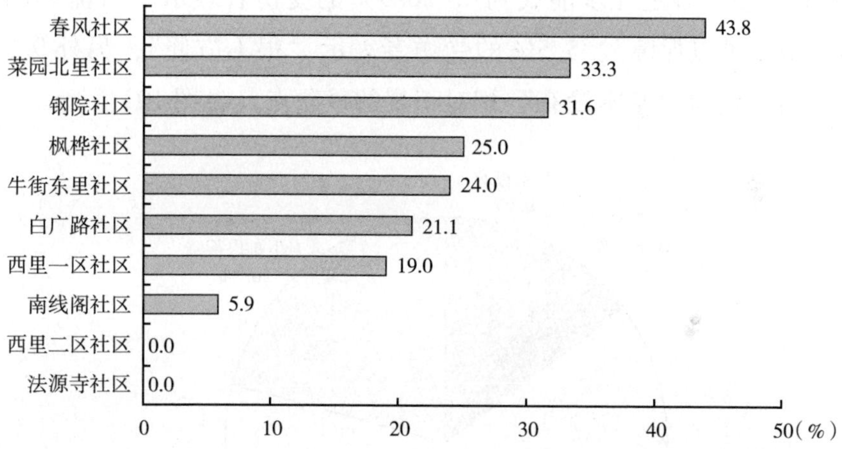

图8　反映停车条件不好的样本社区分布情况

（三）早餐便利度：64.3%的受访者能较方便找到正规早餐点

调查显示，对于牛街街道早餐便利度，64.3%的受访者表示

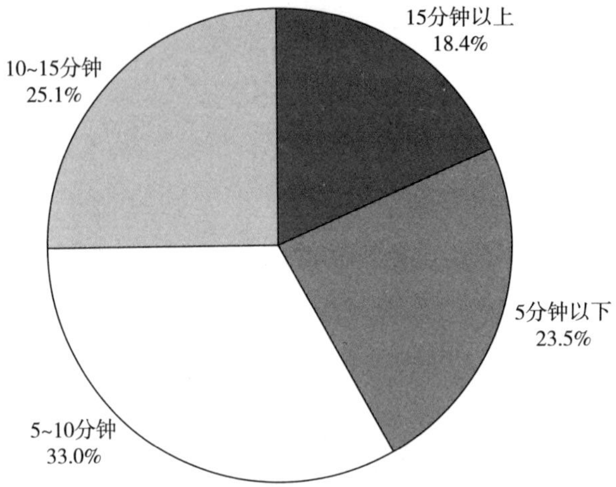

图9　牛街街道的交通便利度

“稍有不便，多走几步能找到”，20.9%的受访者表示“有流动的摊点，卫生难以保障”，5.5%的受访者表示“很不方便”，另外9.3%的受访者认为“基本没有”相对正规的早餐点（见图10）。

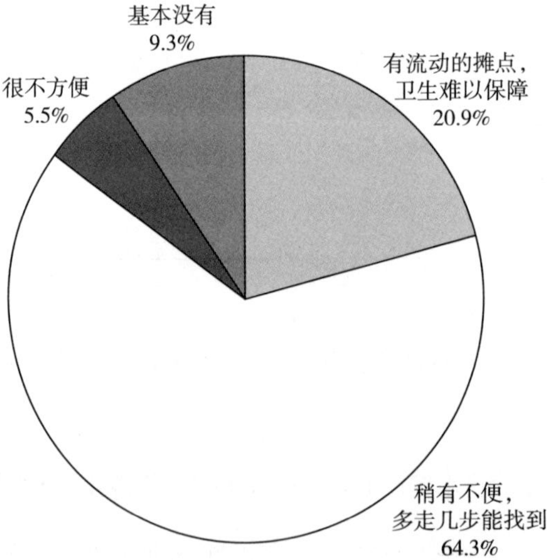

图10　牛街街道的早餐便利度

五 社区公共服务满意度

（一）社会保障服务：医疗保险满意度最高

对于社会保障服务项目，“医疗保险”和“就业服务”的满意度较高。调查显示，36.7%的人对“医疗保险”较为满意，35.6%的人对“就业服务”较为满意。此外，还有11.1%的受访者选择了“都不满意”（见图11）。

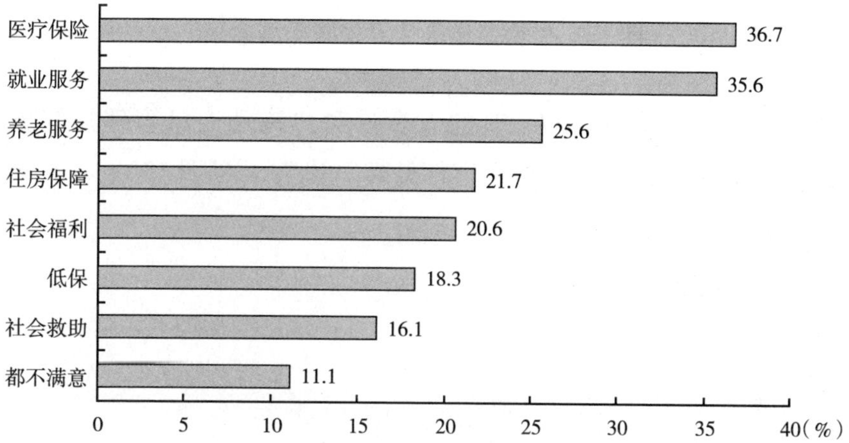

图11 牛街街道社会保障服务情况

（二）医疗卫生服务：55.7%的受访者表示就医方便

在关于医疗卫生服务的调查中，受访者最为认可的是就医方便。数据显示，55.7%的人认为牛街街道的医疗卫生服务优势是“就医方便”，其次是“价格合理”，选择比例为33.5%。此外，还有15.3%的人表示“都不满意”（见图12）。

（三）公共安全：68.9%的受访者对社会治安表示满意

在公共安全方面，有68.9%的人表示对“社会治安”服务情况

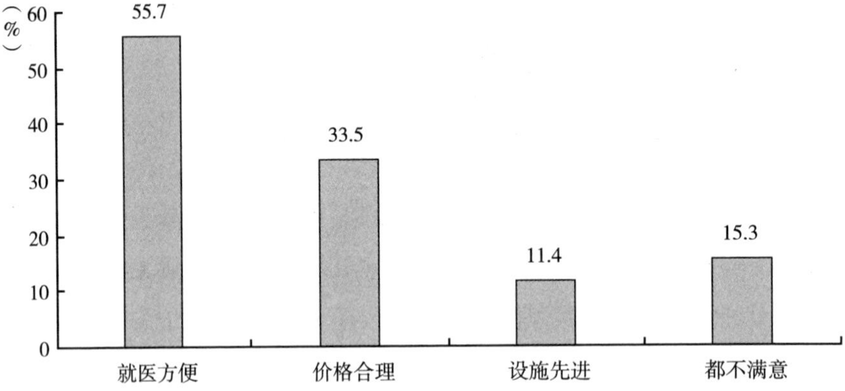

图12　牛街街道医疗卫生服务满意度

比较满意。除此之外，37.2%的人表示对“流动人口管理”服务满意，31.7%的人表示对“突发事件处理”满意（见图13）。

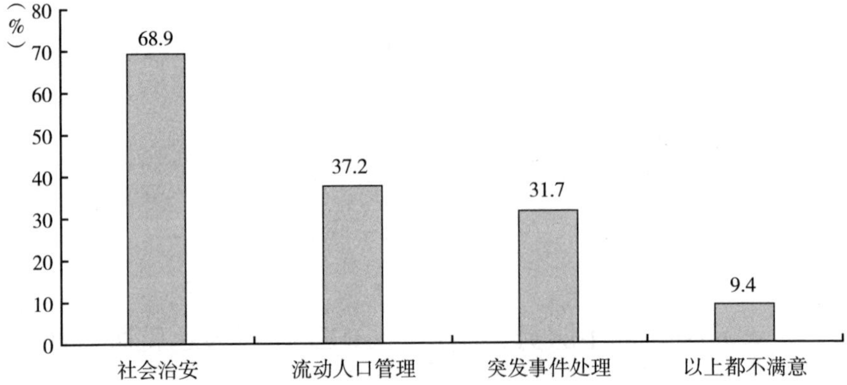

图13　牛街街道公共安全情况满意度

（四）城市管理：54.5%的受访者认为城市管理存在的主要问题是违章停车

在城市管理方面，调查显示，54.5%的人认为城市管理存在的主要问题是“违章停车”，43.8%的人认为是“绿化不够”，34.3%的人认为是“街巷保洁”（见图14）。

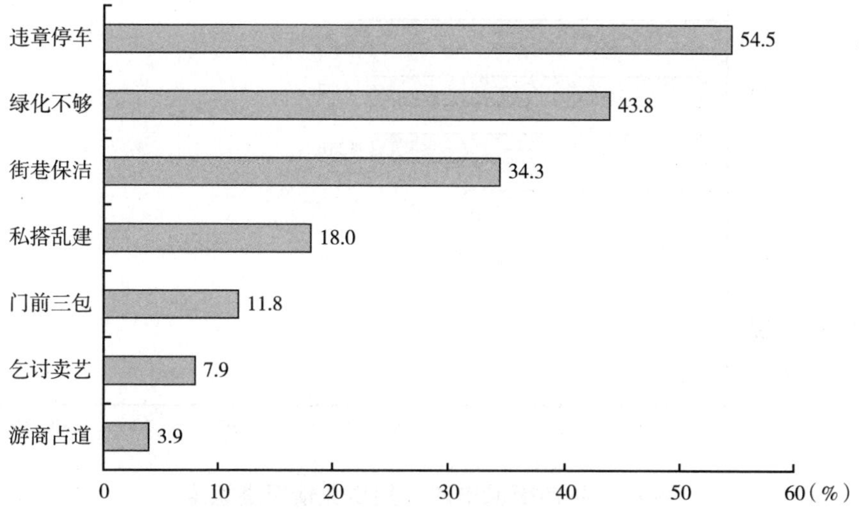

图14　牛街街道城市管理情况

（五）市政公用事业：仅16.4%的受访者对“城市规划布局”满意

在市政公用事业方面，受访者对于供水、供电等项目的满意度较高。而与此相对应的是，满意度低于30%的两项分别是：只有21.9%的人对“信息化水平”满意，16.4%的受访者对“城市规划布局”满意。另外还有1.1%的人表示“都不满意”（见图15）。

（六）消防安全情况：60.9%的受访者认为防火设施很好，会安全逃生

在消防安全方面，调查显示，60.9%的人表示“防火设施很好，

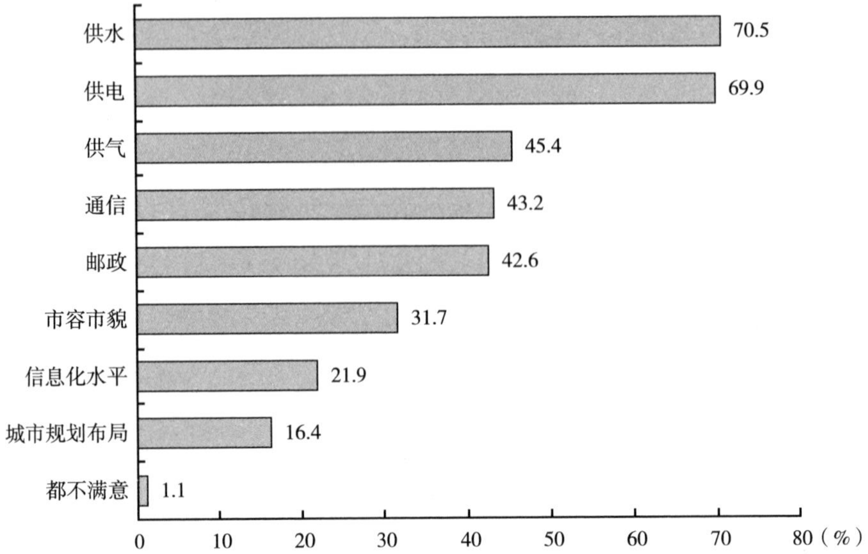

图 15　牛街街道市政公用事业情况满意度

会安全逃生”，38%的人表示“防火设施一般，火势不太大的情况下可以逃生”。另外1.1%的人表示“防火设施不好，逃生机会不多”（见图16）。进一步从社区分布看，西里二区社区、白广路社区选择“防火设施很好，会安全逃生”的比例最多（见表3）。

牛街街道的消防安全情况较好，得益于街道多年来对消防安全的重视。2014年，牛街街道对辖区的地下空间、平房胡同区、老旧住宅楼、施工现场、餐馆的燃气煤气罐的安全使用进行了全方位的隐患排查整治，全年开展了3次消防夜查活动，监督检查单位567家，检查中共发现消防隐患308处，均当场查处并要求责令整改。同时，在10个社区开展“消防安全社区行”巡回培训活动及模拟火灾现场灭火实训体验活动。这些工作大大增强了辖区单位工作人员的消防安全意识，提升了人员的防火、灭火知识和逃生自救技能。

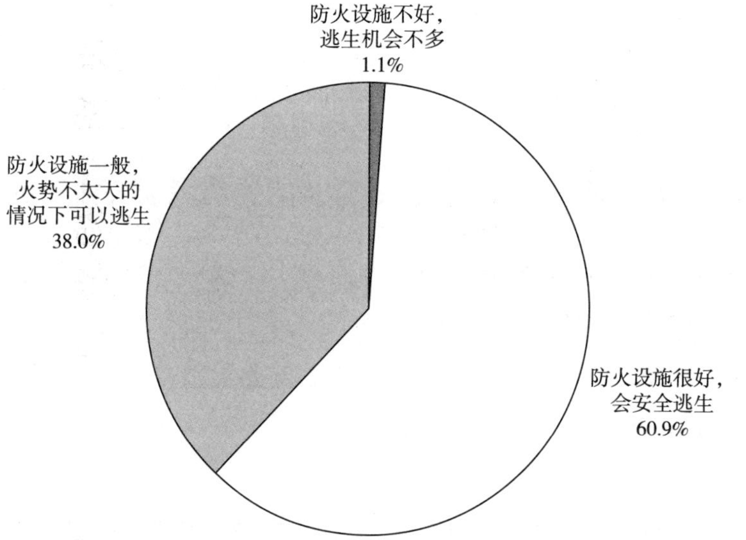

图 16　牛街街道消防安全情况满意度

表 3　牛街街道各社区防火条件统计

单位：%

		防火条件		
		防火设施很好，会安全逃生	防火设施一般，火势不太大的情况下可以逃生	防火设施不好，逃生机会不多
社区	白广路社区	93.8	6.3	0
	菜园北里社区	47.4	52.6	0
	春风社区	68.8	31.3	0
	法源寺社区	30.0	70.0	0
	枫桦社区	50.0	50.0	0
	钢院社区	15.8	78.9	5.3
	南线阁社区	77.8	22.2	0
	牛街东里社区	48.0	52.0	0
	西里二区社区	94.7	5.3	0
	西里一区社区	76.2	19.0	4.8
平　均		60.9	38.0	1.1

六　社区公共服务需求度

（一）硬件设施需求：52.9%的受访者需要体育健身点

随着人们生活水平的提高，人们对于健康的关注日益上升。反映到社区硬件设施需求方面，52.9%的人表示社区最缺乏的是“体育健身点”，28.7%的人表示社区最缺乏的是“文化活动室”，25.9%的人表示缺乏“卫生所”（见图17）。

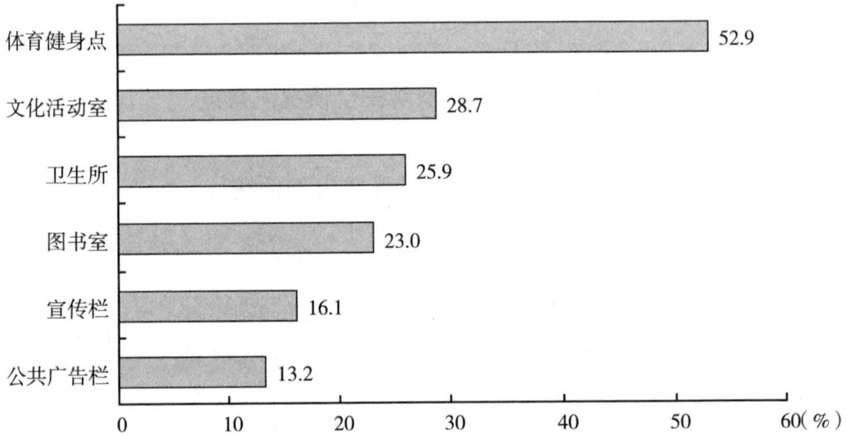

图17　牛街街道硬件设施需求情况

（二）服务项目需求：文化娱乐、医疗保健和便民利民服务位列前三

在服务项目需求方面，调查显示，37.9%的受访者表示最需要的是“文化娱乐”，其次是“医疗保健”和“便民利民服务”，需求比例分别有37.4%和33.0%（见图18）。

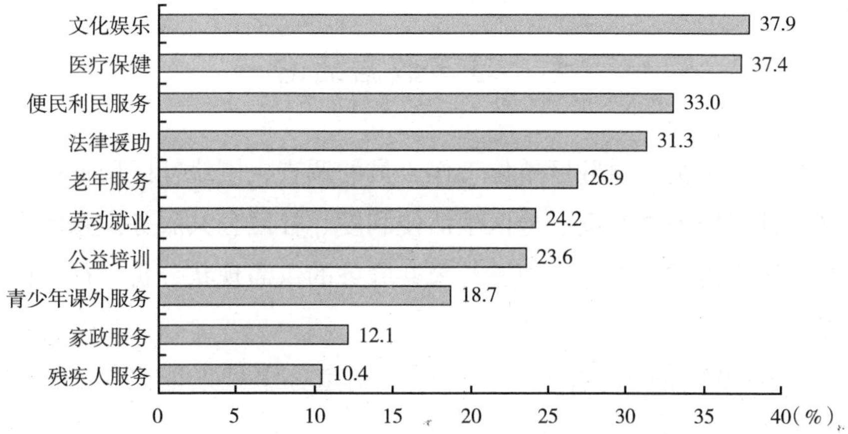

图 18　牛街街道服务项目需求情况

（三）服务缺口情况：停车紧张是存在的最大问题

牛街街道居民在服务项目需求方面，除了上文提到的社区服务项目之外，还有很多突出反映。根据对受访者意见的归纳，发现公共服务中存在的最大问题依然是"停车紧张"，其次是"环境卫生差"、"街道和社区的作用发挥不够"等（见图 19）。

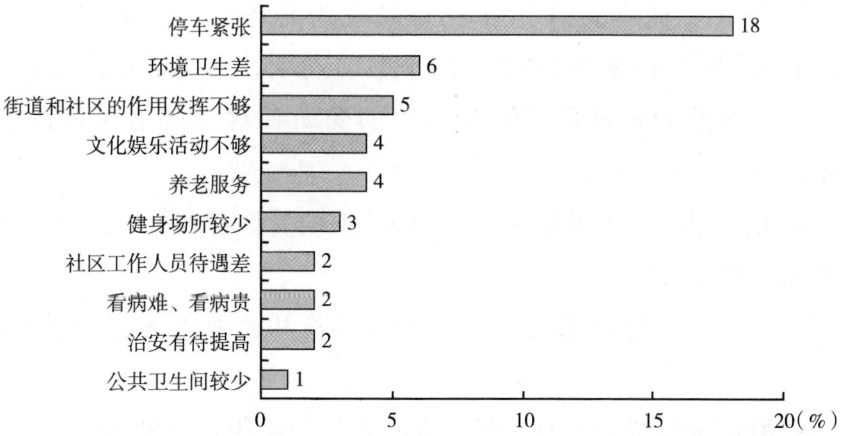

图 19　牛街街道的服务缺口情况

七 基本数据结论

基于对牛街街道驻区单位工作人员的调查，围绕社区服务机构认知度、社区服务参与度、地区生活便利度、社区公共服务满意度和社区公共服务需求度五大方面进行公共服务的供需现状分析，得出以下数据结论：

1. 65.9%的受访者表示“知道”街道办事处地址；79.1%的受访者知道居委会的办公地点。

2. 社区服务项目中，参与“法律服务”的受访者达38.9%，所占比例最高；28.3%的受访者“都未参与”过社区服务项目，37.5%的受访者“从来没有”参加过社区文体活动。

3. 驻区单位对于社区公益事业的平均参与率在30%左右，比例不高。

4. 停车难问题突出，有21.2%的受访者表示已经严重影响工作。与停车难问题相对应，54.5%的人认为城市管理存在的最突出问题是违章停车。

5. 公共交通系统发达并且布局较为合理，56.5%的受访者“最后一公里”换乘步行时间不超过10分钟。但是，关于城市市政公用事业的调查显示，仅16.4%的受访者对“城市规划布局”表示满意。

6. 正规早餐点设置有待加强，64.3%的受访者表示“稍有不便，多走几步能找到”。

7. 对于社会保障服务项目，医疗保险和就业服务的满意度较高。

8. 驻区医疗资源丰富，55.7%的人认为牛街街道的医疗卫生服务优势是“就医方便”；公共安全满意度较高，68.9%人表示对“社会治安”情况比较满意。

9. 60.9%的受访表示“防火设施很好，会安全逃生”。其中，西里二区社区、白广路社区的消防设施最能得到受访者的认可。

10. 硬件设施需求方面，受访者对体育健身设施需求较高，52.9%的受访者表示社区最缺乏的是“体育健身点”。服务项目需求方面最需要的是“文化娱乐”。

八 政策建议：构建公共服务多元主体发展模式

从数据分析结果看出，牛街街道驻区单位参与社会公益活动的比例、公众参与社会服务项目的比例还有待提升，社会公众的公共服务需求还亟待满足，公共服务趋同导致部分差异化需求难以得到满足。因此，实现公共服务多元供给主体有利于提升公共服务的公平性、可选性和有效性。

公共服务供给主体多元发展是公共服务改革的重要内容。公共服务供需间的矛盾，迫切需要对改革服务的供给模式进行变革。公共服务供给主体多元就是指在政府主导下，由个人、企业和社会组织共同参与公共服务以提供多中心解决方案。

公共服务的多元主体供给为构建由政府、市场与社会三方共同合作的公共治理模式提供了基本的实现框架，政府作为主导保证了公共服务的公益性、公正性，而市场和社会则弥补了政府公共服务资源的有效配置，社会（社会组织）是政府公共部门和市场机制的有益补充，可以很好地解决政府失灵或市场失灵。各主体间和而不同，更具有灵活性，是基于多中心治理框架下的实践，是社会利益多元化的回应，整合化的、弹性的供给模式可以更好地满足公共服务的多元需求。发展公共服务的多元主体，首先要构建公共服务多元供给主体的决策机制，扩大政府决策的公众参与度，包括决策咨询机制、回应机制、监控机制和责任追究机制。其次要构建公共服务多元供给主体的激励和约束机制，以投入产出目标最大化和公众满意度来衡量服务供给的质量，在科学评估机制的基础上，建立相应的准入、奖惩、退出机制。

B.3
牛街街道基于社区居民的地区公共服务问卷调查报告

摘　要：　本文通过问卷调查的方法，对西城区牛街街道的10个社区居民开展社区公共服务需求的问卷调查，通过对反馈问卷的数据统计分析做横向对比、纵向对比及频数分析等，从中了解牛街街道作为基层政府组织开展公共服务现状、趋势及居民诉求，为整体提升牛街街道公共服务体系做好数据支撑及意见建议。

关键词：　牛街街道　公共服务　社区居民　需求满意度

本报告所涉及的调查对象是牛街街道所辖10个社区的辖区居民。调查共发放问卷200份，回收200份，其中有效问卷199份，有效回收率为99.5%。

一　调查样本情况

（一）调查样本基本情况

调查对象中，男女比例约为1∶1.62。年龄在46～55岁和56～65岁所占比重最大，分别占到总调研人数的20.2%和25.4%。

职业分布情况以离退休人员为主，占到了受访者人数的45%。

户籍以本市户籍为主（53.6%），其中更包括39.1%的人是本区户籍。

教育程度为大专或本科学历的人群所占比例最高，为52.4%。

家庭组成结构方面，54.9%的家庭是3口之家，所占比例最高。

从家庭收入上看，28户家庭人均收入低于或与北京市最低工资标准持平，占调查居民总数的14.6%；家庭人均月收入在1560～3400元之间的被调查居民数量最多，比例为48.4%；其次是家庭人均月收入在3400～5000元的被调查居民，比例为22.4%。

调查对象居住在牛街街道辖区的时间超过3年的比例为90%。

表1　调查样本基本情况

单位：户

性别	男			女		
	76			123		
年龄	25岁以下	26～35岁	36～45岁	46～55岁	56～65岁	65岁以上
	5	32	37	39	49	31
户籍	本市户籍	本区户籍	居住证	暂住证	居住半年以上但未办理居住证	外籍
	103	75	2	12	0	0
职业	在职职工	个体工商户	私营企业主	专业技术员	商业服务员	自由业者
	72	11	1	3	2	5
	公司白领	机关事业单位职工	公务员	离退休人员	下岗失业人员	其他
	0	1	1	85	0	8
学历	硕士及以上	大专或本科	高中或中专以下	初中	小学及以下	
	5	92	50	34	4	
家庭人数	4口以上	4口	3口	2口	1口	
	35	19	100	22	6	

续表

家庭人均月收入	650 元以下	650 ~ 1560 元	1560 ~ 3400 元	3400 ~ 5000 元	5000 ~ 10000 元	10000 元以上
	5	23	93	43	21	7
本社区居住时间	3 年以上		1 ~ 3 年		1 年以下	
	144		11		5	

注：回收问卷中，全部题目漏答率在 15% 及以下，判定为有效问卷。由于题目漏答，表中对各属性的汇总统计数存在不一致并且小于有效问卷的情况。

（二）特定群体分析

1. 空巢或独居老人：超过一半的受访者人均收入在1560 ~3400元

空巢老人是指无子女或子女不在身边、独自生活的老年人，对社区提供服务需求度更高，需要重点关注。我们将受访者年龄大于 55 岁并且家庭人口数少于等于 2 的人群单独抽离出来，共计 15 人（户），其基本特征如下：

性别构成中，女性所占比例为 60.0%，男性所占比例为 40.0%。全部为北京市户籍，其中本区户籍占比为 53.3%。33.3% 的人教育程度是大专或本科学历。所有受访独居老人在牛街居住的时间都在 3 年以上。但需要注意的是，在家庭人均月收入方面，53.3% 空巢或独居老人家庭人均月收入为 1560 ~ 3400 元（见图 1）。

2. 流动人口群体的构成特征：教育程度偏低

流动人口管理是街道日常工作中的一个重点与难点，我们也试图在此次调查中对这一部分人群进行描述，但是由于问卷下发对象选取的困难，所涉及的样本数量与实际人群分布存在一定差异。在进行样本选择时，我们将户籍选项中标明“暂住证”和“居住半年以上但未办理居住证”的两类人群作为研究对象。共涉及调查对象 12 人，其基本特征如下：

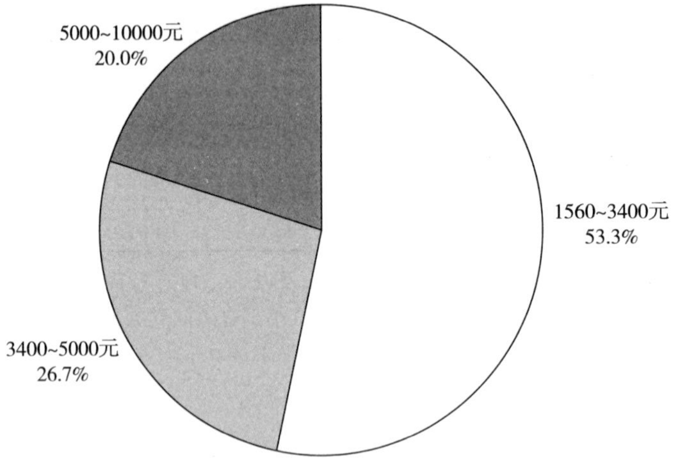

图1　空巢或独居老人家庭人均月收入

在居住时间方面，选择“1～3年”的人数最多，占到了44.4%。职业构成中，个体工商户最多，占比达到41.7%。教育程度偏低，初中文化占比达到41.7%，大专或本科仅为16.7%（见图2）。

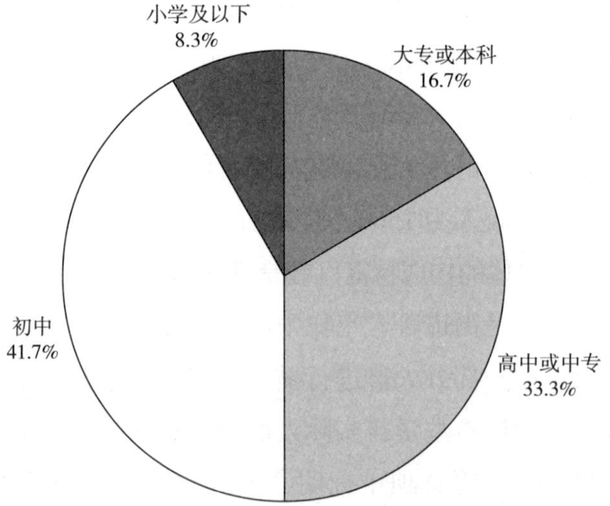

图2　流动人口教育程度

二　社区服务满意度：三成以上满意，近六成基本满意

（一）社区服务的总体满意度：56.3%的社区居民表示基本满意，38.7%的居民表示满意

对于社区公共服务的总体满意度，38.7%的受访者选择“满意”，56.3%的受访者认为“基本满意”，2.9%的受访者认为“不满意”，2.1%的受访者认为“不清楚”（见图3）。

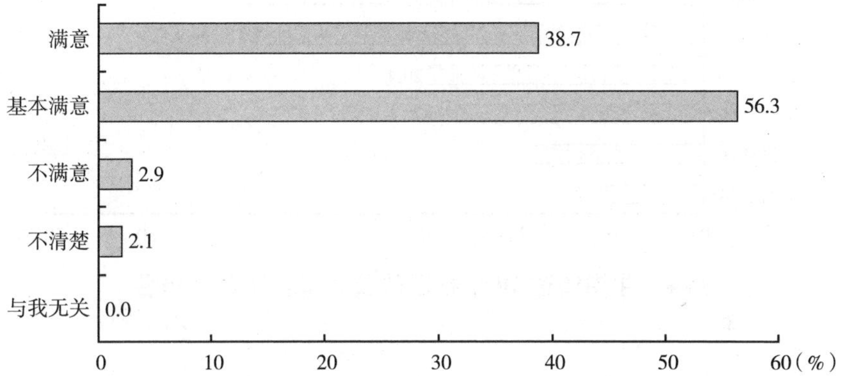

图3　牛街街道社区公共服务需求人员总体满意度构成

（二）分社区服务满意度：白广路社区、西里一区社区、春风社区位居前列

在牛街街道10个社区中，满意度比例最高的是西里二区社区，其居民认为社区服务好的比例占到了58.8%；其次是春风社区，比例达到了53.8%；此外，西里一区社区、牛街东里社区和白广路社区的社区服务满意度也占到了50.0%（见图4）。

进一步分析13项服务内容的满意度评价，加权汇总之后的社区排序前5为：白广路社区、西里一区社区、春风社区、枫桦社区、南线阁社区（见图5）。

汇总以上两项可以看出，白广路社区、西里一区社区、春风社区同时进入前5位，是10个社区中居民满意度最好的社区。而法源寺社区在两项排位中均位居最后一位。

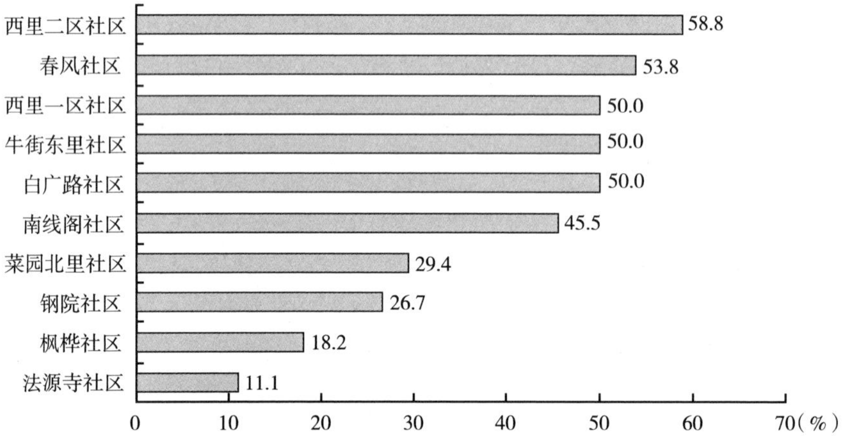

图4　牛街街道10个社区的公共服务满意度排名

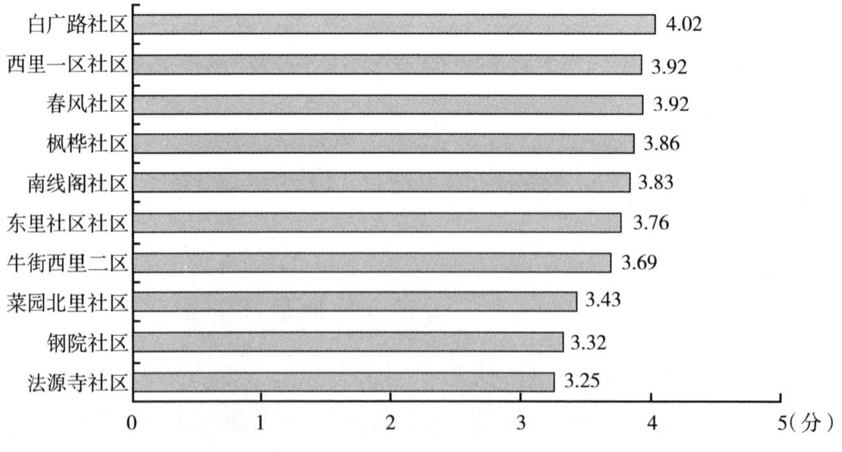

图5　牛街街道10个社区13项细分项目评价得分

（三）社区居民对居委会服务最满意

调查显示，牛街街道10个社区公共服务内容评价中，调查对象对社区的停车条件最不满意，均值为2.41；对居委会服务评价最高，均值为4.53（见图6）。

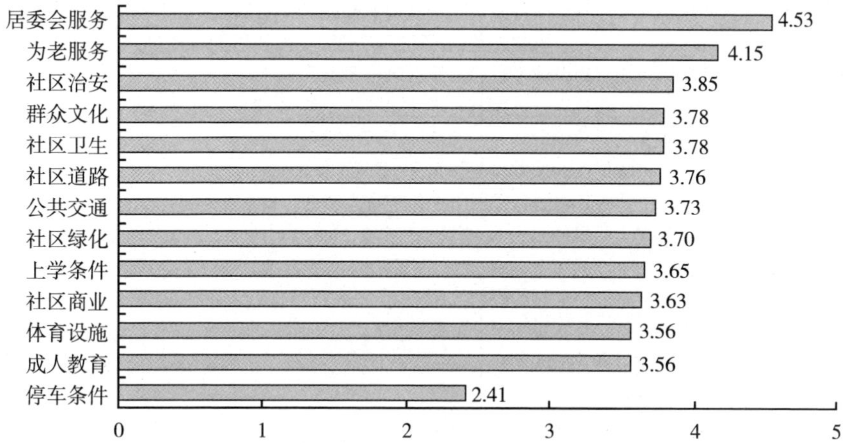

图6　牛街街道社区公共服务内容评价情况

三　社区存在问题：停车不方便最为突出和普遍

（一）居民停车不方便，入托、入园难，健身活动场所和设施不足位列前三

居民停车不方便是社区居民反映最强烈的问题。在社区存在问题的20个选项中，89.8%的居民认为牛街街道的社区应在“居民停车不方便”的问题上加强工作力度，其次是托儿所、幼儿园少，“入托、入园难”和“健身活动场所和设施不足”，所占比例分别为74.7%和

47.3%。其他选择比例超过20%的问题依次是：有被入室盗窃（45.2%）、“群众公共文化活动场所缺乏”（38.7%）、“吃早点的地方少”（33.9%）、“社区环境脏乱差”（32.3%）、“背街小巷保洁卫生差”（29.6%）、“买菜不方便”（28.0%）、“输液打针看小病需要走超过15分钟的路”（23.7%）（见图7）。

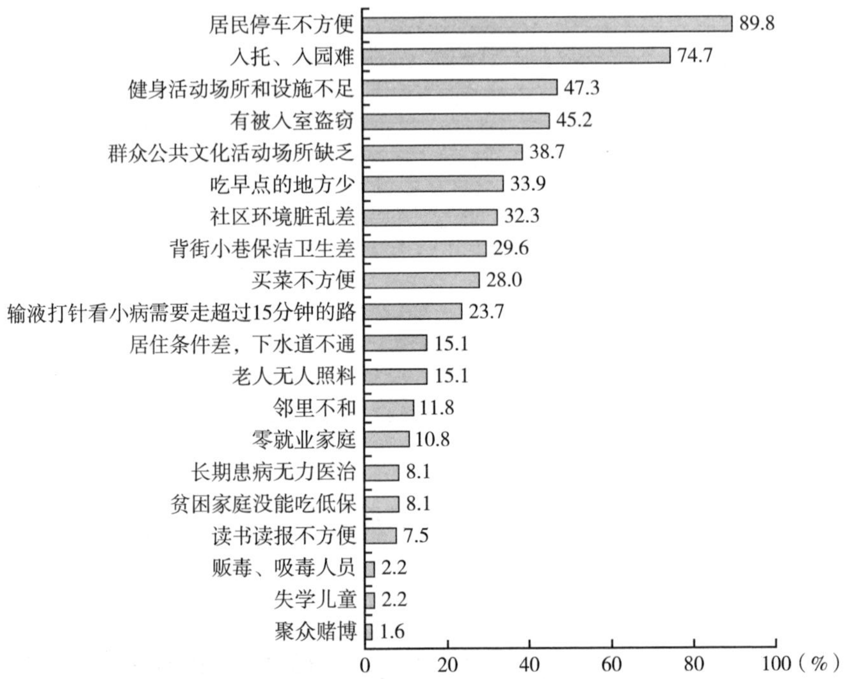

图7　牛街街道社区居民反映的主要问题

（二）8个社区将“停车不方便”的问题排在首位

统计每个社区排名前三的问题分布，较为一致的结论是，在牛街街道10个社区中，8个社区将“居民停车不方便”列为社区问题的首位。此外，钢院社区面临的首要问题是群众“健身活动场所和设施不足”，南线阁社区则是“吃早点的地方少”。

此外，法源寺社区和西里二区社区存在的问题最多。法源寺社区有4个问题选择比例超过80%，分别是：“居民停车不方便”（95.0%）、“有被入室盗窃”（95.0%）、“入托、入园难”（95.0%）、“吃早点的地方少”（80%）。西里二区社区有3个问题选择比例超过80%，分别是：“居民停车不方便”（100.0%）、“入托、入园难”（95.0%）、“健身活动场所和设施不足”（80.0%）。同时，西里二区社区环境脏乱差、群众公共文化活动场所缺乏的问题也很突出，二者的比例均达到了75.0%。

四　受访者家庭问题：住房紧张最为严重

对于受访者家庭自身而言，“住房紧张”是最为突出的问题。42.4%的人认为“住房紧张”，希望改善住房条件，所占比例最高。其他排在前5位的问题分别是“托儿、就学不便”（37.7%）、“缺少健身锻炼设施”（28.8%）、“缺乏公共活动场所”（25.1%）和“养老不便”（23.0%）（见图8）。

其中，法源寺社区住房紧张的问题最为突出，在该社区的受访者中，选择“住房紧张”的比例占到了75.0%。这是由于法源寺社区属于历史文化保护街区范围，与北京市其他旧城文保区一样，面临着文保区和平房区共存的问题。法源寺社区共有常住人口2180户，6550人，平房3421间，90.0%以上居民人均住房面积低于15平方米。目前，西城区和牛街街道已经把改善法源寺社区居住条件和生活质量提上了日程，街道将以增加居民福祉为出发点，以保障地区安全稳定为前提，以改善居民生活居住条件为基础，着力推动法源寺社区的棚户区改造和环境整治工作。

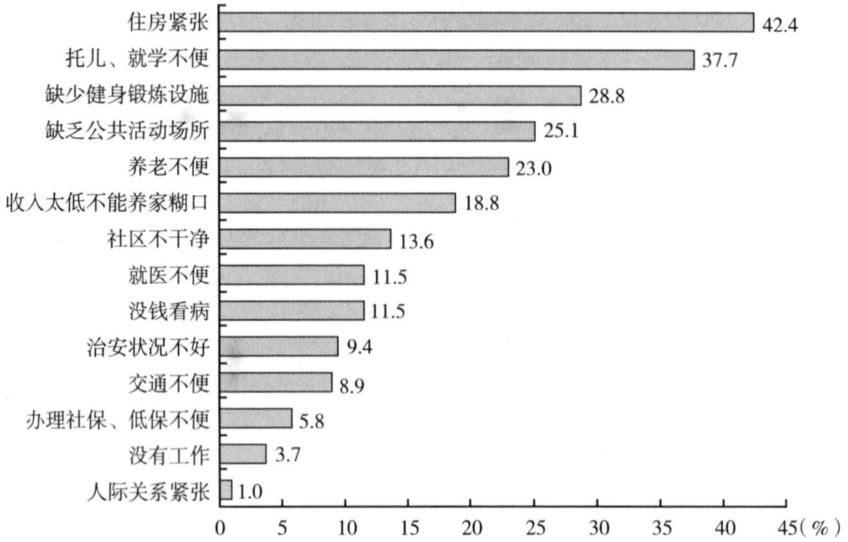

图 8 牛街街道社区受访者家庭问题调查情况

五 社区服务匹配度分析：社区幼儿园缺口最大

在问及被调查者最为重要的社区服务需求时，选择比例最高的是“物业”，比例达到了 70. 4%。其他排在前 5 位的需求分别是“社区医疗”（48. 7%）、“养老服务”（47. 1%）、“幼儿园”（46. 0%）和“托儿所”（39. 2%）。

在社区可以提供的服务项目中，选择比例最高的是“法律咨询”，被选比例是 76. 4%。其他排在前 5 位的分别是“养老服务”（67. 3%）、“物业”（53. 6%）、“社区医疗”（50. 0%）、“就业指导”（35. 5%）（见图 9）。

法律咨询选择比例高主要源于牛街街道深入开展的公益法律服务活动。2014 年，街道 10 个社区分别与 6 家律师事务所签订了第三个《三年公益法律服务协议》，并就如何开展好公益法律服务组织社区和律师进行座谈。同时，在南线阁社区进一步规范了公益法律服务硬件和制度建设，要求律师为居民服务做到律师姓名、手机电话、服务时间、服务地点、服务内容“五公开”，并上墙报栏公示。并且，律师每月两次定时到社区为居民提供法律服务，特殊情况居民有法律需求时，通过律师电话随时咨询服务。2014 年街道全年共开展公益法律服务 200 余次，解答法律咨询 600 多人次，举办社区法律讲座培训 79 次、街道司法大讲堂 5 次，更好地满足了广大居民群众的法律需求。

而从服务项目的供需配比方面看，“幼儿园”“托儿所”“代缴水、电、天然气费”，成为缺口最大的领域。其中，“幼儿园”缺口 35.1%，“托儿所”缺口 34.7%，“代缴水、电、天然气费”缺口 23.1%，“物业”缺口 16.8%，“病人看护”缺口 15.7%（见图 9）。

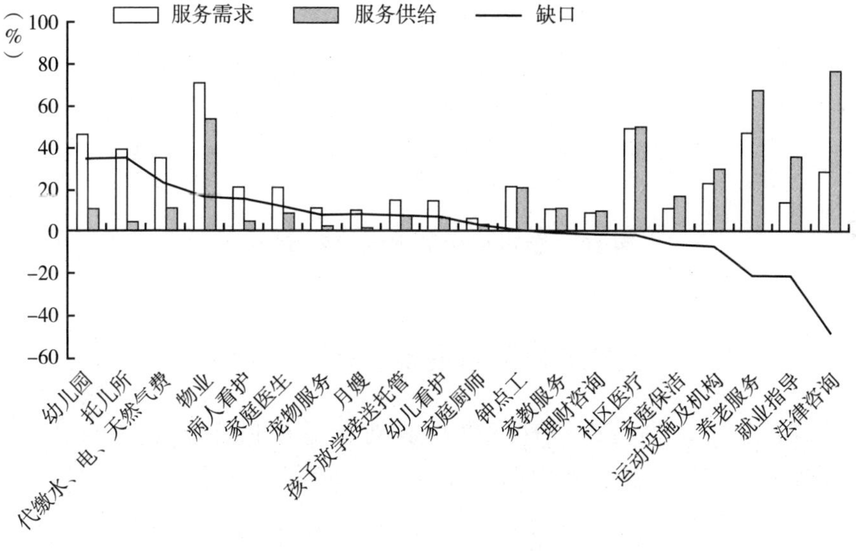

图 9　社区公共服务项目供需对比

此外，除了前面列出的标准选项外，调查问卷还设置了让被调查者可以自主填写的重点问题。经过关键词归并后，停车难、购物买菜难和社区治安问题也被多次提及。

六　社区养老：紧急救护呼叫系统需求高

（一）居家养老仍是社区养老模式的主导

中国人具有尊老敬老的传统，家庭养老具有上千年的历史。调查结果显示，受访者选择居家养老的比例是62.3%，其次是老年公寓为28.4%，敬老院最低，为19.7%（见图10）。

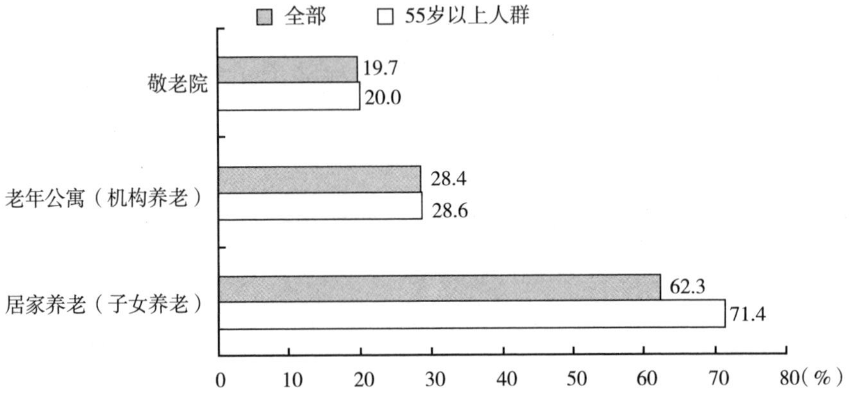

图10　重点群体养老模式需求情况

（二）养老服务项目需求最多的是老年食堂

调查显示，牛街街道社区受访者对养老项目需求最多的是“老年食堂或送餐”，需求比例为62.8%。其次是“紧急求助呼叫系统”和“家庭医生”，需求比例分别是60.2%和58.1%。其他的依次是“基本体检”（39.3%）、“专业人员健康跟踪与指导”（35.6%）和“家庭保姆”（28.3%）（见图11）。

（三）重点群体养老项目需求分布

社区养老直接对象是年龄大于55岁的人群，其对养老项目具有

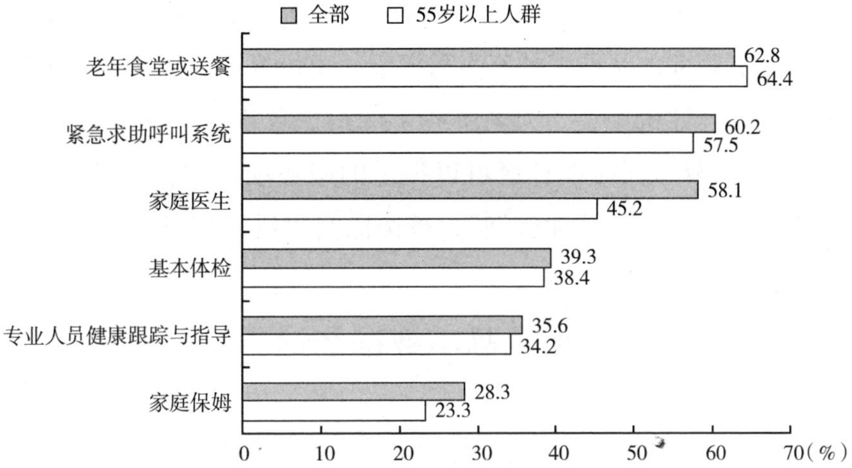

图 11　重点群体养老项目需求分布

较高的关注度。以下对这部分群体的养老项目模式和养老项目需求进行分析。

通过调查显示，这个年龄段的重点群体对养老模式的需求依然是居家养老，比例占到 71.4%，比全体样本比例高 9.1 个百分点。而选择老年公寓和敬老院的比例与全体样本的比例较为接近。

重点群体对养老项目需求与全部样本群体的排序一致，从差异上看，对于老年食堂或送餐的关注程度更高。

实际上，牛街街道在居家养老服务方面不仅起步早，而且发展快。为有效应对人口老龄化带来的压力，牛街街道从 2005 年就开始积极探索建立居家养老新的模式，并成立街道居家养老工作领导小组，通过实施为老（助残）服务“一卡通”工程、为老年人（残疾人）安装“手眼通”、为老年人（残疾人）免费代换煤气、建立社区托老（残）所和社区养老（助残）餐桌等十余项养老服务，为辖区老年人实现居家养老提供了可能。目前，牛街街道正加速推进建设全覆盖养老服务网，拟建设一所集文化交流、康复医疗、“零距离”居家养老服务系统及适老化体验于一体的综合养老照料中心。街道为不断完善养老服务体系所做的努力与探索，也恰好能够说明在关于社区公共服务内容评价中，“为老服务”的得分仅次于“居委会服务”，达到了4.15分，同时在社区可以提供的服务项目中，“养老服务”的选择比例仅次于“法律咨询”，被选比例达到了67.3%。

七 基本数据结论

1. 对于牛街街道社区公共服务的总体满意度，38.7%的调查对象认为满意。

2. 10个社区中，白广路社区、西里一区社区、春风社区是居民满意度最好的社区，而法源寺社区是居民满意度最低的社区。

3. 分方面满意度调查中，居委会服务和为老服务满意度最高。

4. 在社区存在的主要问题方面，“居民停车不方便”“入托、入园难”“健身活动场所和设施不足”位列前三，其中89.8%的居民关注停车不便的问题。在牛街街道10个社区中，8个社区将“停车不方便”列为社区问题的首位。此外，钢院社区面临的首要问题是“健身活动场所和设施不足”，南线阁社区则是“吃早点的地方少”。

5. 对于受访者家庭自身而言，“住房紧张”是最为突出的问题，有42.4%的受访者希望改善住房条件。

6. 从服务项目的供需配比方面看，“幼儿园”“托儿所”“代缴水、电、天然气费”，成为缺口最大的领域。

7. “居家养老”仍是社区养老模式的主导，受访者对养老项目需求最多的是老年食堂或送餐。

八　政策建议：建立并完善以“公众需求为中心”的公共服务响应模式

从调查统计数据可以看出，牛街街道公共需求和基本公共产品短缺的矛盾较为突出，尤其表现在停车不便、入学难、健身活动场所和设施不足这三个方面上。这和我国经济快速增长同社会建设发展不平衡，加之资源环境紧张，却面对公共需求在全面快速增长间的矛盾密不可分。为了解决好日益突出的公共服务供需矛盾，牛街街道要进一步加快建设服务型政府，优化公共服务体制机制，可以通过利用社会化媒体交流性、参与性、共享性和社区性等特点，建立“公民需求为中心”的电子政务，进一步完善“全响应”网格化社会服务管理模式。传统电子政务以政府作为公共服务的主导者，通过社会化媒体（社会化媒体常见的形式有博客、微博、论坛和社交网络等）可以为电子政务提供全新的平台，可以极大地促进公共服务模式的创新。一方面，让公众参与到公共服务的提供中来，通过挖掘公众在参与服务过程中的能动性，提高公共服务的满意度；另一方面，也可以挖掘出公众的服务需求，同时提高政府的行政效率，从而大大降低公共服务的社会成本。

1. 简化行政环节并提高行政效率

以往公众和政府之间发生联系通常需要经过若干繁杂的手续，通过社会化媒体及相关信息技术的运用，可以有效简化行政办事的环节和程序。公众通过交互式的方式，将公共服务的需求和意见建议直接反映到相关部门，也可以及时了解公共服务提供的信息，同时还可以参与到落实解决的过程中。此外，各类需求信息、认证和审核证明或文件也可以通过信息技术手段建立统一的信息资源库，利用大数据技术进行处理和分析，实现信息的共享和开发利用，更好地有效提升决策力和公共服务优化配置。

2. 搭载多元治理的有效平台

通过对一些社会化媒体的运用，对电子政务平台加以完善，发挥社会化媒体交流性和共享性等特点，增进政府、社会组织、企业和公众的交流互动，使多元主体参与公共服务成为可能，为实现公共服务模式创新提供了有效载体，同时也解决了首都主城核心区域空间资源、政府单一服务主体提供服务资源有限的制约。

3. 提高公共服务过程透明度，加强公共服务效力评估

通过电子政务一些社会化媒体的运用，政府可以将政府信息和公共服务信息及时便捷地向公众公开；在制定政策和进行决策的过程中，也可以使社会公众有效地参与其中，更广泛地听取公众的意见建议。使政府的行政过程更加公开透明，有利于公众了解政府的工作进程，同时通过公众的意见建议来进一步改进工作和优化服务。

理论报告

Theory Reports

B.4
城市少数民族社区治理能力建设研究

——以北京市西城区牛街街道为例

摘　要：城市少数民族社区是城市社区中人口民族属性比较特殊的一类社区，这类社区的治理是促进民族团结、维护社会稳定、构建社会主义和谐社会的重要内容。牛街街道结合自身所处的地理环境、人文环境、宗教环境等方面的特点，积极探索城市少数民族聚居区治理能力和治理体系现代化之路，取得了重要成绩。本文在此基础上分析了牛街街道在少数民族社区治理方面还存在的一些问题，并从保护民族特色、发挥宗教组织作用、加强少数民族流动人口管理、搭建民族交流平台、老旧小区改造、化解宗教民族矛盾等方面提出了建议措施，从理论高度探讨特大城市中少数民族社区治理能力提高的理论和模式。

关键词：　少数民族社区　宗教信仰　社区治理能力

一　城市少数民族社区的内涵与特点

社区是当前社会结构和社会体系的重要组成，是由聚居在某一特定区域内的相互关联的人群形成的地域性社会共同体。党的十八大报告中提出要加强社区的建设和治理，推动社区基层组织治理，对城市少数民族社区治理有着重要的指导意义。做好新形势下的城市民族工作，是全面贯彻落实党的民族政策的必然要求，是维护民族团结和社会稳定的必然要求，是加强社会建设、创新社会管理的必然要求，更是做好社会领域统战工作的必然要求。

（一）城市少数民族社区的内涵

以经济结构、人口密度和人口聚集规模的多元标准，可以把社区分为城市社区、城镇社区和农村社区。以人口民族属性、宗教信仰为标准，社区可以分为少数民族社区、某一宗教信徒社区（如伊斯兰社区、基督教徒社区）等。

城市少数民族社区是指某一社区的大多数居民的民族属性在该地区或本国数量属于少数。民族社区兼具社会性和民族性，对于其内涵的理解，可以从以下几个角度来把握：首先，民族社区与一般的城市社区一样，是民族成员基于地缘关系而产生的聚居形式；其次，民族社区的居民原本来自于四面八方，但是民族的特性使他们聚集在一起并拥有了共同的情感归属；再次，这些社区还保留着一定的民族特色和民族文化，与一般城市社区很容易区别开来；最后，有一定的社会交往和社会关系，集中体现了社区的社会性。

值得关注的是，民族社区的重点是具有民族特色的社区文化。如果一个社区聚集了大量的少数民族流动人口，但是该社区本身的社区生活和社区文化还是非民族特色的，那么这个社区就不能称之为民族社区。

（二）城市少数民族社区的特点

城市少数民族社区产生具有特定的因素，与一般社区相比较，也具有自身的独特性。

一是具有鲜明的民族特性。少数民族具有自己的民族文化和风俗习惯，所以社区也随之体现出独特的文化结构和民俗特色。比如，在牛街街道，辖区内有礼拜寺、中国伊斯兰教经学院、中国佛学院等宗教场所和院校。此外，牛街还投资兴建了牛街民族特色街，街道两侧汇聚了大型清真超市、老字号清真饭馆等商业设施，为各族群众的生活提供了便利。

二是具有大杂居、小聚居的特点。在大城市，少数民族人口数量少、民族成分多，在城市中居住得比较分散。但是由于同一少数民族具有相同的生活习俗和信仰，很容易在城市中的某些地方形成聚居。比如，牛街街道居住着回族、满族、蒙古族、维吾尔族、汉族等23个民族，其中回族人口1.2万，占街道总人口的23%。

三是具有文化多样性的特征。城市少数民族社区一般会有多个民族的人口在此居住，这也就使得多个民族的文化在同一个社区共存。

四是社会治理具有复杂性。由于社区内的少数民族人口大多都还保留着本民族的生活方式、生活习惯和价值观念等，因此在适应城市生活的过程中会面临很多问题，如子女接受民族教育、宗教活动场所、少数民族社团的地位等。如果不能很好地满足少数民族的这些需求，那就很容易产生民族矛盾，影响民族团结。

（三）城市少数民族社区治理

城市少数民族社区治理遵循社区建设和治理的普遍规律。党的十八大报告中提出要加强社区建设和治理，十八届三中全会提出部署了创新社会治理体制的任务，十八届五中全会提出要加强和创新社会治理。概括起来，社区治理的方向主要有以下几个方面。

一是推进基层民主建设。十八大报告指出，要“完善基层民主制度。在城乡社区治理、基层公共事务和公益事业中实行群众自我管理、自我服务、自我教育、自我监督，是人民依法直接行使民主权利的重要方式”。十八届三中全会提出，要“开展形式多样的基层民主协商，推进基层协商制度化，建立健全居民、村民监督机制，促进群众在城乡社区治理、基层公共事务和公益事业中依法自我管理、自我服务、自我教育、自我监督”。十八届五中全会提出，要“增强社区服务功能，实现政府治理和社会调节、居民自治良性互动”。

二是完善社区服务。十八大报告把社区服务纳入“加强和创新社会管理”体系中并明确指出，要“改进政府提供公共服务方式，加强基层社会管理和服务体系建设，增强城乡社区服务功能，强化企事业单位、人民团体在社会管理和服务中的职责，引导社会组织健康有序发展，充分发挥群众参与社会管理的基础作用”。十八届五中全会提出“增加公共服务供给”的重要任务并指出，要“坚持普惠性、保基本、均等化、可持续方向，从解决人民最关心最直接最现实的利益问题入手，增强政府职责，提高公共服务共建能力和共享水平”。

三是创新基层党建工作，巩固党执政的组织基础。十八大报告指出，“要落实党建工作责任制，强化农村、城市社区党组织建设，加大非公有制经济组织、社会组织党建工作力度，全面推进各领域基层党建工作，扩大党组织和党的工作覆盖面，充分发挥推动发展、服务群众、凝聚人心、促进和谐的作用，以党的基层组织建设带动其他各类基层组织建设”。十八届三中全会提出，要“创新基层党建工作，健全党的基层组织体系，充分发挥基层党组织的战斗堡垒作用，引导广大党员积极投身改革事业，发扬‘钉钉子’精神，抓铁有痕、踏石留印，为全面深化改革作出积极贡献”。十八届五中全会提出，要“完善党委领导、政府主导、社会协同、公众参与、法治保障的社会治理体制”。

城市少数民族社区是城市社区中人口民族属性比较特殊的一类社区，这类社区的治理要比一般的城市社区治理难度大。因此，城市少数民族社区治理就需要考虑这几个方面：在基层民主建设方面，是否充分考虑到了少数民族群众行使民主权利有保障；在提供社区服务时是否照顾到了少数民族的风俗习惯和宗教信仰需求；在巩固基层党建工作时是否带动了少数民族主导的基层组织的建设发展。社区治理是社会治理的基础，社会治理又是国家治理的基础，城市少数民族社区的治理好坏直接反映出一个城市和一个国家的民族团结的好坏、国家治理的好坏。

二　牛街街道开展少数民族社区治理的实践

（一）坚持党对民族工作的领导，充分发挥党组织领导核心作用

在党的民族宗教政策的指导下，西城区委、区政府始终把城市民族工作作为事关发展和稳定的大事来抓，定期专题研究民族宗教工作，到牛街实地考察，就落实民族宗教政策、维护民族团结和社会稳定、发展民族特色经济等问题进行调研，指导制定具体措施，加大对

民族宗教工作的领导力度。

牛街街道工委、办事处历届领导班子高度重视民族宗教工作，将民族工作纳入重要议事日程，成立了由工委书记和办事处主任担任组长的统战工作领导小组，并确定一名回族副书记主抓街道民族团结工作，在不增加人员编制的情况下，成立民族宗教科，配备了少数民族干部负责具体工作。同时通过民族工作重心下移，把民族事务管理和服务落实在基层，把民族工作融入社区工作中。充分利用 2012 年社区“两委”换届的契机，在各社区党委设立统战委员，在社区成立民族工作委员会。逐步形成了覆盖全面的民族工作网络，为进一步做好新形势下城市民族工作打下良好的组织基础。

少数民族干部和人才是少数民族中的优秀分子。牛街街道认真落实中央、市、区有关精神，按照干部“四化”方针（即革命化、年轻化、知识化、专业化的方针）和德才兼备的原则，制定了《关于培养民族工作干部的意见》，有计划地组织少数民族干部交流和多岗位锻炼，确保在街道领导干部、机关干部和回族比较集中的社区干部中，少数民族干部占三分之一以上的比例。坚持对机关干部、社区工作者、辖区职能部门以及驻街社会单位开展“三入门教育”，通过民族政策培训，宣传党的民族政策，普及民族知识，传授民族工作经验，提高干部的实际工作能力，造就了一支熟悉民族风俗习惯、密切联系各族群众、廉洁勤政、求真务实、适应经济社会发展需要的少数民族干部队伍，为做好新时期民族工作提供人才保障。

为了深入贯彻党的民族政策，实现民族平等，牛街地区推选的历届市、区人大代表、政协委员，少数民族代表都占有一定比例，通过加强对能力强、有威望的少数民族代表人士的培养，引导他们在协调民族关系、维护民族团结和社会稳定等方面发挥积极作用。街道先后有三任少数民族党政领导作为全国党代会、市党代会代表出席会议。

（二）坚持拓展实事办理方式，充分保障少数民族群众权益

牛街街道坚持“民族宗教无小事”的原则，把尊重少数民族的风俗习惯和宗教信仰作为加强和谐社区建设、创新社会管理的一项重要工作来抓。通过历届领导班子和干部群众的不懈努力，地区少数民族服饰、饮食、居住、婚姻、节庆、礼仪、丧葬等风俗习惯得以保持和延续，少数民族群众的传统习俗和各项权益得到最广泛的尊重和最有效的保障。

街道机关及各驻街机关坚持食用清真餐，街道还规定严禁将回族禁忌品带入机关、社区等办公场所。同时，立足于满足少数民族群众特殊需求，打造“民生一条街”。在各级党和政府的关心、帮助下，牛街街道在少数民族群众聚居的社区中心路段，先后兴建了民族敬老院、回民幼儿园、牛街爱心超市、牛街社保所、牛街居家养老关爱中心；扩建了牛街礼拜寺、回民殡葬所、牛街司法所；改建了社区服务站、卫生站、文体中心、健身广场等社区公共服务设施。12 家社区服务机构物理相连、互补共存，构成了一条一公里长的“民生一条街”，涵盖了文化、教育、医疗、养老、福利、助困、礼拜、殡葬等多个服务项目，形成了政府主导提供保障、自治组织参与管理、社会福利机构提供服务、满足群众多元化需求的公共服务体系。

以群众喜闻乐见的形式丰富居民精神生活，组建牛街民族合唱团、摔跤队、掷子队、舞蹈队、京剧队等文体队伍 50 余支，参与人数达万人，并有多支队伍多次被推荐参加国际文化交流、全国和北京市民运会等活动。街道还多年连续举办了“民族团结杯”棋类比赛、民族知识竞赛、舞蹈邀请赛、“溢满双拥情”消夏演出等特色活动，为民族文体项目展示搭建了平台，成为地区的精神文明创建特色活动。配合区文化委做好“北京回族民间故事”申报非物质文化遗产工作，涉及政治、经济、饮食、人物、生活等诸多方面，北京回族民

间故事被列入第三批西城区级非物质文化遗产推荐名单。组织开展和谐牛街大家谈《这里是牛街》系列活动，邀请在牛街成长起来的各界知名人士谈地区的历史文化、发展变化，进一步发掘保护优秀传统文化，开创新时期牛街民族文化工作新局面。2011 年，街道制定了《民族特色教育项目经费管理使用办法》，每年设立 20 万元专项经费，用于支持发展民族教育事业，帮扶少数民族特困生、奖励优秀学生。

在提供少数民族群众日常生活保障的基础上，为了让少数民族群众优先享受到现代生活带来的便捷，牛街街道以现代科学技术为支撑，积极打造社区居民服务卡、立体化安全防控体系、社区科技科普展示中心。建设了与百姓生活息息相关的家庭安防报警系统、视频监控系统、信息发布系统、车辆管理系统和科技社区体验中心等，使人文、科技、绿色的理念走进百姓人家。推出了“牛街人 · 牛街卡”，使居住在牛街的老年人、残疾人足不出户就可以享受到家政、医疗、理发等一系列上门服务。

（三）坚持开展民族团结进步创建活动，充分整合各方资源力量

开展民族团结进步创建活动，是建设多民族和谐社区的重要载体。二十余年来，牛街街道坚持开展内容丰富多彩、形式多种多样的民族团结进步创建活动，广泛宣传党的民族理论、民族政策、民族法律法规和民族知识，增强了各民族群众对民族团结重要性的认识，使各民族“共同团结奋斗，共同繁荣发展”的思想深入人心。

加强民族工作机制建设，街道制定《关于加强民族工作的意见》，并三次进行了修订完善，从组织领导、宣传教育等多方面对民族工作进行了梳理和规范。2010 年，制定了《关于加强社区民族工作的意见》，把民族工作纳入社区党委工作考核指标体系（占考核指

标体系的30%），对社区党组织开展民族宗教工作进行分层量化考核。坚持走访慰问制度，为形成帮扶、教育引导机制奠定基础。充分发挥社区工作者与少数民族群众交流多、沟通顺的优势，开展民族工作新机制、新方法的研讨，进一步增强民族工作的针对性和可操作性。通过社区党建协调会、社区党员代表会、居民代表会，发挥各种组织在社区建设中的基础作用。通过建立居民心声倾诉室、民意收集箱、妇女儿童维权工作站等群众利益诉求平台，维护各族群众的合法权益。通过建立党小组、楼管会等自治组织，发挥了居民的主体作用，实现“小事不出楼门，大事不出社区”，推进社区建设民主化进程。

街道把每年穆斯林的斋月确定为“民族团结宣传月”，利用国家民委宣传推广牛街工作经验的有利契机，采取组织宣讲报告团、橱窗宣传、通讯报道、编写民族团结书籍等方式，使广大社区居民受到教育和感染。以民族团结进步表彰大会为载体，营造民族团结进步的社会氛围。二十多年来，连续召开十二届民族团结表彰会（两年一届），使评选表彰过程成为检验民族团结进步成果的过程，成为推动民族团结进步不断发展的过程，营造了地区民族平等团结的良好氛围。

通过长期选派政治过硬、工作能力强的处级领导干部进驻牛街礼拜寺工作，采取党员分段、干部包片，成立“街情联络员”队伍等方式，同有需求、有困难的侨属侨眷、少数民族、信教群众、民族宗教界人士及民主党派等各界统战对象结对子，与统战人士交朋友，实行“三必访”帮扶责任制。充分发挥统一战线人才荟萃、智力密集的优势，加强了包括阿訇乡佬、机关干部和社区积极分子在内的三支民族工作骨干队伍建设，提倡共建共享，确保关键时刻各族群众能够“站在党的立场上”。各族群众始终坚持“不听、不信、不传、不参与、不声援”的“五不”原则，用实际行动维护民族团结和社会稳定。

牛街作为最具特色的少数民族聚居区，不仅有 1.7 万各族流动人口长期居住，也成了全国各地穆斯林到沙特朝觐的“中转集散地”。每年朝觐期间，都有数以千计的穆斯林途经牛街前往朝觐圣地，这对做好少数民族流动人口工作尤为重要。为保障各地穆斯林群众在京停留期间的安全、方便，街道加强了流动人口服务与管理电子平台建设，及时掌握辖区内流动人口基本状况，以便采取有效措施消除不稳定因素。

（四）发挥街道统筹作用，协调配合相关部门做好工作

由于街道辖区内坐落着牛街礼拜寺、法源寺两大宗教寺庙，为保证各项民族宗教活动顺利进行，早在 2010 年街道结合地区民族宗教工作实际和特点，制定了《牛街街道民族宗教重要活动安全服务保障工作规程》，规程根据民族宗教节日和活动参与人数的规模情况，划分保障等级，规范活动服务保障工作方案和应急预案，确保活动安全有序进行。

通过多种形式，加强对地区清真饮副食网点的检查力度。在节假日和重点时段，街道协调配合工商、商务、卫生等相关部门，对辖区内清真饮副食网点进行全面检查，掌握地区清真网点经营状况，确保清真食品生产经营安全。同时还建立了民族政策监督员队伍，在街道 10 个社区和相关单位设立了 20 名民族政策监督员，重点做好对清真饮、副食网点的监督，维护少数民族的合法权益，促进地区清真食品行业持续、稳定、健康发展，更好地为广大少数民族群众服务。

2010 年就制定了《牛街街道接待工作规程》。规程严格实行接待工作责任制，建立以接待领导、主责科室、接待专员、接待地点负责人为主体的接待工作组织架构，实施接待工作的程序化。近几年，牛街作为首都重要的民族工作街道之一，先后接待了来自南亚政党、香

港特区及国家民委、中央民族干部学院培训班等境内外参观考察团5000余人次，进一步发挥了民族团结创建工作窗口辐射和示范作用。

三　牛街少数民族社区治理难题

（一）老旧小区居住环境差，基础设施落后

牛街老城区的一些小区是以前的老旧小区，以牛街东里一区、西里二区老旧小区的污水管线为例，这些地区的地下污水管线老旧破损，导致社区内的电力井被水淹没，有的排水管道无法排水，小区物业要通过抽水机往外抽水。牛街东部平房区的市政设施老化问题最为突出，部分处于低洼地段的居民院落与外面胡同地面落差有一米以上，在雨季无法排水，有严重的水涝安全隐患，防汛压力很大。

牛街老旧小区改造涉及历史遗留问题比较多。牛街街道的三号地是一块几千平方米的拆迁地，拆迁工作早已完成，但是一直未能开发改造，空置近十年。该地块所有权属于区政府下辖的一个区属企业，街道办一直未能和企业就该地块的开发利用达成协议，导致土地长期闲置，国土资源浪费。与此地情况类似的还有牛街菜西片区。牛街菜西片老旧街区拆迁改造工程在牛街街道办的大力支持下，前期居民搬迁动员工作顺利，然而开发商由于资金问题退出，随后西城区金融街控股集团接手该项目。在街区准备启动拆迁工作期间，北京市政府出台新的规定，中南海5公里范围之内不准再建高层，这就对该项目造成了很大的阻碍。在拆迁的相关手续完备的情况下，原计划修建的高层楼宇被禁止，导致项目建设资金与收益不能平衡而搁浅。

（二）牛街地区非首都功能疏解困难多

根据《京津冀协同发展规划纲要》，有序疏解非首都功能是北京

市各项工作的重中之重，区域性批发市场作为“非首都功能”逐步疏解到北京周边地区。在牛街街道，位于菜市口批发市场的大天元小商品城本应是疏解的对象，但是牛街街道的居民对此比较抵触，认为疏解会给日常生活带来不便，对部分居民的就业也造成了影响。因此，如果采取强硬措施进行疏解，将给该地区的维稳带来很大压力，尤其是在城市民族地区，甚至有可能影响到民族的团结。

牛街的牛羊肉批发市场也是导致大量流动人口聚集的主要因素，但由于牛街是回族聚集区，牛羊肉批发市场与本地居民的饮食习惯息息相关，而且市场里商户大多数是本地穆斯林，作为牛街的住户、商户，祖祖辈辈在牛街做生意，不可能成为外迁的对象。

（三）大型活动的安全管理存在隐患

目前北京伊斯兰教信徒至少有25万，但清真寺只有70多座，而像牛街礼拜寺这么大规模的只有不到20座，宗教场所缺口很大。因此，牛街礼拜寺在伊斯兰教的传统节日开斋节当天，由于人流过于密集导致踩踏事件发生的风险很大。按照伊斯兰教的跪拜要求，一平方米最多跪拜5人，因此牛街礼拜寺内最多能容纳8000人。但是每年开斋节到牛街礼拜寺礼拜、参观的，有10000以上，还有很多人根本进不去，所以很多穆斯林不能到礼拜寺里面做礼拜。牛街礼拜寺内和附近街道的人流，每年在3万~5万左右，因此，如何确保人员安全，避免发生踩踏事件，是牛街特别需要关注和考虑的问题。

（四）社区居民经商理念传统，档次和质量偏低

牛街清真饮食比较繁荣，但是整体档次不高，而且由于缺乏先进的企业经营管理理念，没有形成规模化的生产经营，所以目前基本上都是以个体经济的形式存在。牛街现在的几条清真饮食街虽然很热闹，但却没有较为合理的布局，比如在什么地方集中餐饮、什么地方

批发牛羊肉、什么地方销售熟食小吃等都没规划好。

牛街地区比较有实力的餐饮企业，在走出牛街向外地发展的时候也面临商标保护、宣传不力等问题。比如，牛街的老字号聚宝源曾经在方庄开设了分店，但由于没有周详的计划和强势的宣传，导致新店缺少客源、入不敷出，最后只能关闭。

（五）少数民族流动人口服务管理难度加大

牛街作为首都北京最大的少数民族聚居区，吸引着全国乃至全世界穆斯林群众的注意，因此少数民族外来流动人口是现阶段城市民族关系的必然反映，也是当前社会转型期间各种问题的表现和缩影，这既有历史原因，也有民族风俗习惯、宗教信仰等因素的作用。少数民族流动人口是城市民族关系问题中最活跃、最敏感的群体，也是最具不稳定性的群体，他们在北京的待遇和感受会传播到各民族聚居区，长期积累会产生巨大效应。

少数民族流动人口来到务工城市首先会面对诸多不适应的问题，生活方式、行为标准与流出地均存在较大差异，容易引发一些社会治安问题。由于受教育程度的不同，有的法律意识淡薄，有的心理、文化、语言面临困境，集中表现在住房、医疗、就业、子女上学等问题上。就牛街地区言，由于少数民族聚居的进一步复杂化，直接利益摩擦、文化摩擦的出现难以避免。此类问题一开始可能并不表现为民族关系问题，而是以一般摩擦的情况出现，但如果处理不当，宣传服务不到位，也往往会成为民族关系的不稳定因素。

四　提升城市少数民族社区治理能力的路径选择

（一）保持牛街地区的民族特色

牛街作为北京最大的少数民族聚居区，民族文化资源十分丰富，保护与传承少数民族文化有利于牛街进一步发挥民族团结创建工作的窗口辐射和示范作用。可以发展清真饮食、民族饰品等具有特色的民族经济，并鼓励有条件的企业走出牛街甚至北京，将企业做大做强，以此扩大少数民族文化的影响力。

（二）充分发挥宗教组织的作用

党的十八大报告明确指出，要“全面贯彻党的宗教工作基本方针，发挥宗教界人士和信教群众在促进经济社会发展中的积极作用”。宗教在社会生活中有着强大的影响力，并且这种影响力主要体现在精神层面，能够指导信教群众的思想和行为，如回族群众普遍信仰伊斯兰教，伊斯兰教对回族的形成和发展具有深刻的影响。因此，应牢牢把握民族宗教工作促进社区和谐发展的主题，针对广大少数民族群众和信教群众，建立为民服务“绿色通道”，加强与社区宗教界人士和信教群众的联系和沟通，及时解决群众反映的热点、难点问题。

（三）加强对少数民族流动人口的服务与管理工作

通过多层次、多渠道、多样化的宣传教育活动，树立民族团结的良好社会风尚。加强与流出地政府之间在流动人口信息等方面的合作，在培训与管理中发挥各自优势及作用。依法加强对少数民族外来流动人口的管理，在处理和解决涉及少数民族外来流动人口的问题上要做到一视同仁，在法律面前人人平等，还要考虑党和国家的民族政策及少数民族自身的民族特性。加强服务理念，切实保障少数民族群众合法权益，为少数民族外来流动人口做好服务工作。加强调查研究，认真开展经常性的矛盾纠纷排查调处工作，积极引导其适应城市生活。

（四）注重社区文化建设，搭建民族交流平台

社区文化影响着人们的精神状态，通过开展社区文化活动，可以增进邻里之间的沟通和交流，提升居民之间的感情，增强居民对社区的归属感和认同感，对社会和谐与社区建设都具有积极的影响力和推动力。因此，要积极利用社区文化作为社区居民沟通的桥梁作用，大力推进社区文化建设，通过挖掘本社区的文化资源，陶冶情操，凝聚人心。统筹协调辖区内文化资源，确保街道和辖区各部门履行社区文化建设的责任，从政策、资金、制度上推动社区文化发展。采取新建、扩建、改建等方式，落实社区公益性文化活动场地、拓展社区文化活动空间，形成结构合理、功能健全、高效实用的社区文化设施网络。同时，积极与辖区内学校、企事业单位、机关沟通协商，在不影响他们正常工作的情况下，向社区居民开放文化设施，实现“共驻共建、资源共享”。落实社区文化人才管理机制，确保有专人负责推动社区文化建设，建立一支以退休人员、文化爱好者、热心人士等业余骨干为主、专业人员为辅的社区文化辅导员队伍，充分调动他们的积极性、主动性和创造性。

（五）推进老旧小区的改造，改善居民生活

街道、社区及相关部门要采取各种形式、多种渠道广泛宣传实施老旧小区改造的目的和意义，把实施老旧小区改造的好处向居民讲解透彻，努力赢得居民的理解与支持。系统推进老旧小区改造，强化部门之间配合。特别是要按照“实用、实际、实效”的原则，形成制度化、规范化、长效化的改造工作机制。改造过程中的各项工作要由牵头部门统一安排，在保证工程质量的前提下，尽可能将道路改造与各类管线改造、配套设施完善、小区绿化等同步实施。破解资金瓶颈制约，建立政府投入与市场化运作相结合的投入机制，促进改造任务

的顺利完成。在科学实施改造的基础上，着力购进有利于后期管理的长效机制，为广大居民提供专业化服务。

（六）加强涉及宗教矛盾、民族矛盾的预防和化解工作

成立社区维护民族稳定工作领导小组，由社区书记任组长，实行责任追究制。当社区发生突发的敏感性问题时，社区书记必须第一时间赶到事发现场了解情况，并及时、准确地向街道办事处及有关部门汇报，共同解决问题，不让矛盾继续激化，保证问题不出社区、不出街道、不出区县。规范社区内民族宗教活动的正常开展，加强与社区信教群众的沟通联系，准确而又全面地掌握社区宗教活动场所、经常组织的宗教活动、宗教骨干分子等基本情况，与民族宗教部门配合确保社区内不发生非法宗教活动，不发生因宗教问题而引起的突发事件。同时，在重大节日期间要更加注重对社会治安、卫生清洁等服务工作，确保信教群众在节日期间的宗教活动能够安全、有序地顺利开展。加强社区群防群治队伍建设，重视对社区治安的巡逻，以便能够及时地发现涉及宗教、民族问题的纠纷和事件，并随时向社区居委会反映社区的不稳定因素和问题，有效维护地区稳定和民族团结。强化社区涉恐涉暴情报信息的收集工作，探索建立社区安全稳定信息平台，确保危险能够在第一时间得到有效化解。

参考文献

牛街街道办事处：《全面贯彻党的民族宗教政策　加强和创新城市民族社区建设与管理》，2014 年 9 月 21 日。

牛街街道办事处：《凝心聚力、开拓创新，创造牛街民族团结进步工作新辉煌》，2014 年 12 月 29 日。

沙秀华：《牛街地区流动人口现状调研分析报告》，2011 年 7 月 25 日。

张蓝鹤：《城市多民族社区管理模式研究——以广州凤阳街多民族社区为例》，中国社会科学院研究生院，2013。

杨鑫：《城市社区治理研究——以西北某省穆斯林社区为例》，西南政法大学，2014。

李吉和：《现代城市民族社区功能探析——以武汉市回族社区为例》，《中南民族大学学报（人文社会科学版）》2006 年第 1 期。

昆明市民族事务委员会、昆明市政府研究室：《城市少数民族聚居社区治理问题研究》，《今日民族》2015 年第 4 期。

B.5
历史文化记忆与牛街社区生活共同体构建

摘　要：　随着现代化、城市化的发展，个体之间差异增大，人际关系越来越疏松，如何促进个体间的沟通与交流，增强社区共同体的凝聚力，提升人们的认同感和归属感，成为促进社会和谐的重要命题。牛街街道通过挖掘历史文化，以文化为纽带构建社区生活共同体，促进地区内各民族间的交流与融合，推动民族团结与和谐发展。其做法对于探讨大都市如何正确处理历史文化与现实生活的关系、实现文化建设与社区建设的双赢具有重要的借鉴意义。

关键词：　文化认同　社区生活共同体　社区建设

一　社区生活共同体概述

（一）共同体与社会

共同体是一个基本的社会学概念，大到国家，小到社区均可以作为社会生活共同体。德国社会学家斐迪南·滕尼斯认为共同体指的是“一切亲密的、私人的和排他性的共同生活”。它是对人们的一种生存、生活方式的概念化，其理论的出发点是人类意志的统一。人类意志通过血缘、情感和伦理团结等关系彼此联系，自然生长起来产生并维系着共同体。共同体的基本形式有：血缘共同体，地缘共同体，精神共同体。在共同体中，不管人们在形式上怎样分隔也总是相互联系的。

与共同体相对应的社会则是“公共的生活”，是关于人类集合体的人为构造问题，它是人们以一定方式结合起来而进行的共同生产生活的过程，是人类与生活环境相结合的特殊活动形式。在马克思主义理论中指出，国家作为社会的组织集合而采用虚幻的共同体式实施了统治，在国家自然消亡后，就成了自由人的联合体。恩格斯更是认为，在谈到自由时，可以用“共同体”代替“国家”，这一词相当于法文的“公社”。而现代社会中的社区，在一定的自治意义上具有公社含义。社会学家和人类学家费孝通认为，社区是若干个社会群体或社会组织聚集在某一地域里形成的一个在生活上相互关联的大集体。社会学家郑杭生指出，社区是进行一定活动、具有某种互动关系和共同文化维系力的人类生活群体及其活动区域。社会学家袁方表示，社区是由聚集在某一地域内按一定社会制度和社会关系组织起来的、具有共同人口特征的地域生活共同体。我国关于社区建设的纲领性文件《民政部关于在全国推进城市社区建设的意见》这样表述：“社区是指聚居在一定地域范围内的人们所组成的社会生活共同体。”党的十七大报告更是明确指出“把城乡社区建设成为管理有序、服务完善、文明祥和的社会生活共同体”。由此可见，在推动现代化发展进程中，社会生活共同体构建就是指和谐社区建设。它应该包括物质建设和精神文明建设两个方面：物质建设——利益共同体建设，满足社区居民基本生活物质需求；精神文明建设——精神共同体建设，为人们提供归属感、认同感、价值感。在现代化进程中，精神共同体建设越来越重要，它重建了被利益侵蚀了的亲密感、归属感等，维系了现代社会中人与人之间的情感联系与团结。

（二）历史文化挖掘对社区生活共同体构建的意义

1. 历史文化是社区生活共同体的重要基石

社区生活共同体构建不能脱离自己的传统文化，必须具有某种文化特质或区域文化特色。对于中华民族传统文化而言，区域历史文化是中华地方文明演化而汇集成的一种反映当地民族特质和风貌的民族文化，是民族历史上各种思想观念的总体表征，具有鲜明的民族特色，悠久的历史，博大精深的内涵，它是中华民族几千年文明的结晶。同时，它还是具有生命力的，必然随着社会的发展而发展，并与时代结合拥有时代特征，使得历史文化由传统迈向现代化，超越传统的同时又传承其独有的内在特质。正是由于历史文化具有的“文化基因”和模式化稳定发展因子，所以社区生活共同体构建要以传统历史文化为依据，在传统历史文化的基础上超越、发展。

此外，在经济快速发展的当代，人类欲望的膨胀往往会冲破道德的底线，所追求的利益往往会转化为危害。中国优良的传统历史文化，是侧重于人伦道德、修身养性的文化，对这些历史文化资源进行系统、深入的挖掘研究，彰显其当代意义，必然对社区生活共同体的构建具有价值导向作用。

2. 历史文化有助于增强社区生活共同体中差异个体的认同感

社区文化是在社区共同体长期生产和生活的实践中逐渐形成和发展起来的，它包括传统区域文化、信仰、生活方式、行为习惯、风俗等一系列精神现象的总和，而正是因为社区文化对历史文化的传承，才具有这些独特的生产生活方式。社区文化是维系社区共同体的精神纽带，是社区认同的基点。社区文化建设的过程是形成社区共识、打造和谐家园、构建精神共同体的过程，同时也是历史文化挖掘和传承的过程。

社区是由众多差异的个体组织起来的社会生活共同体，从个体内心来看，人们更愿意在那些不断产生归属感和文化认同感的共同体中聚集并生活，相对于那些缺乏传统历史文化的地区，具有悠久历史文化的地区更容易产生认同感，更具有凝聚力。随着现代化、特别是城市化的快速发展，我国社会也不可避免开始了人际关系疏松化的过程。由于人们越来越重视利益追求，使得家庭、邻里、社区等传统的联系纽带受到侵蚀，人们为赚钱而忙于奔波，邻里关系、朋友关系，甚至夫妻关系、亲子关系都在不同程度上变得淡薄了，社会变得越来越“原子化”，这也就是所谓的人际关系疏松化。而历史文化挖掘有助于建立人们之间的精神联系纽带，增强社区生活共同体中差异个体的认同感。

二　牛街传承历史文化与构建社区生活共同体的探索

（一）牛街历史文化资源及其价值

牛街历史文化凝聚了伊斯兰教精神。牛街是北京最大的回族聚居地，也是北京回族文化的重要传承地、聚集地，其民族历史文化可追溯到元代，当时大量的回民进入北京，到了明朝，随燕王朱棣迁入北京的回族人也居住在牛街，从这之后牛街逐渐成为北京回族人民聚居的地方。与此同时，他们还带来了回族人民的宗教文化。他们的民族文化、宗教文化在这里与汉族文化相融合，共同发展。受伊斯兰教义的规定和影响，一些宗教的戒律已转化为了牛街人的生活习俗，形成了牛街独特民族文化。牛街地处北京市原宣武区，不仅承载着民族文化、儒释文化，还蕴含着宣南文化。清朝时期京师实行“满汉分城居住”，经过长期发展与演变，宣武门外逐渐成为一个以汉族官员和士子为主要居民的区域，在这里士人文化与平民文化融合发展，并形成了集通俗、儒雅、华丽于一身的宣南文化。回族人民在宣南土地上生息繁衍，形成具有京风京味又有浓厚民族风情的宣南文化。经过千百年的发展演变，今天的牛街已经形成了以回族文化为主要内容的民族文化，以法源寺为载体的儒释文化，以湖广会馆、安徽会馆等为代表的宣南文化，三种文化兼容并蓄，相互借鉴共同发展，为牛街的发展提供了丰富的文化基因和巨大的精神力量。

牛街独特的文化价值具有强大的社会号召力和影响力。牛街礼拜寺、法源寺都是千年古寺，在北京乃至全国有着重要影响。特别是牛街礼拜寺作为广大穆斯林群众宗教生活和社交中心，几代穆斯林群众在这里居住生活，形成了北京最大的回族聚居地，也逐步演变成为北京回族文化的重要传承地、聚集地。回族女作家霍达以回族家庭为背景撰写的长篇小说《穆斯林的葬礼》再版 20 多年长盛不衰，印量过百万册，被翻译成英、法、日、阿等多种语言。在北京提起回族就会想起牛街，吃牛羊肉到牛街，吃小吃到牛街，某种意义上牛街已经成为北京回族的代表。以牛街礼拜寺为例，截至 2014 年 10 月到牛街礼拜寺参观人数近 10 万，其中外宾 2.2 万，牛街礼拜寺设立的历史文化陈列展室受到大家普遍欢迎，专程参观人数达到 1.2 万人（其中外宾 1200 人）。展室已经成为提高牛街的社会知名度、开展对内对外交流的重要窗口。

挖掘整理开发牛街地区历史文化是牛街地区和谐发展、可持续发展的必然选择。随着经济改革的全面推进，牛街的面貌得到了极大改观和提升。昔日的低矮平房变成了今天的花园小区，民生一条街的建立，方便了生活在这里的各族群众。在物质生活不断提高的同时，广大群众对精神文化产品的需求也在增长。近些年来，无论是群众信访的建议，还是各级人大代表政协委员的提案，有关加强牛街地区历史与文化保护工作的内容越来越多，也越来越重要。党的十八大、十八届三中全会为全面建成小康社会战略目标而提出的“五位一体”总体布局，更加突出了社会建设和文化建设的要求。为了认真贯彻落实党和政府的战略方针，顺应广大群众的呼声，牛街开始了牛街地区历史与文化收集整理和保护利用的工作。开展牛街地区历史和文化收集整理工作必将会对牛街今后一段时期的发展产生巨大而深远的影响，主要表现在：第一，是提升牛街地区整体形象和文化内涵的必然要求；第二，是深化民族团结创建工作，保持牛街旗帜时代性、先进性的必然要求；第三，是促进牛街地区经济结构调整，培育文化创意产业，加快社会组织发展的必然要求。三个必然要求既是对开展这项工作重要性的认识，也是检验工作最终成果的基本尺度。

（二）充分发挥政府、社会、市场三种力量开发牛街历史文化

牛街文化全面体现和代表着北京回族文化的特点和精髓，体现和代表着在牛街地区各民族文化要素，突出民族团结和文化相通的亮点，体现文化的传承，在收集整理和开发利用过程中充分发挥政府、社会、市场三种力量，循序渐进分阶段有重点地推进。

政府的主导作用体现在四个方面。一是推动作用。积极推动收集和保护工作，逐步在社会形成共识，培育市场资源。二是示范作用。通过1～2项示范性工程的建立，引起社会各界对工作的关注和支持。三是保护作用。对具有代表性濒临失传的内容采取抢救性措施进行保护。四是指导作用。通过政策调节和资金引导，指导社会和市场参与工作，保持工作的方向和重点。前期启动应由政府强力主导，通过必要形式的宣传群众、发动社会，形成全社会的文化共识，由简单的关注过渡到深入参与，只有更广泛地发动群众，才会有好的工作效果，从而实现街道工作的目标。

后期整理分析和加工利用阶段，主体应该是社会和市场。社会的作用主要体现在广泛参与，出谋划策，积极参与线索提供和资料的收

集采编整理工作。社会中介组织协助政府和市场开展工作。社会力量的发动要充分运用社会中介组织这个平台，通过市场化手段，以政府购买社会服务的方式实现。市场的作用体现在三个方面：一是市场资源的支持，包括资金、人才、市场方法和手段的运用等。二是市场的推广效果，通过市场化运作扩大影响和效果。三是市场产品的开发，将收集整理的各种文化元素进行加工向广大群众提供丰富的文化产品。

（三）创新推动牛街历史文化收集整理开发传承

1. 强化组织领导

2013 年 12 月，街道制定并下发《牛街街道开展“牛街地区历史文化”收集整理与保护利用工作的建议》（牛工发〔2013〕23 号）的文件，正式成立牛街地区历史文化收集整理工作领导小组，明确主责部门和人员，明确办公场所，召集人员进行集中办公，给予人员、经费、办公等方面的保障。由牛街街道办事处投入 100 万元专项资金用于启动工作。2014 年 3 月 4 日，牛街地区历史文化收集整理工作领导小组召开第一次会议，审议通过了《牛街地区历史文化收集整理工作领导小组会议制度》《牛街地区历史文化收集整理工作经费管理及使用办法》及《2014 年牛街地区历史文化收集整理工作方案》，使此项工作在工委、办事处领导下得以规范开展。

2. 强化人才支撑

组建牛街地区历史文化收集整理工作专家顾问团。根据工作方案要求，在街道主要领导的支持和帮助下，积极与伊斯兰文化、佛学文化、宣南文化等领域的专家进行交流、沟通，得到了专家的认可。牛街街道结合工作实际，从中选择部分专家分别组建顾问团（共 6 人）、专家团（共 16 人）。专家顾问团作为牛街历史文化收集、整理、开发利用的决策智囊团和专业人才库，使牛街街道的历史文化工作进入专业化有序推进的轨道。

3. 强化基础工作

一是深入调查研究。先后参观走访建国门外街道、花市街道的社区博物馆，学习相关工作经验；走访中国伊协、北京伊协、北京伊斯兰教经学院、牛街礼拜寺、回中、回小等机构场所，拜访赵书、冯金源、张巨龄、李金龙等各领域专家和部分牛街地区群众，听取有关意见建议；查阅西城区档案馆、西城区政协档案室等，搜集相关历史资料，为开展历史文化收集工作奠定基础。二是在调研基础上编制牛街地区历史文化目录索引，编辑《牛街地区历史与文化资料汇编》。然后利用索引抓工作的分工落实。三是开展单项资料的收集工作。根据索引提供的内容经领导小组审核后，面向社会发布服务需求公告，通过政府购买服务，调动社会力量参与收集挖掘工作。四是对市场开发利用过程中的知识产权转让方式、合作模式等进行制度设计。

4. 培育市场主体

成立文化发展基金会，将前期政府收集工作中得到的知识产权过渡给文化发展基金会，由基金会作为主体与各种市场主体合作，确定各自权益。基金会收益用于地区文化事业发展、地区历史与文化博物馆运营和维护费用等公益支出。前期搜集、加工、分析完成以后，政府逐渐淡出具体的文化开发行为，由社会组织、文化公司进行市场化包装，先行完成牛街历史文化陈列展室，陆续出版牛街历史文化系列丛书，如条件许可适当出品部分影视文艺作品，等等。同时，基于对地区历史文化的收集整理，形成一系列地区群众公共文化品牌活动，让人们寻求共同的认知、价值结合点，以此作为培育和践行社会主义核心价值观的有效途径，着力提升地区精神文明水平。

5. 举办“牛街记忆”文化沙龙

为汇集更多专业人才和历史文化爱好者，牛街街道于2014年3月中旬启动了“牛街记忆”文化沙龙活动，将其作为牛街历史文化论坛的雏形和地区老街坊共话乡情、共叙乡愁的交流平台，提取牛街历史文化资料，增进专家、群众对牛街历史文化的认同。截至2014年底已举办5期活动，共计60余人次参与。目前沙龙活动业已成为常态化的活动形式，对工作形成了有力的推动。

6. 开展“牛街往事”主题征集活动

2014年4月24日，面向地区群众、重点学校、社区青少年正式启动“牛街往事”主题征集活动。活动自启动即日起至8月31日止，在地区群众中广泛动员，发现线索人物、线索故事，为梳理牛街地区历史文化资料奠定基础。同时，在回中、回小等重点学校、地区青少年中开展“听爷爷奶奶讲述牛街往事”主题征文活动，力求在青少年中弘扬牛街历史文化精神内涵，挖掘历史文化资料线索。第一阶段收集线索人物83名，收集相关历史文化资料书籍、文件材料75件，这些材料均登记造册，规范保存，便于今后使用。在活动宣传上，创新活动载体，采用微博、微信的方式宣传牛街地区历史文化收集工作，从2014年3月起至2014年底，共发布微博164篇，微信26期。号召更广泛的社会力量参与牛街历史文化收集整理工作，提供资料、信息、线索等。到2014年底“牛街往事”征集活动处于整理统计阶段。2014年7月3日，“牛街历史文化收集新闻发布会暨民族团结宣传月启动仪式”于中国伊协礼堂正式召开，北京市、西城区相关领导，地区历史文化爱好者、群众、青少年150余人参加了该活动，10余家新闻媒体对活动进行了报道，扩大了牛街历史文化收集整理的社会影响力，得到了更广泛的社会认同和认可。

7. 拍摄“回到牛街”专题片

为了提升牛街历史文化的宣传影响力，营造工作良好社会氛围，经过前期沟通，邀请“这里是北京”栏目组以牛街的历史、文化、和谐为主题拍摄三集专题片，并在北京电视台播出。这也是该栏目组首次拍摄城市少数民族聚居区。该专题片已于2014年7月1日起在北京卫视、北京卫视新闻频道连续三天播出，首日收视率达该栏目日常收视率近2倍。

8. 启动“百位老人话牛街”口述史工作

梳理牛街地区历史文化线索人物，按照姓氏文化、体育文化、饮食文化等多角度归类整理人物背景资料，选定口述史采访对象。依托高校暑期实践基地平台，引导中央民族大学学生参与历史文化收集工作，利用理论知识提升口述史采集的专业性。邀请首都博物馆原馆长开展口述史整理工作培训，规范口述史采集工作方式方法。为将来形成牛街历史文化人物资料库（口述史资料库），奠定基础。

此外，北京市民委、北京电影家协会计划拍摄以牛街人生活为背景的少数民族电视连续剧，初步选择《牛街往事》剧本，该剧目正在市委宣传部申请文化精品工程。同时，在牛街地区和社会各界还有一大批热衷于牛街历史文化甘于奉献的有识之士。他们在民间已经自发地做了很多收集整理工作，比如对牛街老胡同的记录、牛街故事的整理、姓氏文化的研究、小吃技艺的传承、玉器行业发展的研究，通过影像记录牛街发展变化，等等。

三　国内外社会生活共同体构建经验借鉴

（一）国内外经验

1. 新加坡以民族文化为基础，实施民族关系调控

新加坡建立统一的政治共同体之后，为促进国家认同，在充分尊重民族文化的前提下，实施了民族关系调控的民族政策：一是《宪法》上保护新加坡少数民族和少数宗教集团的利益，促进马来人在政治、经济、文化、教育和宗教方面的利益等；二是政治参与上的民族关系调控，为了鼓励马来人民参政议政，成立马来人事务局和少数

种族权益总统理事会，保障少数种族与宗教社群人士的权益；三是教育上的民族关系调控，新加坡为了避免民族矛盾，促进民族团结，政府制定了一系列的教育政策，如：政府为了扩大马来人民受教育和训练的机会，采取为马来人提供直到专科程度的免费教育和对大专技术学院的学生奖学金的政策，提升了国家的认同；四是宗教上的民族关系调控，新加坡颁布并发行了《多民族社会议案》《维持宗教和谐白皮书》《维持宗教和谐法案》《宗教和谐声明》等促进了民族和平共处，共同发展，政府还特设伊斯兰教法庭对少数民族的宗教给予照顾，并成立各种宗教组织协调宗教事务。新加坡实施的一系列民族政策，有效地促进了国家共同体认同。

2. 我国上海市嘉定镇街道以文化共识为纽带，推进睦邻点建设

睦邻点建设是上海市嘉定镇街道构建社区共同体中推出的特色项目。所谓睦邻点，实质就是睦邻文化点，在政府扶持规范下，由社区党组织引领，居民自愿自觉发起，活动内容自行设计，并由群众自由组合形成活动团队。睦邻点建设以文化共识为纽带，以家庭为单位，组织了睦邻文化编织类、睦邻文化书法类、睦邻文化象棋类、睦邻文化健身类、睦邻文化园艺类等活动。每个睦邻文化点的主人就是邻里矛盾的化解人，谁家有困难、谁需要帮助以及小区里的大事小情都能化解开来。街道启动睦邻点建设，有以下几个方面原因：一是居民结群交往的需要。二是邻里网络中蕴含着社会资本。三是居民自治组织的社区治理价值体现。

嘉定镇街道睦邻文化点建设的体制框架：一是在培育理念上弄清政府与社区居民的定位。居民是睦邻点的组织主体，政府扮演倡导者和引导者的角色。二是在培育原则上不直接使用行政手段发起组织，避免因直接的行政干预而妨碍睦邻点的自治性。三是街道明确睦邻点须符合三个标准：固定的活动场所、政治可靠的领头人、记录活动的台账。凡满足这三个标准的居民团队，经过自愿申请和街道认证，都

可获得街道的正式授牌。四是在培育行动上给予资助和激励。同时，在此过程中，随着睦邻点的增多社区成立了睦邻沙龙，并在街道层面上成立了睦邻会所，作为睦邻点负责人交流活动经验、提升组织能力、讨论社区公共事务的自治参与平台，也是社区居民与居委会、街道党政组织沟通的桥梁，同时还是街道对睦邻点实施社会化管理的组织枢纽。经过街道授权，对不合格的睦邻点进行淘汰，并由睦邻会所和睦邻沙龙在各自范围内组织实施。嘉定居民自发组织的睦邻点，证实了在城市化、现代化进程中自下而上地建构社区生活共同体是可以实现的。

（二）从国内外模式看如何加强生活共同体建设

新加坡的民族关系调控、嘉定镇街道的睦邻文化点建设，均对我国拓展以文化为纽带的社区共同体建设以及社区居民自治发展具有一定的启示作用。

第一，民族政策制定要注重实用性和适时性。新加坡实施的民族关系调控，注重了政策的可操作性和实用性。在处理民族关系时尽量避免民族冲突，建立和谐的多元文化和民族关系。新加坡政府对民族关系调控政策趋于公平、公正，保障少数民族和少数宗教集团的相关权益。新加坡作为民族文化保留得最完善、民族关系最和谐的国家之一，在处理民族问题、协调民族关系方面给多民族国家在类似问题上带来了有益的启示。

第二，社区中自然的文化和自发的秩序是构成社区居民自治行动的社会资本存量。嘉定镇的睦邻点建设并不是政府刻意投入的成果，街道和居委会只是发挥了扶持和引导的作用。睦邻点主要由社区里的热心人发起，其成员是居民自己动员的，活动场地、活动内容也是居民自己安排、设计出来的。这都是居民的现实需求和传统的邻里文化把居民联系起来，“生产”着睦邻的需求，这就提供了一种存量的社会资本。嘉定镇街道的实践表明，如果把建设邻里共同体作为社区建设的重点，邻里文化传统中的社会资本存量可以为社区共同体建设提供基本支持，这需要各个街道找到适当的开发渠道。

第三，居民的自发需求可转化为社区自治的内在动力。睦邻点领头人的动力在社区活动中实现了自我价值或者得到公众认可，而居民通过邻里交往更好地满足交流性、精神性的需求，居民都希望寻找一种安定和睦的邻里生活环境。嘉定镇街道建设的睦邻点告诉我们，面对居民自下而上的需求，政府只要给予认可和支持，并加以引领，这种内在的需求就能被调动起来并且走向公共空间，也只有满足源于居民中间的自发需求，建设社区公共性的目标才能更好地实现。

第四，在基层街道和社区治理中，应从从资源授予向权利授予转变。嘉定街道把目光从行政自上而下的线转向了居民从左到右的面。先是建设睦邻点，再建设睦邻沙龙和睦邻会所，这是在居民中横向拓展出社会后，实现了社会自下而上的活力与政府自上而下的引导相对接。由此可见，在授予居民权利，并有效地激发、组织、引领他们，就可以联合起来共同解决问题，并推进社区发展。

四　以文化建设为魂构筑社区生活共同体

（一）促进少数民族文化自觉

在少数民族文化挖掘与保护工作中，政府部门和有关专家学者相当重视，但生活在这种环境下的居民却觉得这些都与自己无关，这种现象是由于人们对自身文化缺乏认识和自信产生的。因此，促进少数民族群众的“文化自觉”意识，加强少数民族社区文化建设，对少数民族文化传承工作具有重要意义。在传统社会中生产力水平低下，各民族间的交往并不密切，人们对本地区民族文化的传承基本上是一种无意识的集体传承，可以说这是几乎毫无选择被动的文化传承，尽管是被动地传承，但是由于传统社会相对比较封闭，加上文化传承者对传统文化的需求，使得少数民族文化能相对完整地代代相传。到了现代社会各民族之间的交流变得频繁，少数民族成员可以通过多种途径和方式接触到其他民族文化，尤其是国家主流文化。因此，他们可以选择是否传承自己的传统文化，这给少数民族文化的传承带来很大风险，许多优秀的少数民族传统文化在外来文化的冲击下逐渐走向衰落，城市少数民族社区逐渐被社会同化，由此可见，加强少数民族社区文化自觉具有重要的意义。文化自觉的培育主要有两个途径：一是依靠少数民族居民自觉地认同本族文化，自愿传承本族文化，保有自己原有的习俗习惯。二是依靠外界力量来唤起文化自觉。一般来说，人们随着社会生活的现代化，很难自觉传承本族文化。所以需要借助外界的力量，尤其是政府的力量来促进少数民族社区文化自觉。

（二）以宗教文化推进社区共同体构建

牛街是一个少数民族聚居区，居住着大量穆斯林群众，中国佛学院和中国伊斯兰经学院也坐落在这里，可以说这里是重要的宗教文化传承地。同时，宗教文化渗透在人们日常生活的各个方面，对人们的思想观念、生产生活都会产生影响，从一定层面来说，宗教文化的传承有助于推动生活共同体的构建与和谐社会建设。

1. 宗教文化宣扬真善美，有助于维护社会稳定

宗教是一种特殊的意识形态，它把自然力量人格化、社会力量神秘化，让人们按照神的命令去行事。同时，在道德上它弘扬真善美，宗教道德的要义是爱上帝、爱真主和爱神、爱众生，指引人们用爱和善意去感化别人，用公平和正义去规范人们的行为，劝人行善。宗教文化在控制人们思想和行为的同时教导人们去行善，有助于维护社会稳定。

2. 宗教文化提高社会认同，有助于促进民族团结

宗教通过其自身的宗教制度和宗教信仰把来自于不同民族、不同社会阶层的各类人聚集到一起，形成一个宗教共同体，在这个共同体内部成员之间有强烈的认同感，这样的文化共识、思想共识有助于促进共同体内部的团结。而这些来自于不同民族的信徒构建的共同体宗教文化认同一致，如加以正确引导、合理利用，发挥好它的积极作用，有助于促进民族团结。

3. 宗教文化陶冶心灵和情操，有助于社会和谐

宗教在很多时候以艺术为其表现形式，借助宗教艺术进行传播和发展，它将很多深奥、抽象的宗教思想转化为比普通受众容易接受和领会的艺术形式，来进行宗教文化宣传，而这些宗教艺术可以陶冶人们的情操，如宗教音乐旋律自然，曲调舒缓，优美淳朴，庄严肃穆，可以净化和抚慰人们的心灵，让人们在嘈杂的城市中得到恬静和休憩。同时，宗教的救赎思想、因果循环、善恶报应思想等，能够在一定程度上调节人们的心理，使人怀有一颗善意的感恩的心，因此，宗教文化有助于促进社会和谐。

除上述几个方面外，宗教文化中还有很多积极因素有利于社会生活共同体构建，我们要更加理性地对待宗教和宗教文化问题，加强和深化对宗教文化的挖掘和研究，让其更好地为和谐社会建设服务。

（三）处理好文化传承与和谐社区建设的关系

文化传承与和谐社区建设应该是互相影响、互相促进的。历史传统文化是社区的宝贵资源，积极挖掘历史传统文化，形成既有历史文化底蕴、又具有时代精神的文化品牌，可以提升社区品位、凝聚社区精神、促进和谐社区建设。同时，和谐社区建设的过程中可以对传统文化去其糟粕取其精华，实现优秀民族文化的传承，并以文化为纽带，促进地区内各族民族间、跨区域民族间的交流与融合，为牛街街

道的民族团结进步创建工作开拓新的空间。

此外，除了通过历史文化传承促进社会生活共同体构建外，还可以以党建文化引领社会生活共同体建设。社会生活共同体是在党的领导下进行的社会建设，它的发展方向为社会主义发展的方向。可见，党建文化是社会生活共同体建设的重要内容，也是共同体健康发展的重要保障。在当下，社会中各种思潮不断涌现，其中不乏一些不健康的文化，这需要在社会生活共同体构建中，充分发挥社会主义核心价值的引领和整合作用，以党建文化引领其他文化建设，做到党建文化的服务化、生活化。

参考文献

牛街街道办事处：《传承历史文化基因、凝聚各族思想共识共筑社会价值坐标》，2014 年 12 月 29 日。

张艳国：《“社会生活共同体”论断的内涵与意义》，《学习月刊》2007 年 12 月。

张志旻、赵世奎、任之光、杜全生、韩智勇、周延泽、高瑞平：《共同体的界定、内涵及其生成——共同体研究综述》，《科学学与科学技术管理》2012 年 10 月。

李京桦、熊坤新：《新加坡民族国家构建中的民族关系调控》，《理论周刊》2014 年 6 月 6 日。

嘉定区嘉定镇街道：《睦邻点工作法》，上海社会建设网，http：//www. shshjs. gov. cn/shjs/node7/userobject1ai17401. html，2013 年 10 月 17 日。

调研报告

Survey Reports

B.6
关于牛街街道社区“居站分离”改革的调研报告

摘 要： 近年来，大量行政事项进入社区，“行政化倾向明显与自治能力不强”日益成为城市基层社会治理中的现实困境，而究其根源，则在于社区居委会与社区服务站“居站不分”。“居站分离”改革也是进一步完善基层社会治理体系、进一步提升基层社会治理能力的关键举措。本文通过对牛街街道“居站分离”改革的调研，从当前社区行政倾向明显、社工队伍建设两大瓶颈着手，提出了构建“居站分离”“多居一站”格局、建立社区工作准入机制和购买服务机制、建立社工职业规划体系、简政放权等措施建议，对于解决当前社区工作瓶颈问题具有重要参考价值。

关键词：“居站分离” 行政工具化 社区自治

加强和创新社会治理，关键在体制机制创新，核心是人，重心在基层。社区是基层的基础，在服务居民群众、搞好城市管理、密切党群干群关系、维护社会稳定等方面发挥着不可替代的重要作用。随着城市功能转轨、社会治理转型、政府职能转变，城市基层正在发生新的深刻变革，社区承担的城市管理任务更加繁重，维护社会稳定的功能更加强化，居民群众的服务需求更加迫切。

近年来，西城区按照“坚持党的领导、居民自治与依法办事相结合，加强社区党组织、社区居委会、社区服务站建设”的要求，全面推行党居站社区工作模式，构建起社区党建、社区自治、社区服务“三位一体”的工作格局。此后，随着《北京市关于加强和改进城市社区居民委员会建设工作的意见》（2010 年 11 月）、《北京市社区服务站管理办法》（2012 年 6 月）等制度出台，社区服务站职能不断强化，大量行政事项进入社区。但是，由于社区服务站与社区居委会存在专干不单干、分工不分家、人员交叉任职的情况，导致居站职能不分，社区负担过重，居委会的自治功能弱化等问题更加突出。“行政化倾向明显与自治能力不强”日益成为城市基层社会治理中的现实困境。因此，推进社区居委会与社区服务站相分离、为社区减负增效、还原居委会民主自治功能已成为基层改革的一项重要课题。

2015 年 8 月，北京市委下发的《关于深化北京市社会治理体制改革的意见》里明确了“进一步加强社区规范化建设，规范社区党组织、社区居民委员会、社区服务站工作职能，推进社区区域党建、多元性自治、开放式服务有机结合”的社区治理体制创新思路。西城区是首都功能核心区，是首善之区，在党居站“三位一体”的治理格局中，探索“居站分离”改革，有利于基层社会治理体系完善和治理能力提升，有利于构建既充满活力又和谐有序的基层社会，对服务首都“四个中心”建设和建设国际一流和谐宜居之都意义重大。本报告结合对牛街街道的调研进行探讨。

一 治理困境：社区行政化倾向明显，社工队伍建设面临挑战

（一）社区行政事务多，任务重

目前社区居委会任务的法律依据来源于《中华人民共和国城市居民委员会组织法》，该法律于1989年12月由全国人民代表大会常务委员会通过，1990年1月起正式施行。按照《居民委员会组织法》，居民委员会主要承担六个方面的任务。社区服务站是政府公共服务延伸到社区的工作平台，承担政府公共服务职能。为此，政府各部门通过在服务站派任务、设机构、建阵地等方式，把大部分社会管理和公共服务职能下沉社区，社区工作职责不断增多，包括创建达标评比、台账任务、盖章项目、工作考核等事项不断拓展。

在牛街街道调研中发现，社区党居站的职责共99项，具体工作项目为234项，设有各种组织阵地33个，目前的达标评比有9项。此外，还有一些辖区单位布置的工作，以及社区矫正、吸毒人员管理等各项事务。对于社区盖章问题，街道社区干部反映也是十分强烈，他们表示现在五花八门的事情都找居委会盖章、开证明，学生申请助学金要开家庭收入证明、遗产继承要开家庭关系证明、孩子入党要开父母的思想道德证明……这些形形色色的证明已经越来越让居委会无力承受。调研中，牛街街道共梳理了15项不合理的盖章项目（见表1），其中特别是法院、保险公司等要求居委会出具证明没有任何依据或理由，完全属于责任转嫁，需要清理。

表1　建议清理的社区居委会盖章项目目录

序号	盖章项目	证明内容	主管部门(单位)
1	未参与或练习法轮功	证明本社区某户籍居民未参与过邪教组织或未练习过法轮功	派出所
2	由社区指定监护人	对于老人监护人问题需由居委会指定该老人的监护人	法院
3	自来水阶梯水价	证明本社区某户籍家庭可以享受阶梯水价优惠政策	自来水公司
4	亲属关系	两人或多人之间的血缘关系,例:父子/女、母子/女、表亲等。	无
5	婚姻关系	证明二人为现任夫妻或前任夫妻关系	民政局
6	同一人外形容貌有变	证明此人容貌虽前后有变,但实为同一人	派出所或保险公司
7	同一人姓名中某字有变/有误	一般用于办理或更换身份证、医疗报销、保险理赔等;证明此人姓名中某字虽与实际不符,但实为同一人	无
8	婚育证明	证明是否初婚、未婚未育等证明	社保所
9	生育情况证明	证明居民未抱养过子女及生育过几个孩子;还有居民要求居委会开具收养关系证明	民政局
10	家庭生活困难证明(无工作无收入)	开具家庭生活困难证明用于免交供暖费、减免孩子学费等事宜	无
11	社区内无房证明	需要社区开具在社区无房证明用于孩子上小学	房管局
12	无犯罪证明	一些单位招工需要了解新员工过往犯罪情况	公安局
13	各类理赔证明	居民在保险公司投保,在理赔时需要社区出具证明,如在家不慎摔倒、在社区内受伤等	保险公司
14	购买汽油证明	居民外出多买些桶装汽油,需证明购买汽油的真实用途	无
15	暖气费证明	出具该居民没有享受暖气费报销等相关证明	居民所在单位

在这些行政事项中，受社区工作人员整体素质和专业背景、知识水平、工作能力限制，有许多任务超越社区工作人员业务能力范围。据社区居委会反映，仅统计、计生、养老等事项就占用了社区大量的人力资源。甚至有些专项任务，缺少相应的专业培训和指导，时限短，要求高，朝令夕改，工作只停留在应付检查层面，工作效能大打折扣。

（二）社区工作者待遇低、压力大

社会工作者是社区工作的主力军。然而社工作为一种职业，既无人事机构管理，也无职业发展空间，队伍建设面临一系列问题与挑战。

在人事关系方面，市级没有对社工身份和编制问题做出详细说明，社工队伍的人事关系没有纳入街道办的管理，社工和社会对社工身份的认定模糊，非政府公务员、非事业编制、非企业职工身份尴尬，劳动关系特别，导致社工队伍缺乏职业安全感。

在绩效考核方面，市、区层面缺乏对社工队伍统一的考核指标，缺乏相应的绩效评估体系，对资格评定、级别晋升也没有明确规定。同时，由于各街道、各社区情况不同，考核指标也难以量化。牛街街道每年都会针对社工进行专门的考核，考核优秀者发放500元奖金，但对每一年考核都是优秀的社工并没有出台相应的奖励机制。

在薪酬管理方面，社工薪酬福利偏低，平均月薪约为北京市职工月平均工资的一半。以牛街街道刚入职的社工为例，每月工资3130元，除去五险一金拿到手的只有2300多元，而这些钱里已经包括了基本工资、年底考核奖金以及值班补贴。社工由于缺乏激励机制，各层级薪酬差距较小，生活压力大。少数外地生源大学生社工只为解决户口，优秀社工人才流失严重，职业缺乏吸引力。

在职业发展方面，社区工作单调枯燥，在职社工容易出现职业倦怠。社区管理架构较企事业单位扁平化，管理层级少，上升渠道狭窄且单一，做到最好也就是成为居委会的主任或书记。市级缺乏对社工跨街道、跨地区调动和交流的操作规范，社工队伍流动渠道不通畅。此外，街道在鼓励社工参加职业教育和学历教育方面还没有相应的制度保障，只有一些奖励，例如，社工若通过初级社会工作者职业认证考试，牛街会每个月发给200元的职业水平补贴，若通过中级认证，则每月发给300元。

社工直接面对居民、服务群众，为他们办事、答疑、处理矛盾、解决问题。特别是一些部门通过社区盖章的方式规避本应由自身承担的相关责任，当一些事情的处理缺乏依据的时候，部门风险就直接转嫁到社区和社工身上，十分不利于社工成长和社会和谐稳定。

二　重要根源：社区居委会与社区服务站“居站不分”

从社区党居站“三位一体”的格局出发，负担过重的本应该是社区服务站，但为什么影响到社区居委会自治功能的发挥，其根本原因就是居站不分。因为没有“居站分离”，就没有居站职能分开，就会形成社区居委会行政化，居委会的民主自治功能就很难发挥。“实行社区服务站与社区居委会职能分开”是制定北京市社会建设“1+4”文件以及《北京市“十二五”时期社会建设规划纲要》（2011年11月）的重要目标，然而至今没有实质性突破，这主要源于制度设计得不合理。

《北京市加强社会建设实施纲要》（2008年9月）明确指出，社区服务站“在街道办事处的领导和政府职能部门的业务指导下开展工作，同时接受社区党组织的领导和社区居委会的监督”。北京市《关于加强和改进城市社区居民委员会建设工作的意见》提倡“社区党组织班子成员、社区居民委员会成员与业主委员会成员交叉任职，社区居民委员会下属的委员会和居民小组的负责人可以由社区居民推选产生，也可以由社区居民委员会成员或社区专职工作人员经过民主程序兼任”。《北京市社区服务站管理办法》规定，“社区服务站是社区居委会专业服务机构，按照专干不单干、分工不分家的原则，在社区党组织和社区居民委员会的统一领导和管理下开展工作”“站长、副站长可由社区党组织或社区居民委员会负责人兼任”“社区党组织和社区居民委员会要定期听取社区服务站工作汇报，并组织居民对社区服务站工作进行监督评议。”“各区县政府应将社区服务站的工作经费纳入社区居民委员会办公经费中，保障社区服务站的各项开支。”北京市《关于深化街道、社区管理体制改革的意见》要求“按照专干不单干、分工不分家的原则，社区服务站要进一步加强专业服务能力建设，协助社区居民委员会做好社区公共服务，实现政府公共服务和居民自我服务有效衔接”。

按照这样的制度设计，可以逻辑地做出以下判断：一是居委会与服务站本来就是一体的；二是居委会与服务站只是内部监督和管理关系；三是居委会与服务站实际上是在为职能部门“打工”。服务站职能就是居委会的职能，职能部门下沉到服务站的任务就是居委会的主要任务。社区居委会实际上已被服务站绑架、异化为政府的办事机构。具体表现为，服务站强化了居委会的行政功能，弱化了居委会的自治功能和监督功能，导致社区自治建设中由自治组织带领的自下而上的推动力量缺失。在牛街街道调研时发现，实际工作中，服务站和居委会职责分界不清晰，人员混用现象十分严重，如，截至 2014 年 10 月 31 日，牛街街道居委会主任兼职服务站站长 6 人，副主任兼职服务站站长 3 人（见表 2）。居委会往往陷入繁杂的行政事务和复杂的矛盾之中，难以抽出时间和精力开展社区民主自治活动。

表 2 牛街街道社区服务站人员兼职情况（截至 2014 年 10 月 31 日）

社区	兼职情况	社区	兼职情况
枫桦	副主任兼站长	西里一区	书记兼主任
法源寺	副主任兼站长	西里二区	主任兼站长
牛街东里	主任兼站长	钢院	主任兼站长
春风	书记兼主任兼站长	白广路	副主任兼站长
菜园北里	主任兼站长	南线阁	主任兼站长

三 实践探索：多地启动“居站分离”改革试点

（一）国内“居站分离”的实践探索

国内“居站分离”的改革开始于 2005 年，由深圳市盐田区率先启动。2005 年 4 月，盐田区委、区政府出台了盐田区《加强社区建设的工作意见》，明确提出了“对社区居委会和社区工作站、社区服务站实行分类管理”。盐田区的具体做法就是将社区工作站从社区居委会彻底分离开来，作为基层政府在社区的行政工作平台，履行相关的行政职能，并登记为民办非企业单位，政府按照购买服务的方式进行资金补偿。社区居委会委员由居民投票选举产生，将更多地代表居民利益，围绕居民自治开展工作。

2012 年 9 月份，无锡市南长区实行“居站分离”改革试点，明确将居民委员会与社区事务工作站的经费、人员、办公地点和工作职责分开。社区居委会重新回归自治性质，属于议事层，负责搜集民意，发挥议事和讨论的功能；社区事务工作站属于执行层，一方面承担政府下沉的行政性管理工作，另一方面执行居委会讨论通过的某些决议。根据试点方案，居委会和社工站的人员必须完全分开，不能交叉任职，社区事务工作站按5～7人配备，居委会按5～9人配备，其中居委会中本社区居民原则上不能少于2名，以增强居委会工作人员对社区工作的积极性、责任心和敏感度。“居站分离”后，居委会由原来政府的“腿”转变为社区居民的“头”，为强化居委会的服务职能，增强解决实际困难和问题的能力，居委会将逐步承担起培育社会组织、兴办有关服务事业、推动社区互助服务和志愿服务等便民利民的职能。这些职能的完善，会通过政府购买服务的形式买单，以更好地满足居民的需求。

2014年初，重庆市渝中区启动3个街道社区“居站分离”改革试点。以渝中区石油路街道为例，主要采取三方面的举措。一是实现办公分离，建立一站式窗口。建设“石油路街道公共服务中心”，并按照合理的服务半径设立民乐村社区、新影村社区2个南北片区办理点，以方便社区居民办理事项。二是实现人员分离，进行分类式管理。服务中心及办理点工作人员由街道社会保障服务所统一管理，不再与居委会成员交叉任职，考核工作也与社区工作者分类进行。三是实现事务分离，开展组团式服务。街道对社区党委、社区居委会和公共服务中心具体承办的工作任务进行了细分，社区党委主要负责基层党建、廉政建设、群团工作等5类39项，社区居委会以项目化形式开展关于居民自治、公共服务等40项工作，公共服务中心和社区办理点整合计划生育、劳动就业、社会救助、社会保障等多项具有行政审批服务职能的内设机构，为辖区单位和居民提供优质便捷的组团式服务。

（二）国内“居站分离”的经验总结

1.“居站分离”的积极成果

自深圳“居站分离”以来，全国很多城市结合自身的实际情况围绕“居站分离”进行了形式丰富的创新，发展出“一站一居”“一站多居”“一口式居站分离”等多种模式，并在基层社会的治理实践中取得积极的效果。

一是巩固了党的执政基础。社区服务站作为党和政府在社区设立的工作载体，有力地推进了党和政府在社区的工作，加强了对基层社会的影响，能够起到“固本强基”的作用。

二是促进了社区自治。“居站分离”以后，社区居委会从繁杂的行政性事务中解脱出来，集中精力负责社区自治性事务，主要负责社情民意的收集、社区服务的提供、居民利益的表达等，实现了从被动的“听命令做动作”转变为主动的“听民意做决策”。

三是推动了基层民主。社区居委会工作人员由居民直接选举产生，仅拿少量补贴，使社区选举不会受到行政力量和经济利益的影响，确保社区居委会工作人员是从真正热心社区公共事务、乐于奉献服务的居民当中脱颖而出，从而为发展基层民主创造了有利的环境和氛围。

四是提高了社区管理的科学化水平。社区居委会由热心居民组成，能够最大限度地调动居民参与公共事务的热情。社区服务站面向社会公开招聘，以专业化、职业化的形式承担政府职能下沉的行政性事务，能够大大提高此类工作的效率和水平。

2．“居站分离”潜在的问题分析

正如任何事物都有其两面性，“居站分离”如果在实践中没有形成完善的运行机制，就会带来新的问题。

一是居委会面临被边缘化的风险。在居委会实行属地化和兼职化的情况下，居委会的工作将不再是一种职业，而是一种服务性、义务性的公益工作，因此社区是否能够推选出有热情、有能力、有爱心的居委会委员值得思考。此外，“居站分离”以后，居委会没有了具体的行政事务，行政权力和经济资源都被抽空，加之现在我国居民的社会参与意识还比较薄弱，公民意识有待加强，那么在此背景下，居委会要通过何种途径有效开展居民自治呢？如果不能够调动居民群众参与社区自治，居委会就将会陷入身份尴尬的境地。因此，如果在“居站分离”的实践中处理不好居委会工作人员和居委会工作方式的问题，社区居委会就必然出现功能弱化的问题，继而面临被边缘化的危险。

二是两种“自治组织”的功能冲突。在城市社区中，除了居委会这一自治组织外，还存在另外一个自治组织，即业主委员会，如何处理好二者之间的互动，建立有效的整合机制，直接关系到基层管理与服务的效果与走向。因此，在界定居委会的职能时，必须考虑到与业主委员会职责的差异，既要预防居委会摆脱行政事务后出现社区自治危机，也要避免在角色转换的过程中与业主委员会发生矛盾。一般来说，居委会主要从事处理社区在政治、社会、文化等方面的自治事务，属于政府钦定的权威性自治组织，可以监督和指导业主委员会的工作；业主委员会主要处理涉及物权的经济利益或者因经济利益而引发冲突方面的自治事务。两者要各司其职，相互补充，共同努力实现社区自治。

三是社区服务站日益行政工具化。“居站分离”后，社区服务站成为街道办事处的下属执行机构，除经济管理职能以外，社区服务站几乎包揽了与其工作方式相适应的绝大部分工作，如人口计生、劳动保障、社区统计、环境卫生、综治维稳、社区武装，等等。正如深圳大学社会管理创新研究所唐娟所言，我们目前的社会管理实际上是一个漏斗形的结构，上级要完成的具体事务逐级下沉交办至末端的社区一级，解决问题的出口只有那么小，“上面千条线，下面一根针”，造成社区服务站往往会不堪重负，行政工具化趋势日益明显。因此，要给基层减负，首先就要明确社区服务站的职责范围，理顺与街道办事处和社区居委会的关系，在他们的监督和指导下承接社区公益性事务和社会性事务。

四 改革路径：加快推进“居站分离”

社区居委会是居民自我管理、自我教育、自我服务的基层群众性自治组织，具有自身组织上的独立性。居委会的这个属性从根本上不同于服务站，所以居委会必须完全独立于服务站，否则社区民主自治根本无从谈起。与此同时，“居站分离”改革也是进一步完善基层社会治理体系、进一步提升基层社会治理能力的关键举措。《西城区2015年进一步推进社区治理创新试点工作方案》提出，“探索‘多居一站’，即一个服务站可服务多个社区居委会，合理设定社区服务站辐射范围。进一步梳理社区服务站服务事项、优化工作流程，为社区居委会减负。推进社区承接行政事务与开展自治事务相分离，形成政府管理职能与居民自治功能互补的新型社区管理体制，最大限度整合和利用社区公共服务资源”。结合西城区现状和牛街调研反映的情况，加快推进“居站分离”改革，主要包括以下几个方面。

（一）构建“居站分离”“多居一站”格局

坚持政府职能与社会职能相分开，清晰界定社区居委会和社区服务站职能职责。使政府机构设置和运行机制职能归位，把社区服务站从社区居委会中分离开来。做到三个分离：机构分离，社区服务站作为街道办的下属机构，承接政府事项；社区居委会作为居民议事机构，行使决议监督职能。人员分离，即人员完全分离，不再交叉任职，社区居委会的成员主要通过选举产生，社区服务站的人员主要通过聘用产生。经费分离，按照“费随事转”的原则，社区服务站的经费不再纳入社区居委会办公经费中，政府根据社区人口规模、管理幅度为居委会配置工作场所、公共服务资源以及社区公益金，相关资金纳入公共财政预算。

为进一步强化社区服务站综合服务功能，提高工作效能，缓解居委会活动场所不足的问题，在各街道核定撤销一定数量的社区服务站，在现有社区“一居一站”的基础上探索“多居一站”。如牛街街道仅1.44平方公里，除牛街街道公共服务大厅外，在10个社区各设有一个社区服务站，按照覆盖范围和业务受理情况，完全有可能撤掉10个社区服务站，把更多空间让渡给社区居民组织活动和社会组织开展服务。

（二）建立社区工作准入机制和购买服务机制

坚持依法依规、规范准入的原则，建立居委会依法协助行政事务清单和社区服务站行政事项准入清单。对群众普遍不认可的，应予以退出；对清单之外的事项，应予以全面清理；对纳入清单的事项，应坚持“权随责走、费随事转、事费配套”的原则，明确授权内容、对象、权限、时限和拨付的经费。

同时实施有利于社会组织发展的财税政策，结合政府职能转变，编制政府购买服务指导目录和承接社区服务的社会组织指导目录。大力培育社区服务组织和社区中介组织体系，建立向社会组织购买服务的准市场化运行机制，将政府管理中成本高、效能低的卫生保洁、环境绿化等社会性事务交由独立性、专业性的社会组织承担，社区服务站主要承担政府在社区工作中的行政管理职能。

（三）建立健全社区工作者职业发展体系

关于社区工作者队伍职业发展体系的建立，可以参照北京市村干部管理办法，通过市级统一发文的形式对社工的选聘条件、考核方式、薪酬待遇、退出机制、未来出路等方面给予规范。

在社工招募方面，适当向掌握法律、行政、心理学、教育学、社会学等专业知识以及专于会议主持、方案策划、文字写作的专业人才倾斜。同时，在牛街街道这类少数民族聚居地区，最好实行社工人才本地化，辖区居民优先录用。

在社工待遇方面，社工基本工资随物价增长相应增加，至少与北京市职工月平均工资增长率相适应。完善考核体系，设置绩效工资和职称（学历、社会工作者职称等）工资，拉开薪酬档次，对年度考核结果优秀的社工进行嘉奖和晋级，对考核不称职的终止服务协议。

在职业发展方面，鼓励社工继续深造，并制度化，提高社工队伍的专业技能和知识水平。增加培训次数，联合学校开展社工专业教育。增加针对社工进行的北京市公务员及事业单位的定向招考机会，对表现优秀的社工可以享受报考的优惠政策，不受专业、学历等条件的限制。

（四）简政放权，打通政府各部门间的信息壁垒，避免“证明难题”

社区工作人员反映强烈的“盖章”问题，不仅反映出一些职能部门相互推诿、不愿作为的现状，也反映出一些政府部门信息互不联通，甚至设置信息壁垒的问题。要避免“证明难题”，一方面要加快简政放权，减少审批环节、转变政府职能，为人民提供最大的便利；另一方面，行政机关要引入“互联网 +”的思维与工作方式，打破部门壁垒，建立政务信息互联互通、资源共享的平台，整合民政、社保、医疗、计生、公安、国土等多个部门的信息资料，使公民基本情况在职能部门内部实现共享，进而整合资源、优化流程，让群众享受到更加高效的公共服务。

“居站分离”改革是一个系统工程、民生工程，需要有配套政策做支撑，建议以此为契机，加快研究制定关于深化街道社区体制改革、组织引导社会力量参与社区治理、社区工作者管理办法等制度。与此同时，还要加强对“居站分离”后居委会自治体系和能力的研究，避免可能出现的居委会被边缘化等问题。当然，基层社会体制改革还需要顶层设计，现行《城市居民委员会组织法》自 1990 年开始实施，距离现在已经过去了整整 25 年。25 年来，中国基层社会发生了翻天覆地的变化，在当前社会环境下，施行中已经存在一些困难和问题，需要尽快修订，为推进城市基层社会建设提供法制保障。

参考文献

王星：《“居站分离”实践与城市基层社会管理创新》，《学海》2012 年 3 月。

李璐：《利益分化时代的城市社区管理体制创新研究——以广州、深圳“居站分设”模式为例》，《理论导刊》2012 年 7 月。

牛街街道社会办：《牛街街道关于社工队伍建设和社区民主自治的调研》，2013 年 12 月 10 日。

无锡市政府法制办：《无锡市南长区率先实施“站居分离”改革推进社会管理创新》。江苏政府法治网，http：//www. jsfzb. gov. cn/art/2012/7/18/art_ 106_ 26466. html，2012 年 7 月 18 日。

黄孝萍：《南长区率先试水“站居分离”》，《江南晚报》2012 年 7 月 17 日第 A08 版。

重庆市渝中区石油路街道办事处：《石油路街道启动“居站分离”让社区回归自治》。重庆市渝中区人民政府网，http：//www. cqyz. gov. cn/web1/info/view. asp? id = 113072，2014 年 1 月 30 日。

尹亮、高梦月：《“万能居委会”深陷功能困境》，《人民日报》2015 年 5 月 21 日第 11 版。

B.7

牛街街道社会救助体系建设的实践和思考

摘　要：　社会救助是社会保障体系中的最后一道防线，是改善民生、维护社会和谐稳定的关键环节。基层政府是国家社会救助政策具体的执行者，是党和政府联系群众的纽带与桥梁。推进和完善基层社会救助体系，对改革发展成果惠及百姓具有重要意义。本文在对牛街街道社会救助工作模式、机制建设等方面进行专题调研基础上，就牛街社会救助工作概况、问题以及如何推进街道社会救助体系建设进行了深入思考，提出创新救助理念、拓展救助形式、推动救助转型、健全监督机制、引入社会力量、提升专业水平等改进举措。

关键词：　社会救助　救助形式　发展型救助　社会保障

衡量一个国家、地区社会文明进步的重要标准之一，就是看这个国家、地区对困难群体的重视和关爱程度，具体体现为困难群体的基本生活是否有保障、社会生活是否有尊严。习近平总书记 2013 年 5 月在天津考察时强调，“保障和改善民生是一项长期工作，没有终点站，只有连续不断的新起点，要实现经济发展和民生改善良性循环”。这深刻地阐释了解决民生问题的重要性和长期性。

2014 年 5 月 1 日，我国首部社会救助综合性行政法规——《社会救助暂行办法》正式施行，《办法》首次将托底线、救急难、可持续以及疾病应急救助、临时救助等方针政策纳入法制安排，是我国统筹构建社会救助制度体系的标志，具有重大现实意义和深远历史意义。李克强总理做出重要批示，指出“社会救助事关困难群众基本生活和社会公平，是一项托底线、救急难、保民生的基础性制度安排。扶危济困，重在立行。各地区、有关部门要以全面贯彻实施《社会救助暂行办法》为契机，抓紧补‘短板’、扫‘盲区’，加大投入，健全机制，鼓励参与，落实责任，编织好让困难群众求助有门、受助及时的安全网，发挥社会救助的应有作用，兜住民生底线。”

一 市区街三级社会救助体系的基本框架

（一）北京市社会救助体系

2013 年 8 月 9 日，北京市发布《北京市人民政府关于进一步加强和改进社会救助工作的意见》，以推进北京市社会救助体系建设，切实保障困难群众的基本生活，维护首都安全稳定（见图 1）。

（二）西城区社会救助体系

2013 年 11 月 28 日，西城区印发了《北京市西城区人民政府关于印发北京市西城区进一步加强社会综合救助工作实施意见的通知》，提出对全区各类救助项目进行统筹，建立以助困、助医、助老、助学、助残、就业、住房、救灾、法律援助和心理慰藉等 10 个方面专项救助为主要项目，以政府救助为主体、人道慈善救助为补充的社会综合救助工作体系（见表 1）。

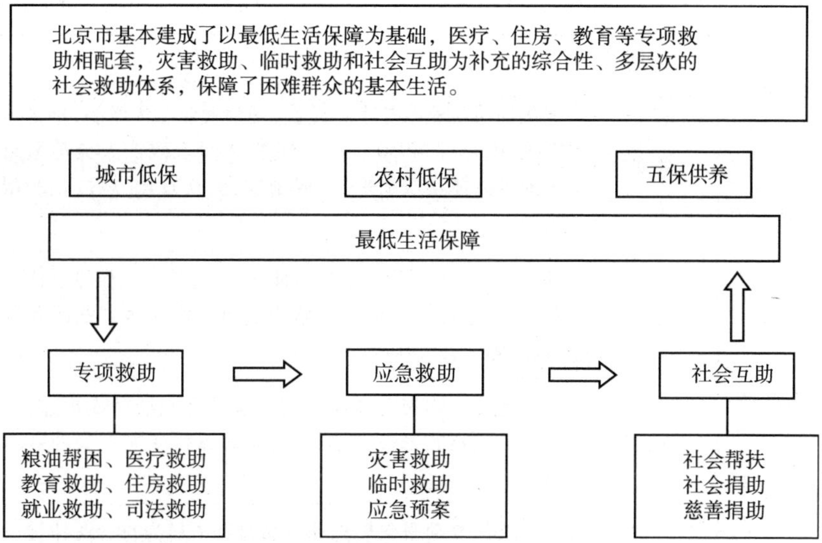

图 1　北京市社会救助体系救助项目框架

表 1　西城区社会综合救助工作体系

救助类型	救助项目	主要内容
专项救助	助困	对因各种原因造成生活暂时困难的居民，根据实际情况，适时开展帮扶，解决困难群众基本生活方面遇到的问题，有效保障困难群众的基本生活
	助医	对低保、低收入家庭成员及因患重大疾病导致暂时生活困难的居民给予救助，有效解决低保、低收入家庭成员及因患重大疾病产生的医疗费用问题
	助老	对低保、低收入、孤寡、独居、“三无”（无劳动能力、无生活来源、无赡养人和扶养人）老人及 90 岁以上的老年群体，采取走访慰问、入户看望等方式，切实帮助老人解决生活困难。加大政策宣传、法律咨询工作力度，维护老年人合法权益
	助学	减免低保、低收入及其他特殊家庭子女需交的教育费用
	助残	有效保障贫困残疾人及残疾人家庭的合法权益，提升残疾人的生活质量

续表

救助类型	救助项目	主要内容
专项救助	就业	强化基层就业服务平台建设,健全就业工作机制,整合就业资源,提升对“4050 人员”、低保人员及残疾人员等重点就业困难群体帮扶水平,形成制度化、长效化、规范化的帮扶机制
	住房	针对低保、低收入的住房困难家庭,将其纳入保障性住房保障范围,通过发放租金补贴和配租实物住房方式改善住房条件,解决住房困难
	救灾	对因遭受自然灾害或其他突发事件造成经济支出过大、生活暂时困难的居民给予救助,有效保障受灾群众的基本生活
	法律援助	组织法律援助服务机构和法律援助人员为符合法律援助条件的群众提供免费法律援助和相关服务,切实维护困难群体的合法权益
	心理慰藉	为有心理慰藉需求的老年人提供精神心理方面的帮助和疏导,改善生活品质
人道慈善救助		弘扬中华民族扶贫济困的传统美德,发扬人道主义精神,充分发挥社会组织和民间团体的作用,依托社会组织和民间团体的作用,动员、组织社会力量募集慈善捐款,开展救灾、助医、助学、助老、助困及应对突发事件等多项救助活动,为困难群众提供帮扶和救助

资料来源:《北京市西城区人民政府关于印发北京市西城区进一步加强社会综合救助工作实施意见的通知》(西政发〔2013〕13 号公布)。

(三)街道在社会救助工作中的主要职责

根据《社会救助暂行办法》和《北京市人民政府关于进一步加强和改进社会救助工作的意见》的相关规定,街道在社会救助工作中主要承担七个方面的职责,涉及相关政策宣传、贯彻和执行;社会救助的申请受理、调查核实;特困供养条件的人员依法办理和审批等(见图2)。

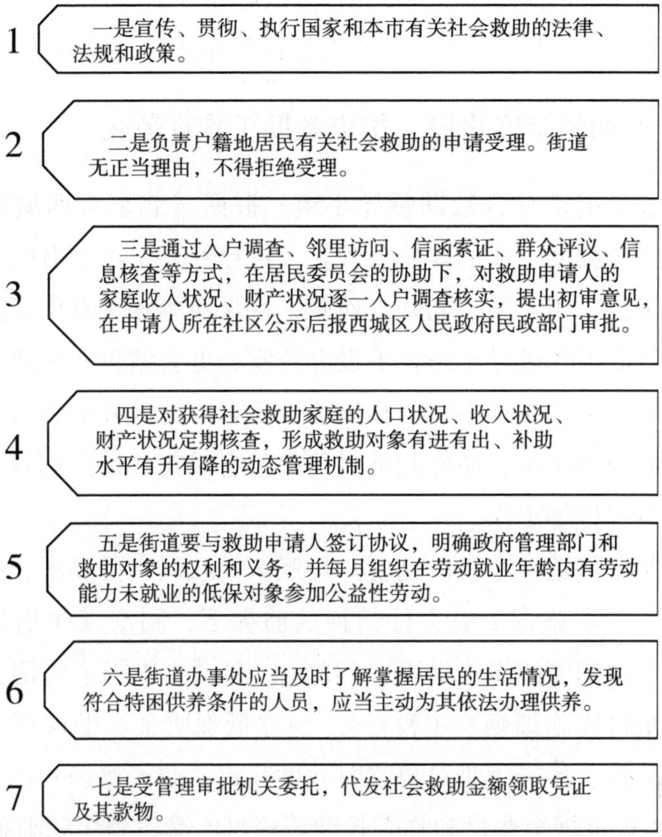

图 2　街道在社会救助中承担的主要职责

二　牛街街道四项措施完善社会救助体系

截至 2014 年 11 月底，牛街街道共有低保 337 户、544 人（不含原民政对象），低收入家庭 21 户 57 人，合计发放低保金 359. 2 万元，粮油帮困 10. 5 万元；困难人员医疗救助 361 人次，发放医疗救助金 35. 7 万元；受理临时救助 15 人，发放临时救助金 6. 6 万元；垫付医疗周转金 4 人次、1. 5 万元；发放节日补贴 25 万元，发放清真饮食补贴 4. 3

145

万元，发放低保儿童补贴6.6万元，发放燃煤补助2.7万元，发放低保人员电价补贴1.5万元，发放无业人员丧葬补贴11.5万元。

（一）加强制度建设，推进救助工作规范化

一是成立街道综合救助领导小组。根据《北京市西城区进一步加强社会综合救助工作的实施意见》，牛街街道成立了由民政科、社会办、总工会、团工委、妇联、残联、社保所等相关部门组成的街道社会综合救助工作领导小组，下设办公室，办公室设在民政科，在区社会综合救助工作领导小组的指导下，负责本地区社会综合救助工作的组织、协调和实施，做好救助对象的信息采集、情况调查、审核公示以及政策宣传等工作。

二是制定街道社会救助制度。按照区民政局文件要求，结合街道实际情况，在不违背上级文件精神的前提下，制定《牛街街道关于落实临时救助制度的实施细则》（试行）和《牛街街道特困人员大病住院押金垫付实施细则》（暂行）。建立低保听证、低保联审、低保举报核查奖励、特殊困难对象临时救助联审、政策培训和档案管理等6项制度。规范押金垫付和临时救助等项目的操作程序和细则。

（二）强化业务培训，提升救助工作专业性

牛街街道的救助工作主要由街道民政科1名救助专干、社保所低保组3人承担，住房救助由住保科负责。民政科主要负责非低保临时救助、教育救助、慈善救助、流浪乞讨人员救助、灾害应急救助；社保所低保组主要负责低保低收入审核发放、低保医疗救助、低保临时救助、采暖救助等。牛街街道加大救助业务培训，交叉学习救助政策，培训全面业务能手，确保工作人员全面掌握救助政策。同时，街道加强社会救助经办人员管理，落实社会救助经办人员和社区工作人员及其近亲属享受社会救助备案制度，做到救助工作客观公正。

（三）搭建信息平台，确保救助工作公平公正

一是牛街街道依托综合救助信息系统平台，及时、准确、完整地录入救助数据，根据困难类型和程度，选择救助项目，确定救助标准，实施分类救助，确保救助工作的科学性。

二是通过设立“1 条举报热线、1 个举报箱、1 个举报窗口、1 笔举报奖励”，2006～2013 年其间撤销低保 551 户 1568 人，挽回经济损失 57 余万元。

（四）加强统筹协调，分类推进各项社会救助

一是逐步规范临时救助工作。首先，理顺临时救助工作流程，在申请人群上划分为低保低收入类和非低保低收入类，在申请原因上划分为因病、因灾及其他原因造成生活困难，对不同的类别按照相应的流程办理救助。其次，补充完善临时救助制度，建立非低保低收入人群临时救助联审会、入户调查、居委会评议制度，实现救助审核制度化。再次，加大对社区救助工作人员的业务培训，提高救助工作效率。最后，做好救助信息上报工作，每月 25 日前向区民政局上报当月救助情况汇总表。

二是健全防灾减灾应急救助体系。第一，健全街居两级防灾减灾组织体系，目前共有 21 名五级灾害信息员和 2 名四级灾害信息员，形成社区主任、救灾主任和灾害信息员分工明确、齐抓共管的格局。第二，制定街道防灾减灾应急救助预案，完善受灾快速响应制度和灾害信息上报制度。第三，开展汛期社区救灾工作人员培训，组织社区主任参加紧急救援员培训，为应急救助工作打下坚实基础。第四，联合民防科开展“5·12 防灾减灾日宣传周”主题实践活动，结合“国际防灾减灾日”主题开展老年人防跌倒培训讲座，全面提升群众对各类灾害事件的防范意识和自我保护能力。

三是落实特殊群体服务管理工作。建立特殊困难群体救助“一事一议”制度，特殊问题特殊分析，通过入户核实、调查走访，召开联审会确定救助形式和内容。主要包括成年孤儿安置帮扶，加强流浪乞讨人员救助收容工作，建立与救助站沟通联动机制，以及拓展敬老院资源。

四是持续开展慈善救助工作。办理西城区慈善协会“春雨”大病救助 4 人，救助金额合计 25800 元；办理北京市慈善协会“春雨”大病救助 2 人，救助金额合计 40000 元；办理慈善助老医疗 18 人，救助金额合计 7223 元；办理西城区新生入学救助 5 人次，救助金额合计 21900 元；配合西城区慈善协会办理大二至大四助学金 8 人次，救助金额合计 27900 元；签署慈善协会募捐箱设置协议书，规范募捐箱管理及使用。

三　牛街街道社会救助存在的问题及原因分析

（一）社会环境日趋复杂，观念认知方面碰撞激烈

随着改革的不断深入，贫富差距拉大，部分困难人群心态失衡、行为失规、道德失范，导致其在救助方面的观念认知与国家在社会福利体系方面的美好愿景背道而驰。一些低保人员“等靠要”思想严重，宁愿吃低保也不愿参加工作；有的混淆了家庭付出与国家保障的本质区别，多次出现亲生儿女把父母扔在街道和社区、不承担抚养义务、赖着让政府负责救助等情况，解释政策和说明情况等思想工作牵扯工作人员极大精力；有的抱着“你要他要我也要、白吃国家”等不良思想，看到别人享受低保、享受救助，很多生活并不困难的家庭也要求低保和救助；“进保容易退保难”现象严重，缺乏强制制约机制，工作人员在取得确实证据后动员“退保”，仍是“不合作”或

“抵触”态度，从而导致矛盾和纠纷的产生，有的甚至谩骂、殴打救助工作人员。

（二）人员编制不足导致工作难度加大

街道负责救助工作人员共4人，需要承担咨询、接收、初审、入户、审核、审批、报送、跟踪随访等工作，有时解决1户救助咨询就需要花费1个工作人员一整天的时间。每个社区也仅福利主任负责，且身兼数职，法源寺社区1名福利主任要服务160名低保、上千户边缘人群，工作量之大、临时任务之多、情况之复杂致使工作难免有不深不细之处。由于没有专项工作经费，加之救助政策又层出不穷，政策学习培训显得滞后。此外，救助政策、制度和程序比较科学规范，但实际情况往往非常复杂。例如，受助人员家庭困难情况核实难度大，隐性资产无法准确核实，需要做大量的调查取证工作，在调查取证过程中又会产生新的矛盾和纠纷；有些困难家庭由于自费药不符合现行各项救助政策，但实际家庭支出已经严重影响基本生活；社会人口流动加速，一些家庭成员是外地户籍，不能出具部分证明文件，导致无法施救，造成申请人情绪激动。

（三）综合救助缺乏有效的协调性，资源整合力度不够大

首先，各类救助项目缺乏协调性，综合救助的效率不高。社会救助涉及多个职能部门和社会团体，如医疗救助就涉及医疗卫生、民政、计生、残联、红十字会等多家单位，由于他们之间缺乏沟通，协调不到位，实施救助主体多，救助力量没有得到有效整合，容易造成重复救助。西城区关于救助项目就不下10种，救助资源严重浪费。近两年，综合救助主要运用在“两节”期间对困难群体的走访慰问中，没有有效开发与运用其他领域的救助协调功能，综合救助的效率不高。

其次，综合救助系统平台不够完善。有关街道的系统指标、救助项目、历年救助数据、贫困基础数据库等内容并没有健全，系统没有及时更新，各部门救助信息与资源也未能在网上及时获取，致使综合救助系统平台功效大打折扣。

（四）家庭经济状况核查难，缺乏明确的贫困程度评估体系

低保、低收入、临时救助申请家庭经济状况核查难。北京市救助工作实行户籍地管理，牛街低保低收入困难家庭中有 126 户人户分离，因旧城改造、房屋拆迁、廉租住房等原因大部分在远郊区县居住，街道和社区对其基本情况完全不了解，造成民政、社保和居委会入户调查难、公示难、隐性收入核查难、公益性劳动组织难以及异地居住管理难的问题。此外，入户核查人员责任和义务、工作人员非专业性、邻里之间人情关系、核查监督机制缺乏等因素也是导致核查难的主要因素。此外，缺乏明确的贫困程度评估体系。各类救助都涉及家庭收入核查，都由社区工作人员的入户调查、邻里调查并通过公式来确定，在整个核查、评估过程中，两者都没有将家庭支出纳入核查范围，临时救助中有没有相应的贫困救助标准、比例，缺乏明确贫困程度评估体系，救助缺乏客观性、科学性。

（五）救助形式和内容还需要拓展

当前社会救助仍然是单一的生活救助，偏重于保障困难人群的生活水平，缺乏分类救助、事前救助以及个性化的救助与帮扶，对于心理、法律、就业、养老和住房等方面的救助较少。现行的医疗、教育、采暖救助等对困难家庭确实只是杯水车薪，对一些有助于摆脱贫困的救助扶持项目重视程度不够，只有脱贫才是救助的解决之道。在动员社会力量参与救助方面存在短板，政府在救助中承担的责任和压力过于集中。此外，每个救助案例办结时限偏长，救助效率不够高。

临时救助的区、街审核审批时限各为30个工作日，不能有效解决救助对象的资金周转困难。临时救助、医疗救助的审批权限都在区级，致使街道办理缺乏主动性，也降低了救助效率。

（六）其他问题和困难

一是舆论媒体对救助政策的宣传导向有偏离。舆论媒体对救助政策的宣传总是一味地强调“扶贫”却有违“脱贫”的救助初衷，致使社会上大多数人只知道生活困难要吃低保、享受救助，但却不知道享受低保需要参加社区公益性劳动。同时，这种宣传还容易造成政府的救助与保障可以解决一切问题的误解，忽视了对特困群体自身能力培养的关注，也就是如何实现彻底的“脱贫”。

二是有些政策本身存在漏洞，街道不易落实。比如医疗周转金制度，虽然能够缓解特困群体住院押金问题，但是却容易养成部分人群的依赖行为，且囿于资金的限制，不敢进行扩面宣传。再如2009～2010年实施的个性化救助，是以现金形式对特困群体实施有针对性的帮扶救助，但囿于资金以及政策、规则的不明确，也不敢广泛宣传，最终导致个性化救助的“破产”。2009年开始，市民政局每年下拨两次资金用于医疗救助、临时救助周转，但是由于市、区都没有明确的使用规则和程序，致使街道不敢使用该项资金，从而使得该项政策被架空，资金未能被有效利用。

四　创新模式，推进街道社会救助体系建设

（一）创新救助理念：树立个性化、差异化和动态化的理念

社会救助的对象是具体的，救助需求是现实的，因此必须改变“一刀切”的救助方式，树立个性化、差异化和动态化的理念，将救

助对象的冷暖、疾苦时刻放在心上，关注每一位社会成员的生存和发展，救助好每一个对象。

（二）拓展救助形式：发展自助式社会救助模式

需要救助的原因有多种因素，如何满足不同救助对象的需求是社会救助制度设计需要考虑的问题。针对不同类型的救助对象的不同特点和不同需求采用不同的救助形式进行救助，是世界各国社会救助的重要手段，也就是所谓的自助式社会救助模式。这种救助模式的最大特点是突出重点、兼顾一般、分类救助，采取具有针对性，相对灵活的救助标准，采取不同形式、依托不同项目展开救助，同时充分发挥救助对象的主动性与积极性。

（三）推动救助转型：从生存型救助到发展型救助

发展型社会救助模式强调人力资本与劳动力市场相结合，强调政府应通过社会投资提升个人竞争力进而提升国家竞争力，积极地预防贫困，而不是被动地应对贫困。发展型救助努力让受助者明白，社会救助不是目的，而是手段。通过加大对其进行康复训练、劳动技能培训、就业指导等投入，鼓励其积极地参与市场劳动，减少依赖，主动脱贫。世界各国社会救助的实践表明，实现社会救助由生存型救助转向发展型救助是社会救助的必然趋势，更能体现现代社会救助的真实含义。

（四）健全监督机制：完善居民家庭收入财产核查制度

严谨规范的救助制度包括对救助对象的科学甄别。必须改变传统的生活形态观察方式，逐步采取严谨科学的家庭收入调查，特别是要利用好不同部门（教育、卫生、住房、就业）掌握的信息，建立资源共享的信息平台，对社会救助对象的家庭收入和财产进行比对与核查。建立健全社会救助举报核查制度，接受社会的监督。

（五）引入社会力量：引导社会慈善力量参与社会救助

慈善力量是指无偿、自愿地为救助对象提供资金、物资、志愿服务、技术支持等帮助的慈善组织、企事业单位和爱心人士等。目前，虽然西城区已经建立了相对完善的社会救助体系，但是还存在着很多现有政府救助政策和救助资源无法覆盖的困难人员。政府救助和慈善救助是长期共存、不可替代的两种机制，二者相辅相成，共同构成科学、合理的社会救助体系。

（六）提升专业水平：积极建设一支社会救助的专业骨干队伍

社会救助政策重在落实。为了使社会救助工作人员能够熟练掌握相关业务知识和政策，切实做好基层社会救助工作，街道必须加强对工作人员的业务培训，加快救助工作人员的信息化水平，从而增进工作人员的政策水平和业务技能。同时，还要创新培训方式，结合当前街道社会救助工作面临的机遇和困难，通过具体案例分析和集体互动讨论等方式，确保基层社会救助业务学深、学透，各项救助政策落实到位。

参考文献

李克强：《发挥社会救助作用兜住民生底线》，新华网，http：//news. xinhuanet. com/politics/2014 -04/23/c_ 1110378467. htm，2014 年 4 月 23 日。

刘慧琼：《自助式社会救助模式研究》，《岭南学刊》2015 年 1 月。

周兰兰：《中国社会救助制度发展的回顾与展望》，《理论月刊》2015 年 2 月。

刘浩瀛、魏莉、刘玉安：《国外社会救助的经验借鉴》，《中国财政》2014 年第 21 期。

单大圣：《发挥好社会救助制度托底功能》，《中国经贸导刊》2015 年 6 月。

北京市民政局：《北京市民政局关于慈善力量参与社会救助的意见》，北京市民政信息网，http：//www. bjmzj. gov. cn/news/root/csxx_ zcfg/2014 – 10/111640. shtml? NODE_ ID = root，2014 年 10 月。

B.8
关于法源寺文保区保护性开发的调研与思考

摘　要：　历史文化街区凝聚着传统文化精髓，是城市中最具有代表性的历史文化遗产，同时，它又是现代城市的有机组成部分。在对历史文化街区进行整治的过程中，既要保留原有的街区格局和历史风貌，又要满足现代人生活的基本需求。牛街街道根据法源寺文保区实际情况，结合自身的特点，注重协调好历史文化街区风貌保护与改善街区居民生活的关系，实施保护性开发，实现了对历史文化街区的整体保护。在此基础上，本文分析了牛街街道对法源寺文保区进行保护性开发中存在的问题，提出要以环境整治为契机推动法源寺文保区保护与开发，并从组织、政策、市场、资源、政府等层面提出相应的措施建议，对文保区的保护性开发有一定借鉴意义。

关键词：　法源寺　历史文化街区　文保区历史风貌　文保区开发

一　激发街区活力，传承历史文化

历史文化街区作为城市的一部分，承载着民族传统文化和独特的地域文化，浓缩了一个城市历史文化的精髓，保护历史文化街区就保留住了城市的特色。因此，城市管理者也越来越重视历史文化街区的保护，承载着历史文化灵魂的历史文物、历史风貌建筑等逐步得到维护和修复。

（一）历史文化街区概述

1986 年国务院公布的《关于请公布第二批国家历史文化名城名单报告的通知》中提出，“历史文化保护区”具体是指经国家有关部门，省、自治区、直辖市或市、县人民政府核定公布的文物古迹比较集中，或能较完整地体现出某一历史时期传统风貌、民族特色、地方特色的街区、建筑群、小镇、村寨等。

2002 年通过的《中华人民共和国文物保护法》采用了“历史文化街区”一词，其前身为“历史文化保护区”。

2008 年国家颁布的《历史文化名城名镇名村保护条例》明确指出“历史文化街区”指“由省、自治区、直辖市人民政府核定公布的保存文物特别丰富、历史建筑集中成片、能够较完整和真实地体现传统格局和历史风貌，并具有一定规模的区域”。

分析其概念，可以看出历史文化街区具有以下性质特点。

1. 历史文化街区是具有一定规模且历史风貌保存较为完整的历史遗存地区

历史文化街区要能够较完整地体现某一历史时期的传统风貌，具有视觉协调性和时空连续性。一些历史建筑由于年代久远，破损较严重，无法进行修整，体现不出传统街区的历史风貌和历史氛围，不能作为历史文化街区。由此可见，历史文化街区应保存有一定比例的历史信息，如格式、文样、材料、色彩以及比例、尺寸等，保有其传统的做法和特色，体现其历史真实性。

2. 历史文化街区要保有传统居民生活结构

历史街区承载着真实的社会生活，在城镇生活中起着重要的作用，它不仅记录着古代人们的生活方式，更是现代都市生活的一个组成部分。历史街区应该是最具地区特色、最大限度地保有地区传统生活方式的街区。此外，还要保持原著居民的一定比例，使传统生活方式和社区结构不被破坏，同时，又要满足现代社会人们生活的需要。

3. 历史文化街区应具有延续性

历史文化街区承载着传统文化精髓，体现了历史文化的魅力，其魅力在于传统社会结构和生活方式的内部文化精神不断积累并延续的过程。历史街区的延续性在一定程度维护了社会结构的稳定性，传承了传统历史文化，使这一地区形成独特的精神文化风貌和历史建筑风貌。因此，要保护好历史文化街区，并强化其传统功能，在一定程度上限制新功能的纳入，即使纳入新功能也要在整体上与历史街区原貌相协调。

（二）历史悠久的法源寺文保区

法源寺原名悯忠寺，始建于唐代，距今已有 1300 多年的历史，是北京现存历史最为悠久的名刹之一，于 2001 年被国务院批准为第五批全国重点文物保护单位。法源寺位于北京市西城区外教子胡同南端，经过 1000 多年的发展，这一地区聚集着大量的会馆、商埠，成为北京市最具宗教特色、平民化特色的历史文化区。

法源寺历史文化保护区是北京市 43 片历史文化保护街区之一，内有法源寺、湖南会馆、绍兴会馆等文物保护单位，街区整体风貌保存较好。法源寺文物保护区内 191 个院落中有 41 个保护院落，院落内多数为本地居民居住。该街区位于牛街街道东南部，南至南横西街，北至法源寺后街，东至菜市口大街，西至法源寺西里、教子胡同，总面积 18.5 公顷。

法源寺文保区是牛街弱势群体比例较高的地区，区内本市户籍人口 3204 户、8694 人，低保户 102 户，残疾人 354 人，申请经济适用房 131 户。常住人口 2180 户、6550 人，90% 以上居民人均住房面积低于15平方米。

“十二五”期间，西城区出台的《“十二五”时期历史文化保护区保护与发展规划》，提出“一带六区多点”的历史文化保护区空间保护格局。法源寺历史文化保护区作为六区之一成为西城区重点打造的品牌街区。

（三）法源寺文保区保护与发展的动因

法源寺文保区保护与发展是城市历史文化保护与城市特色建设的需要。城市经济的发展，给历史街区带来了一定程度的风貌破坏，这受到了城市管理者和专家的关注，传统历史文化和地区民族特色受到了重视。法源寺作为北京西城区重要文保区，是城市历史传统和地方特色文化的集中体现，它的有效保护和适度发展能推动城市特色建设，给城市发展带来良好的文化效益。

法源寺文保区保护与发展是城市旅游业发展需要。旅游业已成为我国经济发展的支柱性产业，城市旅游业作为旅游业之一有着不可替代的位置。历史文化街区承载着独特的历史文化和区域特色，对游客有着很强的吸引力。同时，它也是现代城市重要组成部分，因此，历史文化街区的保护与发展必将推动城市经济的发展。

法源寺文保区保护与发展是城市环境质量改善的迫切要求。法源寺地区作为历史文化保护区，经过长期的风雨侵蚀，居住环境差、用地功能混乱、基础设施缺乏等问题降低了人民的生活质量，无法满足城市生活的需要，因此，法源寺地区城市环境质量亟待改善。

二　环境、交通等问题阻碍法源寺文保区发展

（一）传统建筑有待保护改造

法源寺文保区内形成于明清两代的、独特的南北走向“竖胡同”

式的格局和胡同界面的传统风貌保存较好。但胡同界面后的院落和建筑状况较差，居住空间拥挤、混乱，基础设施严重不足，缺少应有的安全和预警措施。许多传统建筑随着时代的变迁和使用功能的更替，已经过多次重建、改建。有部分建于20世纪六七十年代的、建筑质量较差的、与传统风貌不协调的多层建筑，其中部分院落已成为大杂院，一些院落内存在私搭乱建的现象，许多院落早已经不能称为“院”了，仅剩下狭窄的通道，采光、通风状况十分不好，无法满足居民对现代居住生活的基本需求。

（二）文保区环境有待规划

文保区内绿化基本以院内绿化及沿街见缝插针式的绿化为主，缺乏统一规划，难以形成完整的绿化体系。“十二五”期间对保护区内的绿化工作做了规划，已有明显改善。文保区在园林部门注册挂牌的古树名木类为“保护类树木”，共7棵，各种胸径在20厘米以上的成年乔木类为“准保护树木”，共203棵，需要一定的资金维持。

（三）内部道路交通状况有待改善

保护区内现有的道路系统以南横西街和教子胡同为联系东西及南北两侧城市道路的主要车行道路，其余胡同则由于宽度较小，基本以步行交通为主。此外，保护区内还缺少应有的停车场地，给居民和外来游客的停车带来了一定的障碍（见表1）。

表1　法源寺文保区街巷胡同交通现状统计

编号	类别	用地面积(公顷)	比例(%)	长度(米)
1	宽度小于3米的街巷	0.44	15.4	1063
2	3~5米的街巷	0.79	27.7	1547
3	5~7米的街巷	1.48	51.9	1824

续表

编号	类别	用地面积(公顷)	比例(%)	长度(米)
4	大于7米的街巷	0.14	4.91	190
5	城市道路	0	0	0
6	公共停车场	0	0	0
	总　计	2.85	100	4624

（四）保护性开发有待切实推动

2010年牛街街道办事处开展过法源寺文保区开发试点工作，以房屋租赁合同为单位按照每平方米2.6万元标准进行房屋腾退，并从北京市政府争取50套安置性住房，通过货币安置、定向房安置等方式拟对108户直管公房进行腾退，以改善居民居住条件，同时疏解人口。原计划对腾退地块进行修缮改建、市政改造和地上建筑风貌设计来推动法源寺文保区产业发展。

开发试点工作在实际推动过程中难以进行，存在以下几点问题。一是居民心理预期无法满足。居民将房屋腾退与同期进行的南横街道路拓宽拆迁进行比较，对腾退补偿款心理预期较高。此外，50套定向安置房由于远离市区，可选择户型有限、周边缺少配套设施。因此，居民对此持观望态度，配合腾退的居民只占总腾退的六分之一。二是产业发展方向模糊，对市场资金吸引力度不够。开发试点工作的项目起始资金1.3亿元主要来源于政府借款、市区专项资金，原计划在腾退出部分院落后引入外部资金进行业态调整，但由于保护区产业规划滞后，产业开发方向模糊，难以有效地针对市场推广吸引外部资金投入。

三　以环境整治为契机推动法源寺文保区保护与开发

2011年，西城区政府将法源寺文保区整治工程列入“西城区

‘十二五’历史文化名城保护建设项目”，在《北京市西城区国民经济和社会发展第十二个五年规划纲要》中明确提出推进法源寺历史文化街区保护工作。牛街街道从街道实际出发，以环境整治为契机，从改善居民居住环境、做好文保区的风貌保护工作开始，推动法源寺文保区保护性开发。

（一）做好环境整治保障工作

2012 年 4 月，牛街街道积极主动落实西城区政府的相关精神，启动法源寺文保区环境整治工作。

一是成立领导工作小组。牛街街道办事处为提升整治工程的统筹协调能力，成立了法源寺文保区环境整治工作领导小组，办事处主要领导任组长，城建科、城管分队、宣房三分公司、法源寺社区、枫桦社区等部门为成员单位，充分发挥部门协同作用，全力推进整治工作的开展。

二是积极开展前期调研工作。法源寺文保区环境整治工作领导小组在此次整治工作中，确立公众参与的工作原则，从启动之初就把公众参与贯彻到整个调研工作中。通过采取开放式调研的工作理念，把公众参与同施工整治同步展开，积极协调相关部门和单位多次进行实地排查，通过居民代表会、意见征询会等公众参与的形式，广泛听取居民意见，根据地区实际情况和居民需求，最终确定将西砖胡同、七井胡同等 11 条胡同纳入环境治理范围。此次环境整治重点开展煤棚拆除、堆物堆料清理、外立面整治、户外广告牌匾规范等方面的整治。按照创建精品胡同的标准制定《牛街街道法源寺文保区环境整治工作方案》，采取总体设计，分胡同实施的方式，委托专业设计单位进行设计整治施工。

三是通过宣传动员群众参与。环境整治施工期间，牛街街道办事处组织相关部门、社区居委会通过向社区居民发放动员信，布置板报、横幅、宣传栏等形式，进行广泛的宣传动员。在不同的阶段多次组织召开由党员、社区活动积极分子、社区居民等300多人参加的整治工作动员会，宣传环境整治工作的目的、意义和相关政策，争取居民的最大理解和支持。在整个环境整治过程中，实现了零事故、零上访的“和谐环境整治”。

（二）严格保留街区原貌，改善街区生活环境

1. 严格保留街区原貌

在历史文化保护区内根据不同情况进行分类保护，对留存有历史文化风貌的建筑，在不改变原貌的前提下进行修缮；对一些需要增加必要新功能的建筑，可在室内按现代生活需求进行改建，但是不要改变外观与历史风貌相协调的建筑；对与街区历史风貌相冲突的建筑可以拆除或者改造。同时要注意对历史文化街区要素的保护和整治，如保持历史街区地面的风貌，以及院墙、古树、牌坊、颜色等要与原有要素相一致；还有在选择修复材料时，也要按照原有的工艺使用旧材料，使其与街区的原风貌相协调。

2. 改善公共设施

历史文化街区不仅是传承历史文化的载体，还是现代城市的有机组成部分，它不像其他文物一样，而是有人生活在其中的，因此它要满足现代人生活的基本需要，这就要求不能仅仅是保存其历史风貌，还要改善基础设施，为人们提供良好的生活环境，提高街区生活环境质量。所以政府必须解决历史街区的供水、供电以及消防等问题，要采取有效方法和措施，既能满足人们生活的基本需求又不破坏历史环境。法源寺文保区采用保护整治为主，适当更新改造方式进行整治。在基本保留原有街区格局和原有建筑的基础上，对建筑物的内部进行更新改造，提高环境质量，适应现代生活需要。

3. 分阶段逐步整治

根据居民需求的紧迫性分阶段进行整治，同时，通过政府主导，积极动员居民参与文保区整治工作，逐步改善街区环境。在各阶段改造中充分考虑居民要素和环境要素进行合理设计和安排，保证改造进程的可操作性和可持续性。

法源寺文保区环境整治工作从开始到结束的3个月时间内，法源寺地区面积约2520平方米的420个煤棚全部被拆除；约150平方米的违法建筑被拆除；清理堆物堆料60余处；恢复地面约2689平方米，粉刷墙面约6574平方米。根据前期调研结果中居民提出的加大绿化面积的要求，大力开展胡同绿化美化建设，新增绿化面积500余平方米。法源寺文保区环境整治领导工作小组积极协调西城区有关部门，在卫生设施紧缺的南半截胡同新建面积约40平方米的公厕1座，有效地改善了居民如厕困难的问题，解决了胡同内居民的实际需求。

四　从五个层面加强法源寺文保区的保护性开发

作为北京市43片历史文化保护街区之一，法源寺历史文化街区的保护与开发不仅需要街道着力推动，更需要区级以及区级以上政府有关部门的高度重视和协同推进。为此提出如下建议。

（一）组织层面：建立健全组织领导机构

西城区政府牵头成立，文化委、规划局、住建委、金融办、牛街街道办事处等部门单位组成“法源寺文保区管委会”，全面统筹协调规划、政策、功能作用等各项开发事项。管委会作为开发主体，在政府的指导下开展以下工作：一是推进规划立法全面统筹规划实施；二是对接旧城区人口疏解政策，置换出产业发展空间，用于产业发展和配套服务设施建设；三是制订招商计划，进行市场推介；四是设立法源寺文保区产业孵化机制，推进孵化器经济作用的发挥；五是发布法源寺文保区商务白皮书，配合区域商务白皮书发布产业指导目录，阐明法源寺文保区产业未来发展方向。

（二）政策层面：加强研究文保区的建设方向，出台建设规划

尽快出台法源寺文保区的建设规划，充分考虑文保区的保护使用和可持续发展。规划要从实际情况出发，对文保区内的居民生活需求进行全面的调查，要充分考虑到可能面临的各种困难，以及通过保护性开发能否达到改善区内居民生活环境的目的。

（三）市场层面：确定合适的产业发展方向，吸引市场资金投入

以法源寺文保区内的历史文物建筑等文化资源优势形成相关产业集聚。以法源寺为主要核心，以各类相关产业项目为支撑点带动文保区由内而外逐渐发展，形成集文化旅游、休闲养生于一体的法源寺文化体验区，使法源寺文保区具备北京文化旅游胜地、传统宗教文化展示窗口以及养生空间的三大功能。在明确法源寺文保区产业定位的基础上建设完善市政基础设施，同时由开发商进行有针对性的市场推广，吸引外部市场资金投入参与文保区的主体开发。

（四）资源层面：整合文保区各类资源，延续街区风貌

法源寺文保区的自身性质决定了法源寺地区的保护规划不能简单直接地一次完成，“循环式、渐进式、综合性”的开发模式是解决文保区保护与发展的切实之举，只有这样才能既使法源寺文保区历史风貌得到良好展现，又能提升民生服务，保障区内居民、单位的自身利益。对此要从以下几点进行考虑。

一是保持政策的延续性。根据原有的北京市房屋腾退政策，结合市场发展的实际情况，制定切实可行的房屋腾退政策，在整个文保区保护过程中坚持政策标准，要维护主动响应政府腾退政策居民的利益。

二是积极推进文物建筑的腾退。结合北京市政府关于文物建筑腾退的相关要求，加快文物建筑的腾退速度，重点推进绍兴会馆、浏阳会馆、粤东会馆三处文保院落腾退，加快实施非文保院落腾退。在做好文物院落保护的前提下发掘其商业价值，为文保区整体规划的实行营造环境优势。

三是做好市政基础设施规划。打通莲花胡同和法源寺后街的断头路，形成法源寺历史文保区的交通回路，解决文保区发展过程中容易引发的交通拥堵问题，解决法源寺文保区的保护性开发过程中最基本的难题。将文保区的市政基础设施改善纳入牛街菜市口西片建设整体规划中，对文保区内的管线合理改造铺设，为文保院落地下污水循环、平房供暖等提供有效保障，同时也为文保区后期发展预留停车场空间。

（五）政府层面：积极发挥政府的引导职能

首先，政府在协调社会经济发展、历史风貌保护等多方面利益的基础上，明确“积极保护文物”的总体发展方向和目标，制定相应的发展原则。其次，政府通过制定优惠政策、实施人口疏解和规划整治整体环境来改善发展条件，搭建商业平台。再次，在政府发展平台的基础上开展全面推介，鼓励本地居民和外来投资者等多元主体积极参与商业活动，尊重原居民的生活方式，营造具有文化特色的商业空间。最后，通过搞活商业经营的连锁效应，培育具有创造性的高品质产业集群，提升区域文化内涵和商务层次，初步搭建文化、商业、旅游基本框架，打造全国历史文化名城保护示范区。

参考文献

沙秀华：《关于法源寺文保区保护性开发的进一步思考》，2011 年 8 月 1 日。

《北京市西城区人民政府关于印发北京市西城区“十二五”时期历史文化保护区保护与发展规划的通知》，问法网，http：//www. 51wf. com/law，2012 年 7 月 3 日。

《国务院批转建设部、文化部关于请公布第二批国家历史文化名城名单报告的通知》，法律教育网，http：//www. chinalawedu. com/news，1986 年 4 月 24 日。

《中华人民共和国文物保护法》（2002 年修订），中国投资指南网，http：//www. fdi. gov. cn，2002 年 10 月 28 日。

《历史文化名城名镇名村保护条例》，中华人民共和国中央人民政府网，http：//www. gov. cn，2008 年 4 月 30 日。

《北京市西城区国民经济和社会发展第十二个五年规划纲要》，北京市发展和改革委员会网站，http：//www. bjpc. gov. cn。

B.9

关于牛街街道公共文化建设的实践与思考

摘　要：文化是衡量国家软实力的重要指标，其重要性也随着经济社会的发展日益凸显。公共文化服务作为公共服务的重要组成，已成为当前社会重点关注的话题之一。以人为本、惠及全体民众是公共文化服务体系建设应坚持的基本价值理念，满足群众最关心、最直接、最现实的基本文化需要是公共文化建设的基本目标。本文在对牛街街道公共文化建设工作进行深入调研基础上，总结了牛街街道在机制建设、品牌打造、队伍建设、服务途径等方面的成功探索，同时分析了街道在公共文化建设中规划、政策、社会参与等方面的不足，提出了加强统筹规划、加大财政投入、加强队伍建设等措施建议，以牛街街道为例对基础公共文化建设进行了一次系统研究。

关键词：公共文化　公共服务　文化建设

一　公共文化内涵与特征

在我国，公共文化这个概念提出较晚。“公共文化”作为国家“公共服务”的一个重要组成部分，是指在政府主导下，以税收和财政投入方式为主为广大群众提供的文化产品及服务。公共文化具有四大特征。

1. 公益性

公益性是公共服务的必然属性，也是公共文化服务首要遵循的原则。公共文化服务的公益性主要体现为，不以营利为目的，以保障公共文化权益为基本导向，通过多种资源的整合，实现公共文化效益的最大化。其服务主要由政府提供，如政府建设公共阅报栏、图书馆、博物馆等公共文化场所，满足社会公众对公共文化的需求。

2. 差异性

每个城市所处的地理位置、自然环境和人文环境不同，导致公共文化具有显著的地域性差异。地域性文化，是同一地域人们长期生活产生的一种具有地方特色的文化体系，它可以表现在生活用品、历史遗迹等物质层面，也可以表现在风俗习惯等生活方式上，公共文化就是这些城市特色文化的具体体现。因此，公共文化的建设必须注重地域文化的继承与发展，要建设具有地域性特色的城市公共文化。

3. 均等性

公共文化服务的目标在于惠及全体社会公众，让全体居民，不分地域、不分种族地享受均等化的公共文化服务，实现公共服务效益的最大化、均等化。从目前来看，我国城乡二元体制尚未破除、地区发展不均衡等，导致我国公共文化服务不均衡的现象仍然存在，主要体现在城乡之间公共文化服务水平有较大差距、地区之间享受的公共文化服务不均等。首先要从制度上确保人民群众在公共文化服务方面享有均等的权利，其次政府在财政投入上实现均等化。让所有地域的所有的人，不分发达地区还是不发达地区，不分民族，不分身份地位高低，均享有政府提供的公共文化服务。

4. 有效性

经济社会的发展在提升居民生活水平的同时，也加大了居民对公共服务的需求。在这种背景下，居民的公共文化服务需求日益增长，并呈现出复杂化、多样化的趋势。因此，要确保政府或者社会组织为广大人民群众提供的公共文化服务符合他们的需求，实现公共文化服务的供给与需求相匹配，保证服务的有效性。从实际情况来看，我国的公共文化服务起步较晚、发展缓慢，难以满足居民日益增长的服务需求。因此，亟须政府、社会组织、企业等多元主体共同发挥自身作用，有效对接公众公共文化服务需求，加快公共文化服务体系建设，实现公共文化服务的价值最大化。

二　牛街街道公共文化建设的创新实践

牛街街道紧紧围绕落实西城区“服务立区、金融强区、文化兴区”的发展战略，结合街道自身特点，把文化工作与民族工作有机结合，加快具有街道特色的公共文化服务体系建设，充分发挥先进文化陶冶情操、融合人群、服务群众的作用，充分调动广大群众参与街道、社区文化建设的积极性，让各族群众在文化活动中共享快乐、感受文明，达到鼓舞人、凝聚人、引领人的作用，在提高科学发展、文化兴街、服务民生、促进团结、机制建设等方面进行了大量探索。

（一）建设有效的公共文化服务机制

1. 整合辖区资源，实现共促共享

牛街街道通过定期召开社区文化工作会，更多地吸收驻区单位、企业参加，目的是搭建平台，加强联系，定期交流，提供服务，形成合力。积极整合地区文化资源，充分发挥广场、文化活动室、社区学校、社区单位文化室的共建共享功能，在为驻区单位服务，促进区域经济发展、和谐稳定、民族团结、文化建设等方面形成了长效机制，从而推动了地区文化工作上水平、见成效。通过为驻区单位培训文艺骨干，开展文化活动，调动驻区单位参与社区文化活动的积极性。

2. 突出活动主题，营造和谐氛围

每逢重大节日，街道统筹考虑，精心组织各种文化活动，营造氛围；充分利用社区信息栏、楼门信息提示栏、LCD 显示屏等载体及文化活动场所宣传民族团结、群众性文化活动开展、精神文明建设等成果；以“喜看牛街新变化”为主题，组织社区开展“四进社区”DV 作品大赛活动；同时，组织各社区每年开展隆重、热烈的“爱国歌曲大家唱”活动。这些活动群众参与率高，参与面广，群众精神文化生活得到了显著提高。

3. 加大财政投入，丰富文化生活

街道始终把公共文化设施建设放在重要的位置，坚持以人为本，通过巩固基础、完善机制、加大投入、推广品牌等凝聚、激励、引导各族群众，形成地区文化活动的向心力，打造健康、和谐、向上的文化氛围。经过整合，街道共有 38 支文化队伍，700 多名各族文化骨干。投资近千万元建设了牛街街道文化体育活动中心、藏书万册的社区图书馆、牛街东里社区民族文化广场、西里一区文化广场、西里二区文化广场、法源寺社区文化广场、南线阁社区文化广场等，为群众性文化活动的开展提供了舞台。在各个社区统一建立完善“二室二栏”，即文化活动室、图书阅览室、宣传栏、阅报栏。每年，街道投入近百万元开展群众喜闻乐见的文化活动，满足群众需求，丰富文化生活。

（二）打造牛街街道民族品牌文化

近年来，牛街街道坚持重特色，出精品，打造街道特色民族品牌文化，使更多的群众在活动中享受民族传统文化，先后成立了民族艺术团、民族京剧队、民族舞蹈队、合唱队、秧歌队、韵律操队等文艺演出队，吸引了众多群众参加，丰富了群众的精神文化生活，使各族群众在有组织的活动中建立深厚友谊，互相帮助、互相鼓舞、互相启发，在参与中享受文化活动的乐趣。

加强文化社区的建设。连续举办了五届法源寺丁香笔会，吸引了众多诗人、书画家光临，进一步提升了牛街的知名度；“激情洋溢民族情”文艺演出连续举办了七届；“民族团结杯舞蹈邀请赛”连续举办了五届，牛街舞蹈队极具民族特色的表演受到好评；各社区开展的“摄影展”连续举办了多年；每年开斋节期间，举办“民族团结书画展”；西里一区、菜北、南线阁社区的书画协会，定期开展活动，大家一起交流书法，还吸引了一些其他社区的书画爱好者加盟，每年春节他们都为社区居民写春联，这些都成为街道颇具民族特色的品牌文化，突出了民族团结的主题。文化社区建设，一方面，以文化的形式促进了社区居民的交流，提升了社区和睦度；另一方面，以活动的形式丰富了居民生活，引导其积极参与社区建设，充分发挥自身的主体作用。同时，开展形式多样的群众性文化活动，能进一步激励人心、鼓舞人心、振奋人心、稳定人心，达到用主流文化来凝聚人，来引领人的思想，来提升人的境界，为街道各项工作发展创造了良好氛围。

近年来，街道主办、协办大型演出 20 余场，社区文艺演出 200 余场，观看人数近 3 万，扩大了群众参与文化活动的覆盖面。牛街地区的多支文化队伍还参与国内、国际文化交流，在全国以及北京市的各项比赛中多次取得优异成绩，还曾走出国门，向世界展示牛街文化的博大精深和无限魅力。如牛街舞蹈队参加了韩国首尔节、“北京风情舞动悉尼”文化交流活动，中央电视台文艺节目录播，各种市、区歌舞大赛，极大地提升了牛街民族特色文化的品牌价值，扩大了牛街的美誉度和影响力。

（三）规范社区公共文化队伍建设

牛街以社区居民的需求为导向，抓群众文化团队建设。随着社区文化建设的不断提升，社区居民的文化品位和活动需求越来越高，牛街街道因势利导，建章立制，努力提升团队的表演水平，丰富群众文化生活，培养、锻炼一批业余文化人才。

1. 抓机制，促进文化队伍规范化建设

根据社区文化队伍整体水平，将队伍分成三大类，即街道品牌队伍、群众性应急队伍、群众性文化队伍。建立基础台账，形成制度。在开展社区文化活动中，切实做好组织、引导工作，街道注重把群众自发、分散的队伍组织起来，于 2010 年成立了社区公共服务协会，制定了章程和制度，对各支队伍统一管理和服务。目前，有 90 余支文化队伍成为社区公共服务协会的会员。

2. 抓培训，提升文化骨干业务能力

对社区文化骨干进行普遍性的理论知识、业务知识等培训，力求在思想境界上、素质能力上、工作水平上都有明显的提高。同时，选派部分社区文化骨干参加舞蹈、主持人、合唱等专业培训。已培训近百名骨干，并在社区充分施展自己的才能，服务群众。抓结合，着眼文化队伍长远发展。通过社区文化骨干的传、帮、带、教，确保社区文化队伍常在、常新，具有旺盛的生命力和极大的吸引力。

3. 抓需求，丰富群众精神文化生活

加强对群众公共文化服务需求的调查与统计，以需求为导向，开展形式多样、内容丰富的社区文化活动，满足居民多样化、多层次的公共文化服务需求。各社区有琴棋书画、曲艺演奏、秧歌队、书画社、合唱队等众多文化队伍，常年活跃在社区、服务于社区，丰富了群众的精神文化生活。同时，街道加大对民族文化队伍的扶持力度，如投资 50 余万元为牛街掷子队、舞蹈队修建了民族运动场、排练厅，并置办了训练服装。

（四）通过多种途径服务群众

1. 以文化工作促进军警民共建

街道每年开展军警民精神文明共建及文化交流活动。连续多年举办了“为伟大祖国骄傲，军警民共庆‘八一’慰问演出”活动，把“民族文化艺术”送进军营。开展军地诗歌会、参加军训等活动，极大地推动了地区的精神文明、文化建设，唱响了牛街各族群众与部队（军警）官兵大团结的和谐曲。

2. 文化活动与校外教育相结合

街道牵头成立了由老教师、老党员、老红军、老干部、老模范（五老）组成的青少年校外教育辅导员队伍，组织社区学生建立了小记者团、小导游团、环保小队、文学创作小组和摄影小组（五小队伍），把五爱教育融入具体的文化活动中。街道为残疾孩子张明举办了个人专场演唱会、为回族画家马国玺举办了家庭教育书画展，受到广大学生和家长的好评。这些活动的开展，提高了社区文化水平。

3. 企业文化与社区文化相融合

指导社区与辖区内大型企业开展文化共建活动，一方面促进企业与社区文化相互补充，另一方面拓展社区文化的覆盖面。驻区单位也积极参与到社区文化活动中来，北方工业公司、菜百公司、大中电器城、回民小学、66 中学、宣师二附小等都以不同方式展示企业文化、校园文化。驻区单位的广泛参与为社区活动的开展提供必要条件，社会力量的参与也进一步丰富了社区群众的精神文化生活，形成了良好的社会文化氛围。

4. 楼门文化促进和谐

街道还把多元化的文化建设延伸到居民楼内，以居民能普遍接受的形式，先后在 45 个楼门内进行了社会公德、文明礼仪、传统文化、民族团结、法律知识等内容的宣传，不断提升居民的文化意识、道德意识、法律意识；以楼门为单位，以“五好”为主题，广泛开展唱红歌活动，以社区居民普遍喜爱的形式打造楼门文化，增进邻里关系和谐的“助推器”。

三　牛街街道公共文化建设的困境

牛街公共文化服务体系建设在全国处于领先地位，各方面机制和设施都比较完善，但是仍然存在一些问题。

（一）社区公共文化建设缺少合理规划

一是政府的文化导向缺乏有意识的指导性安排，很多社区文化社会组织、辖区单位与街道、社区之间缺少有效沟通，在组织文化活动的时候都是各自为战，独自进行文化活动，缺少必要的交流和沟通，各类文化活动资源及产品没有得到有效统筹，难以实现合理有效配置。

二是缺少文化活动场所。现在很多社区停车位都难以解决，活动场所更是紧缺。此外，室外活动场所还极易受到天气条件的制约。加之在经济利益的驱使下，一些仅存空地作为商业性用地，导致群众活动空间有限，影响了社区公共文化的发展。

此外，政府应该发挥好公共文化导向作用，把社会主义核心价值观融入群众业余文化生活中，让群众在文体娱乐的过程中能感受到社会主义核心价值的影响。

（二）社区公共文化建设的政策支持不足

基层文化事业的发展需要政府在资金投入、政策保障等多方面的支持。从牛街街道的实际情况来看，政府的支持力度仍然不足。一方面，社区文化活动缺乏必要的硬件支持。由于没有明确的用地规定，有的社区尚未建立活动站（活动室），有的社区活动站（活动室）硬件设施不完全，活动设施的不完善严重制约了社区文化活动的开展。另一方面，社会力量的参与缺少相应的激励机制。非政府组织在市场准入、资源配置、财政支持等方面一直处于劣势地位。在财政投入方面，政府更加注重对文化事业单位的投入，对社会文化团体的财政支持不足；在管理方面，对民间社会文化团体的规定限制过多，直接影响到非政府组织参与社区公共文化服务建设，使得社会文化团体缺乏独立性、积极性和创新性。

（三）基层公共文化建设的社会参与不足

基层文化事业的发展，尤其是民族传统文化的发展，离不开社会各界的支持。但是目前参与到基层公共文化发展中的社会力量有限，因此，要鼓励更多公益性组织、企业参与社区文化指导，鼓励社会力量办文化。此外，回族的传统文化在继续挖掘、传承和保护方面还需要政府、专家、学者及相关部门给予更多的重视。

（四）社区居民参与程度低

社区公共文化建设过程中，只有街道办事处、社区居委会等机构的工作人员参与，而社区居民缺少自我管理意识，主动参与不足。在社区治理中，很多行政事务性工作耗费了社区工作人员的大量精力，尤其是如六型社区、安全社区等创建工作，使得社区出于应付的心态来组织活动，这严重影响社区公共文化建设的质量。除了公众参与意识薄弱导致的社区居民参与社区公共文化建设程度低外，还缺乏公众参与机制，关于公众参与公共文化建设的程序、制度、责任和义务、监督和保障等方面都没有明确规定，以致公众参与社区活动有较大的随意性，社区公共文化建设效果不明显。

四　从三个方面推进公共文化建设

建立公共文化服务体系，要以惠及全民为出发点，满足群众最迫切的公共文化需求，以社会效益最大的形式，实现公共文化服务与基层社会的协调发展。

（一）加强公共文化服务体系建设的统筹规划

政府应增加文化产品种类的供给，开展广场文化、社区文化、校园文化等，增加一些导向性文化，让群众更加关心公共文化建设、参与公共文化建设、享受公共文化服务。同时，做好街道、社区及辖区单位之间的统筹协调工作，加大公共文化设施资源整合力度。扶持民间文化团体、民间艺人参与到公共文化服务当中，组织引导文艺工作者和业余文化爱好者积极参与到具有区域特色、民族特色的公共文化服务产品创新和品牌塑造当中，最大限度地为群众提供多样化的公共文化服务。同时，要注重建立相应的公共文化服务考评机制，加强对公共文化服务质量的监管，努力为不同群体提供更灵活、更高质量的服务。

（二）加大对公共文化建设的财政投入

公共文化建设需要政府提供有力的财政支撑，要将公共文化需求作为民生工程的一部分来抓，以居民需求为准则，履行好政府在文化领域的公共服务职能，加大对公益性文化事业的财政投入，对街道、区级、市级品牌文化活动，在政策、资金上给予更多的扶持。要制定并落实好公共文化建设的扶持政策，可以设立文化发展专项基金，将公共文化设施建设、图书购置、文物和非物质文化遗产保护、文化人才培训、群众性文体活动补助等经费列入财政预算，使公共文化服务体系建设所需资金得到保障，可以实行费随事转，将更多的项目、更多的资源放在基层，丰富基层文化，惠及社会公众。此外还要拓宽公共文化建设的资金投入，可以引入市场机制和建立有效政策，吸引社会资金投入公共文化建设当中。总之，要坚持公益性、均等性等原则，形成“多渠道”的投入机制，结合当地的实际，按照公众对公共文化服务的需求，提供高质量的公共文化服务。

（三）加强公共文化人才队伍建设

具有较高道德素养、文化素养、专业知识素养的公共文化服务人才是提高服务水平的基础，因此，建立一支优秀的公共文化服务人才队伍是适应新形势下文化发展的必然要求。首先，建立合理有效的用人机制。通过建立相应的人才选拔机制、人才激励机制、人才监督机制，加强对人才的管理，保证人才队伍的公共文化服务水平。其次，加强对公共文化服务人才的培训，提高工作人员的文化素养和专业知识素养。因地制宜地强化人才队伍建设，加大培训力度，维护好公共文化服务队伍的稳定。让工作人员更好地投身于公共文化服务，发挥文化服务者的积极作用。再次，注重培育民族地区文化人才队伍。立足地区实际，发挥民族特色，建立民族文化队伍，为地区居民提供多样化的文化服务。最后，政府要把选拔培训公共文化服务人才作为一项重要工作，可以将基层文化单位的人员纳入编制，设置相应的机构，同时，按照思想觉悟高、业务能力强、文化素质高等要求，公开向社会招聘有志于基层文化事业的人才参与基层公共文化建设。

参考文献

牛街街道办事处：《以文化活动凝聚人、鼓舞人、引领人》，2011 年 8 月 1 日。

《构建现代公共文化服务体系，提高文化开放水平》，浦东政协网，

http：//www. pdzx. gov. cn，2014 年。

孙蓓莉：《城市社区公共文化服务体系研究》，上海交通大学，2013。

周建华：《深入学习贯彻党的十八大精神：加快完善社区公共文化服务体系》，湖南日报网，http：//www. 12371. cn，2013 年 2 月 15 日。

B.10

关于牛街街道清真食品安全的调研与思考

摘　要：　清真食品是伊斯兰教的信仰和习惯形成的民族饮食文化，具有明显的宗教和民族特质。清真食品的安全性关系到每个穆斯林的生活质量。本文在深入调研基础上，总结了牛街街道清真食品安全工作中安全宣传、监管机制、企业培训、检查考评等方面的创新举措，同时分析了工作中还存在的企业经营观念守旧、违规开店、标准化程度低、产业需要升级改造等问题，并提出加强法制意识、完善标准认证、健全综合管理机制、强化执法机制等改进措施，不仅对清真食品安全工作，对基层食品安全工作都具有一定参考价值。

关键词：　清真食品安全　规范市场秩序　民族饮食文化

牛街是北京地区有名的少数民族聚居区，其独特的清真饮食文化闻名遐迩。追溯历史，在元代时期有大量的回民进入北京，到了明朝，随燕王朱棣迁入北京的回族人也居住在牛街，从这之后牛街逐渐成为北京回族人民聚居的地方，同时也将他们的饮食特色带入了北京，经过千年发展，牛街形成了独特的清真饮食文化。民国以前，牛街的回民以经营牛羊肉的屠宰和贩运为主，也有一些回族人做瓜果蔬菜和传统清真食品生意。牛街街道为尊重回族等少数民族的风俗习惯，在辖区内划定清真饮食区，保留了穆斯林的饮食习惯。如今的牛街，从小吃摊位到大型餐馆经营的清真美食达百余种，街道两旁有很多挂着阿拉伯文字牌匾的牛羊肉商铺，除了常见的牛羊肉，还有羊蹄、牛羊膝骨、筋油等。牛街已成为了北京名副其实的“清真小吃街”，吸引了很多清真食品爱好者。

一　清真食品的内涵与标准

（一）“合法”的清真食品

当前食品安全已成为人们密切关注的问题，清真食品以其安全性、品质和口碑逐渐进入人们的视野，而在现实生活中，不管是穆斯林还是非穆斯林，有很多人对清真食品的认识都不够全面，存在着众多认识误区。在现实生活中，很多人认为只要不含有猪肉、猪油等成分的食物就是清真食品，这种看法是片面的，也从侧面体现出社会上人们对清真食品的认知状况。中国穆斯林群众是清真饮食文化的主要传承者和践行者，然而现实生活中，并不是所有的穆斯林群众能充分认识和理解清真食品的内涵，并加以全面实践。而我国官方正式认可的关于清真食品的界定也并不统一，大致有三种观点：风俗定义为符合回族、维吾尔族等少数民族饮食习惯的食品统称，主要从民族风俗的角度进行定义；宗教定义为符合信仰伊斯兰教少数民族饮食习惯的食品统称，主要从民族信仰的精神层次进行定义；民俗宗教定义为回族、维吾尔族等保留了穆斯林习俗的少数民族以清真的方式生产、加工、储运、销售的食品，主要将风俗与宗教两者进行了结合，涵盖的范围更小。在以上三种观点中，宗教说得到普遍认同。有学者认为清真是指伊斯兰教的信仰，明代伊斯兰教学者王岱舆指出清真是指伊斯兰教信仰的真实性、纯洁性、道德高尚性与合法性，外国伊斯兰教把清真食品称作“Halal”（合法的）。而且在实际生活中，许多清真餐馆的牌匾以及清真食品的包装上都有阿拉伯语，意为伊斯兰食品。在国际上，1997 年发布的《“清真”用词使用准则》对清真食品进行了明确定义：被伊斯兰法律许可并且不含有或没有不符合伊斯兰法律的物质组成；没有被不符合伊斯兰法律规定的用具或设施处理、加工、运输和储存过；在处理、加工、运输和储存中，没有接触过不满足以上条件的食品。[①]这个定义具有明显的伊斯兰教特征，从宗教的角度，对食品的原料、加工、运输和储存等方面进行了明确规定，这也是目前国际上通行并认可的定义。

（二）遵“圣训”，做清真

清真食品起源于《古兰经》和圣训，文中明确禁止的食物包括“猪、血液、酒、自死物、诵非安拉之名宰杀的动物”[②]，伊斯兰教法学家在《古兰经》和圣训的基础上又延展性地做了些规定，形成了穆斯林清真饮食的戒律。清真食品以“佳美”“洁净”为原则，在食品的制作过程中必须卫生，外观要洁净，食品要健康，不能损害或影响食用者身体和头脑的正常功能，同时，允许食用的动物必须按照伊斯兰教规定的方式屠宰。其屠宰的原则为：屠宰之人必须是信仰伊斯兰教的穆斯林，屠宰之前要口念“奉安拉之名”，可食用动物必须用利刃屠宰，其要完全切断气管和食管，减少动物的痛苦，禁止吃勒死的、捶死的、跌死的、抵死的、野兽吃剩的动物。清真食品不仅仅是禁食猪肉及其产品，还禁食奇形怪状、污秽不洁、性情凶恶以及不反刍的动物。

---

① 邹俭伟：《我国清真食品法律体系构想》，《宁夏法治报》2015 年 10 月 28 日。

② 佚名：《伊斯兰的饮食规定》，2013 年 11 月 17 日。

（三）保障清真食品安全，促进民族团结

随着经济社会的发展，三聚氰胺、地沟油、假羊肉等食品安全事件频频出现，使得食品安全成为人民关注的重点问题。为做好食品安全管理，保护好广大人民群众的利益，国务院和国家卫生计生委相继出台了《关于地方改革完善食品药品监督管理体制的指导意见》（国发〔2013〕18号）、《加强食品安全标准工作的指导意见》（国卫食品发〔2013〕18号）。《关于地方改革完善食品药品监督管理体制的指导意见》要求各地方整合监管职能和机构、监管队伍和技术资源，加强监管能力建设，健全基层管理体系，认真落实食品药品监督管理责任，有序推进食品药品监督管理体制改革。《加强食品安全标准工作的指导意见》要求各地方坚持科学合理、公开透明的原则制定食品安全标准制度和确定食品安全标准范围。清真食品是符合伊斯兰Halal（合法的）食品标准的食品，要保证其安全性更为困难，食品监督管理难度更大。在实际中，一些非法分子为追求经济利益，以非穆斯林食品冒充，甚至添加非食用添加剂，在损害广大群众食品安全利益的同时，更深层次地侵害了穆斯林群众的利益，这对我们团结穆斯林群众造成了严重影响，破坏了社会稳定。因此，需要进一步加大食品安全，尤其是清真食品安全的保障力度，这与民族团结和社会稳定密切相关。

二　牛街街道清真食品安全管理的创新举措

牛街街道居住着23个民族，共有户籍人口17622户52091人，少数民族人口数为16236人，其中，回族人口1.2万人，占街道总人口的23%，是北京市最具民族特色的街道之一。这里有牛街礼拜寺、中国伊斯兰教协会等。为了尊重回族人民的饮食和风俗习惯，牛街划

定了清真饮食区，在此区域内禁止出售非清真食品。这里有各类清真饭店、餐馆、牛羊肉摊位、小吃街、清真超市、清真食品公司，其中清真食品公司有来自内蒙古大草原的牛羊食品公司、正兴德茶庄等企业，此外，清真超市美食城更是经营多个种类的清真食品，超市内设有300多个摊位，营业面积1400多平方米，经营羊头马、爆肚冯、奶酪魏、年糕钱、豆腐脑白、俊王烧饼以及陕西、广东、新疆等11家清真风味小吃。牛街街道立足于为本辖区内的穆斯林提供清真食品和用品，发挥街道特色，发展清真食品产业，成为北京市清真食品及用品需求的主要供给地。街道的清真食品生产及安全工作得到政府和群众的高度重视，形成了良好的社会效益与经济效益。

（一）加大宣传力度

强化宣传，提高群众知晓率和参与率，强化清真食品安全意识，是清真食品安全管理的重要前提条件。牛街街道采取多种宣传手段，利用各类宣传载体和平台，加大宣传的力度。通过传统媒体与新媒体相结合的多种形式，向清真食品生产商、经销商、群众进行清真食品的普法宣传，不断提升他们的法律意识。做到让餐饮单位重视，让广大群众参与监督，让群众自觉维护清真食品市场的“清真”信誉，依法尊重和保护少数民族群众的合法权益。

（二）创新监管机制

为保证清真食品的安全，牛街食品药品监管所采取多项措施创新监管制度，确保牛街清真食品的真实性和可靠性。

一是建立经营清真食品企业信用体系。首先，建立经营企业的信用档案库，将企业和商户的相关经营信息录入库内，包括经营资质、人员配置、原材料管理、食品产销等基本信息与日常监测信息、顾客投诉信息；其次，要对入库信息进行数据分析，根据分析结果确定信用等级；最后，要根据企业的信用等级进行相应的管理，并进行信息公开，设立黑名单、红名单等。二是积极推进清真食品安全实验室建设及检测能力的提升。为保证清真食品原材料的安全，牛街街道建立了食品安全监测实验室，运用先进的科技手段对清真食品进行快速检测，分析肉类品种、肉质成分等，能有效避免非清真食品的冒充，保证清真牛羊肉食品的原料供给安全。三是开展牛羊肉食品安全放心工程和经营者诚信自律体系建设。该工程和体系建设主要由牛街食药监管所牵头负责，建立以牛羊肉等检测品为主要对象的风险防控数据库和以清真商户为主要对象的商户信用数据库，通过对两库的数据分析，形成《牛街地区肉品安全情况报告》，以此保障地区牛羊肉等清真食品的安全。

（三）制定严格的开店要求

牛街为保证清真食品足够“清真”，对生产经营清真食品的企业、商户制定了严格的规章制度，要求从事生产经营清真食品活动的单位负责人、个体商户是少数民族；从业人员中必须配备一定比例的少数民族公民；原材料采购、仓库管理人员及饮食服务业单位的厨师必须有少数民族公民；必须具有清真食品专用的生产工具、运输工具以及储存工具和出售场地。此外，还注重加强清真食品商户的资格审核，经营清真食品及副食品的商户和企业必须由专业部门审核，审核通过的才能办理“清真专用标志”和“清真经营许可证”，同时还需将统一制发的清真标牌悬挂在生产经营场所显著位置，这些企业和商户必须接受民族、食药等部门的共同监管。

（四）用穆斯林文化引领企业发展

在文化与经济互相渗透与融合的今天，文化更是给餐饮业带来了无限的魅力，尤其是清真饮食文化，它渗透到了清真餐饮业发展的全过程，清真食品传统技艺、食俗、节庆等文化资源日益成为餐饮业发展的基础资源。牛街街道通过清真饮食文化建设提升清真餐饮行业的整体素质，加强清真餐饮行业文化基础建设，帮助餐饮企业实现品牌树立，带动众多清真餐饮企业发展，进而为社会提供优质的餐饮服务。牛街清真超市就是一个以穆斯林文化树立品牌的企业，它以“穆斯林的家”为经营理念，打造清真特色鲜明、民族风情浓郁的清真超市，它始终坚持“清纯至真、顾客至上、诚信至高”的原则，要求所有食品供应商必须具备街道关于经营清真食品的资质与办理相关证照，同时还要办理与宗教、民族相关的证明，多种途径为清真食品安全提供保障。超市在引进新产品时，采购人员要到供货商厂家进行实地考察，此外，超市商检部门还要对商品进行二次检查验收，以保证清真食品足够“清真”。牛街清真超市在保证清真食品质量和安全的基础上，将商业营销与穆斯林文化融合，逐渐形成独特的文化兴业特色经营模式，很好地诠释了“穆斯林的家”的内涵。

（五）面向清真餐饮企业开展食品安全培训

牛街为提高各餐饮单位的管理和服务水平，加大培训力度，街道食药所为牛街清真餐饮企业提供食品安全培训，采取街道、执法部门、企业三级培训的方式，有针对性地进行各种培训，其中包括明厨亮灶、量化分级、一证一档培训、洗消冷荤培训、最新政策法规解读等。牛街通过培训提高企业自身素质，提高自我管理的能力，更好地服务群众。

（六）依托“全响应”平台，对清真食品进行日常监管

牛街以街道社会治理“全响应”网格化信息中枢为依托，将牛街 10 个社区划分成 66 个网格，每个网格设立一名“民族政策监督员”，对网格内的清真食品商户和企业进行巡查和监督，如发现违反

伊斯兰教法规和民族政策的行为，通过街道全响应平台及时上报，由相关部门进行处置。同时，对网格内新增清真食品经营企业及商户，也要及时了解情况并上报。此外，民族政策监督员还负责监督商户的清真专用标志及营业许可证的办理情况，以及定期提醒更换过期标志，保证清真食品的安全性、可靠性。

（七）对商户开展不定期的入户专项检查

各执法部门不定期针对各自所担负的任务职责开展相应工作。工商部门加大了对营业执照的检查，重点检查有无超范围经营的现象。城管部门积极督促餐饮单位落实门前三包，加大了取缔无证流动摊贩、摊点，杜绝跨门营业等行为的力度。卫生监督部门依据任务职责，在伊斯兰重大节庆开斋节前夕，对牛街大街及其周边的所有餐饮单位进行了严格细致的检查，确保食品安全卫生。街道综治办也积极牵头联系地区执法部门对餐饮单位进行了全方位的巡查。针对清真食品示范街创建活动，联合执法取缔无证无照经营，通过集中执法，有力地维护了地区餐饮秩序和环境秩序。

各餐饮企业也迅速行动，积极开展行业自律，加大管理力度，提升服务水平。各餐饮企业除狠抓进货渠道的管理，从源头上保障了食品的安全可靠性外，各餐饮企业负责人还狠抓了服务和管理，保障各项卫生制度落到实处，保证不做不合格的食品，保证不出现过期食品，保证不使用违法添加材料。确保百姓吃得安心，用得放心。

（八）进行综合信誉考评和资质审查

为了给清真食品生产经营创造良好的环境，牛街街道对清真食品餐饮企业实行综合执法，采取普查和抽查相结合的方法，重点检查卫生制度的落实、进货渠道、加工过程、销售等方面的情况，督促和指导餐饮企业提高思想认识，严把各种关口，确保食品安全和质量。

同时，要求清真食品餐饮企业依法建立并落实食品以及原材料的进货验货记录制度，从源头上保障食品的安全性，企业库房还要建立完善的工作制度，对供货商进行索证，确保每家供货商三证齐全、真实、有效，可以追溯原材料的购进，减少并控制食品安全风险。并针对清真食品安全管理的各个环节和制度的实施情况对清真食品餐饮企业进行综合考评，根据综合信誉考评和资质审查结果，对企业实行奖惩，以确保企业对街道群众的饮食安全负责。

三　牛街清真食品安全面临的问题

牛街清真食品安全工作在监管机制、信用体系建设等方面取得了较大成效，但是由于清真食品行业从业者本身的限制、行业发展标准化程度低等问题，清真食品安全仍然面临众多问题。

（一）企业经营观念守旧

在清真餐饮业实际经营中，一些经营者观念陈旧、缺乏战略眼光，不能够很好地规划和壮大清真食品产业的发展。从牛街的实际情况来看，清真食品经营者受教育程度普遍偏低，观念较为守旧，在经营过程中安于现状，管理模式老化，仍遵循过去的家庭式作坊的加工经营模式，不懂用长远眼光看待清真食品产业化发展，缺乏与全国市场、国际市场接轨的观念，大多数以个体户和小型企业的形式存在，难以适应市场化发展，导致企业发展缓慢甚至倒闭。这在一定程度上制约了清真食品产业的发展。

（二）违规开店情况时有发生

由于清真食品经营者自身能力限制，其在开办企业的过程中往往不能严格遵守开办程序，不登记、领取清真标志，未登记直接转让，不备案开店等现象屡见不鲜。甚至有的经营者受利益驱使，用非清真食品假冒定级，擅自使用清真标志，出现了一些违法违规行为。这些违规现象频繁出现，大大增加了清真食品安全的监管难度。

（三）清真食品标准化程度低

目前，清真食品产业从业者人群普遍素质较低，导致了产业发展较为缓慢，标准化程度较低。这为一些不法商家生产假冒清真食品提供了可乘之机，严重损害了穆斯林群众的基本权益，也影响了民族关系。虽然，牛街街道出台了相关监管措施，对清真食品市场进行了有效整治与清理，但是“清真不真”现象依然屡见不鲜。一些经营者甚至都不了解清真食品的禁忌，如在清真食品店销售酒，酒是《古兰经》严格禁止的食品。造成清真食品标准化程度低的主要原因有：一是我国清真食品认证体系的不健全，没有形成统一的清真食品标准化体系，没有专门的认证机构，对清真食品生产、经营、销售等各个环节缺少严格的认证程序。二是缺少专职执法机构对清真食品市场进行监督。清真食品的管理没有明确的法律法规，工商、食药等相关部门难以依法开展工作，民族工作部门没有检查、处罚等执法权力，只是宏观管理部门。此外，各部门之间权责没有明确划分，工作中容易产生互相推诿、协调不力等问题，无法发挥执法机构对清真食品的监管作用。

（四）清真食品产业需要升级改造

牛街街道清真食品产业主要是餐饮行业和零售行业。整体生产规模相对较小，大多数商户生产设施落后，科技含量低，产品单一，并且大部分是家庭作坊式生产，很多产品都是自产自销，商户相互之间没有合作与技术交流，难以形成规模经营。同时，家族式的经营模式和企业员工整体素质不高等问题，严重阻碍了清真食品的产业化发展。由于生产工艺落后，清真食品的生产规模较小，产业化生产水平较低，新产品开发能力较弱，这也是导致清真食品产业发展缓慢的重要原因。此外，由于产业集聚程度不高，缺少大型龙头企业支撑，清真食品产业的经营效益不高，这些问题也是当前清真食品产业面临的重大难题。因此，牛街清真食品需要进行产业升级改造，实行规模化生产经营，只有这样才能有集聚效应，才能产生最大的经济效益，才能推动清真食品发展，才能满足更多人的需求。

四 牛街街道清真食品安全管理实践的思考

（一）加强食品安全法制意识

加强清真食品安全宣传，确保广大群众的安全保障。提高企业及相关部门对开展宣传教育活动重要性和必要性的认识，加强组织管理，明确工作责任，制定切实可行的宣传工作方案，采取电视、网络、报纸、标语、条幅等各种形式，有组织、有计划地开展清真食品安全宣传活动，普及清真食品安全法律法规和清真食品安全知识，保护穆斯林及清真饮食爱好者的合法权益，引导人民群众健康饮食、理性消费，提高人民群众自我保护能力，营造公众关心并参与的良好社会氛围。

（二）完善清真食品标准化认证

随着经济全球化的发展，清真食品企业国际化合作也越来越广泛开展，标准化监测也日益增多，为实现国内清真食品与世界伊斯兰教国家清真食品标准接轨，应加强对外合作交流，加快推进我国清真食品认证标准国际化进程。同时，也要注重不断强化原材料的肉质监测标准，羊、鸭、猪等肉类容易掺杂在一起，很难用肉眼分辨出来，一些不法分子会用猪肉或者鸭肉冒充羊肉，违反了伊斯兰教的教规，侵害了穆斯林的权益。因此，应借鉴国际经验，加快建立羊、鸭、猪等肉类的检测标准，从技术角度保证清真食品安全，以标准化促进清真食品产业发展的规范化。

（三）健全清真食品综合管理机制

清真食品安全不仅涉及穆斯林权益问题，还关系到民族团结，因此，要严格监控清真食品的自然属性，保证清真食品的卫生和健康标准，解决清真“不够真”的问题。建立综合管理机制，在政府层面形成各个相关部门工作的合力，促进其相互合作，相互配合，对清真食品企业的市场准入进行严格管理，对从事生产经营清真食品的单位进行日常监督与检查，并规范其经营行为，共同规范清真食品市场秩序，并明确部门职责范围，建立清真食品管理行政监管机制。此外，加大政府对清真餐饮业和生产经营企业的监管力度，对其进行不定期监督检查，避免出现“清真不真、清真不清”的现象。

（四）强化执法机制

由于清真食品安全管理机制与相关法律法规的不完善，相关部门在实际执法过程中仍然面临众多问题，导致商家在经营过程中存在众多违法违规现象。有些商家没有经营清真食品的资质却从事清真食品经营活动，还有些商家尽管有“清真食品牌照”，却用经营清真食品的名义卖非清真食品。因此，政府应制定有关清真食品监管和保障清真食品安全的法律、行政法规，并按照伊斯兰教教规，对清真食品屠宰、生产、制作、销售等制定严格的规定和标准。同时要注重执法队伍建设，在回民聚集区、清真食品产业聚集区等地方，增设执法机构，加强执法力量与执法力度，强化对清真食品的依法监管。

参考文献

马昊楠:《清真美食与异域风情的碰撞——牛街》,《首都食品与医药》2015年4月。

王立洪:《国内外清真食品标准现状与发展趋势》,《轻工标准与质量》2013年8月15日。

陈文祥:《伊斯兰清真食品内涵新论》,《中国穆斯林》2014年9月30日。

《全响应平台把好清真食品安全关 牛街街道牛羊肉检验合格率100%》。首都之窗网站,http://www.beijing.gov.cn/zfzx/qxrd/xcq/t1279367.htm,2014年9月18日。

敏贤良:《关于对清真食品加强管理的思考与建议》,《回族研究》2010年11月5日。

案例报告

Case Reports

B.11
以考核评价强化街道统筹的牛街模式

摘　要：北京市明确提出要下放财权、事权，建立“条专块统”的管理机制，强化街道的管理权能，但在实际工作中，政府职能部门的“条”与街道工作的“块”存在强弱不均的情况，很多管理机制没有理顺。牛街街道为贯彻落实西城区提出的“完善机制，增强街道统筹辖区发展能力”的要求，结合街道的实际情况，明确街道和职能部门的职责范围和工作任务，建立健全街道对职能部门派驻机构监督考核评价体系，理顺了二者之间总体协调的平等协作关系，加强了街道资源整合和协调统筹的能力。

关键词：考核评价　职能部门　统筹能力

一　条块分割下的街道统筹

（一）北京市街道工作定位

改革开放以来，伴随着首都经济社会的快速发展和城市建设的不断扩张，人民群众对物质文化的需求越来越高，利益诉求越来越多，城市管理的任务便也愈发艰巨。近些年，北京市委、市政府高度重视城市管理工作，从1998年起，先后召开了五次城市管理工作会议，围绕健全各级政府领导体系、理顺管理职责、规范工作程序、强化基层基础工作、加强社区建设等方面进行了一系列探索与尝试，并逐渐明确了街道的工作定位。2004年9月，第五次城市管理工作会议明确提出街道办事处的职责定位是：根据区政府的授权，统筹辖区发展，监督专业管理，组织公共服务，指导社区建设。

统筹辖区发展作为街道办事处的重要职责，意味着街道办事处要切实加强综合管理和对公共服务的组织工作，对地区性、社会性、群众性的工作“负总责”。具体来说，街道办事处应该组织、统筹、协调、配合、支持、监督职能部门行使行政权力，把职能部门的事情交由职能部门办理；应该善于从大量的社会事务中解脱出来，将一些服务性职能归还或交给市场和社会，由社会经济组织或中介组织去承担；应该以满足群众需求为出发点转变政府职能，整合辖区资源，切实解决政府行为与社会需要、群众需求脱节的问题，着力推进首都完整统一、分工合理、职责明确、运转协调、灵活有效的现代化社会管理和公共服务体系建设。

（二）统筹辖区发展的体制障碍

北京市明确提出要下放财权、事权，建立“条专块统”的管理机制，并向街道派驻劳动保障服务站、司法所、统计所等职能部门，接受街道的统一管理、调配和监督，从而强化街道的管理权能。但是由于这些职能部门专项编制工作人员的招录、考核、任免、调离等依然由上级职能部门负责，并且还要接受上级职能部门的业务指导，因此这种“双重领导”的体制极易造成街道事权错位，权责和利益分配不尽合理。

出现权责冲突的根源，还在于政府职能部门的“条”与街道工作的“块”存在强弱不均的情况，很多管理机制没有理顺。当前，人、财、物、事依然集中在有关职能部门，而具体的执行操作在街道，“条”与“块”之间缺乏明确、有效的协作机制，二者也往往各自为政，责任不清、边界不明。权责不清带来了主体利益的难以平衡，使得一些部门懒于政事或陷入本位主义，“有好处蜂拥而上，有累活你推我让”，梗阻现象频繁出现，这不仅导致社会治理能力和行政效率的低下，制约了街道在城市管理工作中积极性和主动性的发挥，更造成了“管得到的看不见，看得见的管不起”的尴尬局面，产生了城市管理的“真空”。

（三）西城区破除条块分割的实践探索

为进一步明确街道职责定位，理清街道与职能部门派驻机构的关系，完善考核监督机制，强化街道社会服务主体地位及公共服务职能，加强街道统筹能力，西城区于2012年出台了《关于进一步加强街道统筹辖区发展规范日常管理的指导意见》（以下简称《意见》）。

在街道与职能部门派驻机构的关系方面，《意见》指出，职能部门派驻街道的机构按照权责一致的原则实行属地管理，“职能部门负责派驻机构的人员编制和业务工作指导；街道负责对派驻机构的日常工作、队伍建设、纪检监察和人员考核任免进行统一管理、统一指挥、统一调配”。这就理顺了街道与区机关各职能部门的关系，明确了街道与区机关各职能部门的责权区划，有利于增强街道办事处综合协调和管理能力，充分发挥街道办事处在社会建设和管理中的主体作用。

此外，《意见》还明确提出建立街道对职能部门履职情况评价机制，形成区、街、社区社会服务管理综合考核评价体系。发挥好街道的监督作用，有利于引导、协调、监督政府职能部门做好管理工作，使管理与服务相结合，有效推动城市治理重心下移和事权下放，促进条块合理分工和规范城市治理框架，充分整合辖区资源，提高政府治理能力。

二　牛街街道实施监督评价机制，提升街道统筹能力

2012 年底，街道在认真分析驻街站队所的职能职责以及与街道工作的配合内容后，按照“主体不变、职能不变、联合运作、优势互补、工作联动、形成合力、方便群众、服务大局”的原则，充分发挥统筹协调驻街站队所的作用，结合地区实际，制定了《街道对职能部门派驻机构工作实绩的考核评价意见》（以下简称《意见》），反复征求相关单位及部门的意见，不断优化考核方式和内容，2013 年下半年《意见》正式发布并实施。考核评价机制的实施发挥了监督评价的激励、引导、统筹作用，确保牛街地区民族团结、社会稳定、经济发展、环境优美、平安和谐。

（一）制定《街道对职能部门派驻机构工作实绩的考核评价意见》

牛街街道以科学发展观为指导，以建设“稳定的社会环境、良好的治安环境、安全绿色的生产生活环境及优美的城市卫生环境”为目标，制定了《街道对职能部门派驻机构工作实绩的考核评价意

见》，界定了街道和区职能部门的职责“边界”，明确了职能部门应履行的职责范围和工作任务，制定了对区职能部门的考核评价标准，结合牛街实际，因地制宜创新探索，建立了对区职能部门的监督考核评价机制，加强了资源整合，提升了街道的统筹能力，发挥了监督的整体合力。《意见》在明确街道和区职能部门职责的同时，也理顺了二者之间的关系，突出二者总体协调的平等协作关系，街道要与职能部门在尊重理解中、沟通协调中、参与服务中实施组织监督。

（二）依托“两个平台”实施考核评价

牛街为积极响应西城区的“全响应”社会服务管理模式，建设了一套涵盖应急预案管理系统、响应系统、指挥系统、决策系统、网格管理、应急资源管理系统、图像监控系统的全响应指挥系统。通过信息化技术手段来实现全响应社会服务模式，建设全响应社会服务管理指挥中枢，街道建立全响应社会服务管理指挥中心，社区内建立全响应服务平台。此外，为防止矛盾纠纷激化、加强辖区内的矛盾纠纷排查调处、做好矛盾纠纷非诉讼调解等工作，牛街还成立了矛盾纠纷排查调处中心。牛街街道以这两个平台为依托对考核对象实施考核评价。

一是考核评价组织。街道工委、办事处主管监督评价，并成立街道监督评价领导小组，由工委主管副书记兼任监督评价小组组长，街道工委办、纪检监察、综治办、维稳办、信访办、司法所、民宗科、行政办、社会办、城管科、民政科、安全生产办、计生办、财政科等主管领导兼任小组副组长。监督评价的主管部门依托街道“全响应”指挥中心、矛盾纠纷排查调处中心这两个平台，对被评价单位工作完成情况和实绩进行监督评价。

二是评价对象。评价对象为牛街派出所、牛街城管监察分队、牛街工商所、宣房投三分公司、牛街房管所、牛街卫生监督站、（国）地税所、樱桃园公安交通大队、牛街社区卫生服务中心、牛街地区防火安全委员会、牛街地区交通安全委员会及牛街保洁队，实行目标责任制。街道监督评价领导小组负责统筹协调街道各职能部门开展工作，行使工作任务分流指派权、指挥调度权、检查督导权和“一票否决”的建议权。分管处级领导、科室负责人、社区负责人为主体评价人，分别对站队所综治维稳、社区建设、城市管理、服务区域发展等方面工作情况进行综合评价。

三是评价权重及评价主体。根据职能部门的工作情况，将评价内容分为“本职履行”和“街道评议”两部分，评价总分为100分，两部分权重分别为30%和70%。本职履行的评价主体为本单位和直管上级部门（见表1）。街道评议主要由地区专项、街道交办的工作和特色工作三个部分构成。地区专项40%，其中综治维稳10%，评价主体以综治办、维稳办、司法所、信访办、民宗科、工委办为主；社会建设10%，评价主体以社会办、计生办、民政科为主；城市管理10%，评价主体以城管科、安全生产办、行政办为主；服务区域发展10%，评价主体以行政办、财政科、工委办为主。特色工作10%，评价主体以评价小组的集体评议为主。街道交办的工作20%，评价主体以街道领导评议和具体交办科室评议为主。

表1　被评价单位需要完成的工作内容

工作内容	具体内容
职责履行情况	被评价单位职责履行情况即监管职责的落实情况、日常监管任务的完成情况。是否达到本单位上级部门下达的常量指标。队伍管理中，是否存在违法违纪的情况
	按照区、街部署，开展专项整治及大型社会活动、节假日、宗教节日的各项服务保障工作，排查安全风险隐患，解决辖区安全、环境及社会秩序等突出问题

续表

工作内容	具体内容
职责履行情况	依法办理辖区违法案件的情况。通过行政指导、批评教育、限期改正、行政处罚等手段对一般违法问题进行处理
	本单位年度工作计划、措施、工作目标、任务和责任等各项基础台账是否建立健全
	适时开展突发事件应急演练，提高预防和应对突发事件的能力。针对地区内发生的各类安全事故和突发事件的到位履职情况
	被评价单位之间、被评价单位与街工委办事处科室之间、被评价单位与地区各系统各部门各单位各社区之间的沟通、协作情况
	围绕地区内出现的各类敏感、热点问题及重大案（事）件、事故的信息报送情况
完成街道交办的工作	按通知要求参加街道相关工作会议和每月的例会及街道组织的各种联合执法活动
	对街道交办的工作，要做到事事有落实，件件有回音。监督评价接办情况：被评价单位接到街道转办或督办事项后，应立即登记造册，归入单位台账，上报单位主要领导，研究制定解决的方法、措施，组织力量开展工作。承办情况：根据分流任务的难易程度规定办理时限分为三天、一周、一个月。承办单位对在时限内完成的工作要及时予以回复，回复内容包括：案（事）件缘由、工作开展的情况、解决的方法措施、承办单位和主要负责人等。在规定时限内难以完成的，要在时限内上报工作情况，重点说明未完成原因和下一步工作意见。反馈情况：任务完成后，街道监督评价小组将对承办单位的承办事项，开展跟踪回访来信来访人或向有关部门和领导听取意见或建议。会办情况：被评价单位要准时参加街道召开的专题会商会议，研究解决各类疑难、棘手工作，不得无故缺席
	积极解决各级领导对牛街地区治安、环境、交通、卫生等方面提出的问题以及完成街道交办的临时性工作
特色工作	加强特色创新工作，以方便群众为准则，树立主动为居民服务的工作理念。要“零距离”服务百姓，要坚持“点、线、面”工作机制，即从“点”上入手，投入“线”上整治，做到整治常态化，最后开展“面”上宣传，营造良好氛围
	单位所做的工作赢得上级部门的好评，工作经验被采纳、推广

（三）建立多方评价机制，促进职责履行

街道运用科室负责人、社区居民、网格巡查员多方参与的评价机制，及时发现问题，适时解决问题，从而提升站队所的履职能力。

第一，形成“月上报，季评价，年考核”的工作模式。各科站队所每月上报职责履行情况和工作进度情况，每季度召开一次办公会议，并对本季度的工作情况进行全方位讲评，包括：职责履行情况、承办事项完成情况、对照街道综治目标管理责任书中的任务分解通报、信息上报情况等。并对各成员单位评价情况进行公示。年终评价结果以季度评价、居民评价、社区居委会评价结果为依据，其中季度评价占 80%，居民评价占 10%，社区居委会评价占 10%。

第二，突出社区居民监督作用。结合“访民情，听民意，解民难”工作，适时组织开展对被评价单位的民意调查或以进单位、学校、社区走访了解等方式，实时掌握被评价单位的工作状态，并通过居民代表大会、民意调查等形式，加强考核评价。

第三，调动地区网格巡查员的督办作用，强化地区五大（治安、交通、环境、市场、旅游）秩序的巡查巡检力度，行使发现和督办职能，将随时发现的各类问题通报相关单位并予以处置解决。针对地区内发生的重大案（事）件、事故，街道还将积极配合有关部门进行责任倒查，将结果与评价挂钩。

（四）采用等次考核方式进行考核评价

牛街街道坚持将季度评价与年度考核相结合，根据季度考核情况形成年度评价结果，并依据评价结果，分为“优秀”“良好”“合格”“不合格”四个等次（见表 2）。实行工作目标与奖励挂钩制度，对“优秀”“良好”等次予以通报表彰和相关奖励；对“不合格”等次予以通报批评。必要时街道行使建议权，直接向其上级单位通报情况，

提出建议，同时向区主管领导和相关部门汇报。进一步调动驻街科站队所工作的积极性，保证街道各项工作的高效运转。评价具体标准如下。

表2　牛街街道对职能部门派驻机构实施评价标准

考核项目		考核内容	分值	评分标准	得分	备注
1	本职履行	基础台账	10	本单位各类基础台账数据翔实，能为街道统筹管理提供数据支持，会议记录、计划、总结等资料齐全，并保管有序。基础台账数据不翔实的扣2分		
2		日常工作	10	认真履行本单位职责，即监管职责的落实情况、日常监管任务的完成情况。是否达到本单位上级部门下达的常量指标。主动检查行业管理中存在的问题并督促整改，做到常态管控有效。达不到本单位指标的扣5分，解决问题不及时、管控不到位的扣2分		
3		信息报送	10	加强信息报送，按要求及时报送各类执法方案、工作计划、工作总结等。对辖区内出现的各类敏感、热点问题及重大案（事）件、事故的信息要快速及时报送。如无正当理由，信息未报或报送不及时的扣2分		
4	街道评议	综治维稳	10	认真参加辖区开展各项专项整治及大型社会活动、节假日、宗教节日的服务保障工作，排查安全风险隐患，解决辖区安全、环境及社会秩序等突出问题。评价主体以综治办、维稳办、信访办、司法所、民宗科、工委办为主。服务保障工作不积极、解决问题不及时的，每出现一次扣2分		

续表

考核项目		考核内容	分值	评分标准	得分	备注
5	街道评议	社会建设	10	配合街道相关部门做好社会建设的各项工作。不配合工作的每次扣2分。评价主体以社会办、计生办、民政科为主		
6		城市管理	10	配合街道相关部门做好城市管理的各项工作，对辖区挂账的脏点乱点依据部门职责积极开展整治，效果明显。整治力度不大、效果不明显、管控不到位的酌情扣3～5分。评价主体以城管科、安全生产办、行政办为主		
7		服务区域发展	10	配合有关科室做好辖区区域经济发展工作。不配合工作的扣2分。评价主体以行政办、工委办、财政科为主		
8		特色工作	10	在完成本职工作的基础上，工作有无创新，工作经验是否得到上级部门采纳、推广。评价主体以评价小组的集体评议为主		
9		街道交办的工作	20	是否按通知要求参加街道相关工作会议和每月的例会及街道组织的各种联合执法活动，是否服从街道的统一调度、指挥，对街道交办的工作，是否做到事事有落实，件件有回音。有一次不服从的现象扣5分。评价主体以街道领导评议和具体交办科室评议为主		
10	综合得分	1. 评价结果分为“优秀”“良好”“合格”“不合格”四个等次。90～100分为“优秀”，80～89分为“良好”，70～79分为“合格”，69分及以下为“不合格”。对“优秀”“良好”予以通报表彰和奖励。对“不合格”予以通报批评。必要时，行使街道的建议权，直接向其上级通报情况，提出建议，同时向区主管领导和部门汇报。2. 扣分的项目按分值扣完为止。				

优秀：在完成本职工作的基础上，及时（按时限）完成街道和领导交办的事项，结办率达100%，群众满意度达90%，全年无投诉、无违法违纪问题。

良好：在完成本职工作的基础上，按时限完成街道和领导交办的事项，结办率达80%～90%，群众满意度达80%～90%，全年无投诉、无违法违纪问题。

合格：在完成本职工作的基础上，按时限完成街道和领导交办的事项，结办率达70%～80%，群众满意度达70%～80%，全年无投诉、无违法违纪问题。

不合格：在完成本职工作的基础上，未按时限完成街道和领导交办的事项，结办率低于70%，群众满意度低于70%，存在群众投诉和违法违纪问题。

此外，街道还要求各科室结合自身情况，细化科内评价办法、打分标准，对所评出的分数做到有数据支撑，使评价更加公平、公正，为双方建立一个融洽、合理、有效的沟通平台。同时，充分运用评价结果，消除评价中存在的薄弱环节，提高街道统筹协调工作的权威性。

（五）加强信息化运用，保证评价全面高效

利用多媒体资源和信息化的工作手段，结合街道“全响应”指挥平台，逐步实现网上工作的派发和信息反馈，提高工作效率。进一步创新站队所评价方法，加强外部评议，通过全面启动城市运行管理系统、社区事件处理系统、值守应急系统，将站队所处置、处理、接转、办理的情况与外部考评相结合，有针对性地听取事件上报方、转出方、督办方的意见，发挥各类监督员的作用，有效推进评价工作更好地运行。

三 建立考核评价机制显成效

（一）提升了工作效率

考核办法的实施，强化了街道对驻街站队所职责履行情况的日常监督和统筹协调，提升了工作合力。每月底根据对各科站队所职责履行情况和工作进度情况等数据的统计，分析研判辖区的总体情况，为领导决策提供客观依据。与此同时，利用街道“全响应”指挥调度平台，实现地区联动，特别是在宗教重大节日期间，实行会商机制，各站队所积极配合街道开展专项整治，并提供各项服务保障。

（二）提高了服务水平

考核办法的实施，有力地促进了驻街站队所对街道交办工作的高效完成，做到事事有落实，件件有回音。站队所接到街道转办或督办事项后，立即登记造册，归入台账，根据任务的难易程度，规定办理时限，组织相关力量开展工作。对于在时限内完成的工作，承办单位要及时回复；对于在规定时限内难以完成的，则在时限内上报工作情况，重点注明未完成原因及下一步工作意见。事后，街道监督评价小组还将对承办单位的承办事项，采取跟踪回访方式，反馈来信、来访人，听取有关部门和领导的意见、建议。截至 2014 年 9 月，街道共收集各类矛盾隐患 22 件，涉及站队所协调解决的 16 件，目前已全部办理完成。特别是在文明城区迎检期间，街道积极协调各站队所配合工作，召开部署协调会 2 次，一周内共向各站队所派发“联合执法转办单”34 张，各站队所均积极处理，及时反馈，形成畅通、高效的协同作战模式。

（三）促进了辖区发展

针对辖区社会管理中出现的重点难点问题，街道及时成立专题工作小组，召开会商会议，研究解决问题的突破口，落实防范责任，明确工作思路和时间表，确保社会管理重大问题得到有效治理，进一步推进平安牛街的建设，促进辖区整体发展。例如：针对输入胡同、牛街四条违章停车和交通拥堵现象，街道深入研判牛街地区交通形势，组织辖区交通安委会、樱桃园交通大队、派出所、城管分队、嘉诚物业及相关社区召开 2 次专题会商会，研究解决办法，制定方案措施；启动群众停车需求调研，在附近 4 个社区全面开展调查摸底，梳理供求关系；进一步完善区域交通标志标线，设定告知标识牌，严管路面交通秩序；取消输入胡同、牛街四条道路栏杆及专用车位，设置限时停车和夜间停车等分时段占用道路停车泊位，疏导了路面停车压力，促使各类违章停车现象有所好转。

四　从牛街经验看考核评价机制管理模式

（一）领导重视使考核评价事半功倍

考核评价可以调动职能部门工作人员的积极性和主动性，领导应重视考核评价机制，并以身作则，抓好考核评价管理体系。在制度实施的过程中，要提高干部对考核评价机制重要性的认识，结合实际，建立完善相应的配套措施，保障组织实施，形成长效的工作机制，并围绕工作中心、服务大局、推动发展的目标，最大限度地发挥考核评价机制的激励、引导和约束作用。将职能部门的整体工作任务逐级分解至个人，做到一级抓一级，促进层层抓落实，为考核工作提供强有力的组织和领导保证。

（二）科学设计是建立考核评价机制的前提

制定考核评价的指标是建立考核评价机制的关键，在实践中，考核标准的设立要结合实际，保证合理性和正确导向，要能够全面、客观地反映被评价对象的绩效，且具备可操作性。要避免考核主观性以及陷入把指标全部量化的误区，因为量化并不能针对所有的指标，只要能做到可验证、可操作就能达到考核目标。同时，为更好地体现公正、公平、公开的原则，起到正激励作用，考核要与提高干部的职业水平和管理能力相结合。此外，考核指标的制定，还要考虑是否有利于激发各职能部门的活力，是否有利于提升街道和职能部门的工作效率，是否有利于提升公共服务水平，考核要以强化街道统筹能力、提升城市治理能力、促进社会和谐发展为出发点，使工作有思路，行动有指针，考核有方向。

（三）考核评价机制是推进工作落实的有效方式

牛街街道开展各项工作的出发点和落脚点是工作落实。建立监督考核评价机制，实现街道对各职能部门的监督考核，首先要做到检查与考核相统一，考核与奖惩相结合，确保评价结果得到充分运用，形成一个完整的、系统的工作链条，做到考核有标准、监督有手段、评价有依据。进一步提升各级领导干部抓发展、促落实的主动性和积极性，形成抓落实的强大合力。

参考文献

牛街街道办事处：《从评价机制建设入手，推动专业管理统筹》，2015年1月11日。

牛街街道工委办公室：《牛街街道对职能部门派驻机构实施监督评价的意见》，2013 年 7 月 19 日。

《中共北京市西城区委北京市西城区人民政府关于进一步加强街道统筹辖区发展规范日常管理的指导意见》（京西发〔2012〕11 号），2012 年 5 月 21 日。

《关于进一步加强街道统筹辖区发展规范日常管理的指导意见》，西城党建网，http：//www. bjxchdj. gov. cn，2012 年 5 月 21 日。

蔡昕：《论新形势下街道办事处的职能定位——以济宁市市中区古槐街道办事处为例》，中国海洋大学，2012。

B.12
牛街：社区大党委构筑区域化大党建新格局

摘　要：　随着城市化的不断推进，社区在城市中的比重越来越大，其在城市治理格局中的地位也日益重要。社区作为一个自治组织，党组织在其中扮演着重要角色。因此，在城市化不断推进的过程中，社区党组织承载的任务与责任也日渐增多。随着辖区内单位组织和社区党员的数量不断增多，社区居民的需求日趋复杂化、多样化、个性化，单位制“小党建”已不适应新形势的要求，城市社区党建工作面临新的挑战。为加强社区服务型党组织建设，提升社区党组织的服务能力，牛街街道适应新时期的要求，积极探索建立社区大党委机制，构筑新型区域化大党建工作格局，密切社区各单位党组织之间的沟通与联系，为建设国际一流和谐宜居社区提供组织保障。

关键词：　大党委　基层党建　社区党建

一　建立社区大党委工作机制的现实背景

与传统的城市基层管理体制不适应变化了的社会一样，传统的垂直管理、条块分割的党建模式难以适应新时期的发展需求，严重制约了基层党建的发展，特别是在区域党组织结构日益复杂的社区，出现了社区与驻区单位的党组织各自独立的局面，主要表现在以下几个方面。

（一）党建工作协调沟通不够

随着经济社会的转型与发展，社区内的组织不断增多，组织类型日益多元化，社区党组织与驻区单位党组织重合度越来越高。但是在“条块分割”的党组织管理体制下，社区与社区单位在党组织关系上互不关联，而且没有有效的平台和约束制度，社区党组织缺乏对驻区单位党组织的主动管理依据与权力，使其在协调上力度欠缺、沟通上明显不足。有些单位置身社区之外，不愿参与社区共建，有些单位想为群众办事，却无正常渠道，社区党组织与辖区单位之间很难形成优势互补、合作共赢的格局。

（二）党建资源共享不足

社区作为自治组织，社区党组织在其中发挥着重要的领导作用，特别是在协调统筹资源、加强社区服务等方面起着重要的主导作用。实际工作中，社区党组织在发挥统筹协调作用的时候仍受到众多制约。一方面，由于缺乏相应的财政支持，社区党建服务的硬件设施不齐全的问题较为突出，制约了党建服务工作的有效开展；另一方面，社区与驻区单位对资源的认识不够深入，只注重有形资源的投入，而忽视对人才、技术等无形资源的统筹，无法充分利用社区资源，导致一些单位认为搞社区党建就是出钱、出物，认识不到资源共享的互动性和互惠性，影响社区共建的效果。另外，随着社会化程度的加深，社区服务资源需求不断扩大，而社区党组织服务资源不足，驻区单位服务资源对外开放程度不够，资源难以整合、优势难以互补，严重制约了社区整体服务能力的提升。

（三）在职党员作用发挥不易

辖区单位党组织和在职党员对区域性党建的意义和作用认识不足，缺乏对社区党建工作的支持，参与社区党建的积极性不高，社区党建工作横向协调力度不够，引导在职党员参与社区建设仍是社区党建面临的一个难题。由于缺乏有效的激励约束机制，一些人未到社区党组织登记报到，一些人即使登记在社区但也很少参与社区活动，社区共建的意识淡薄，党员作用难以发挥。

二　西城区在推进社区党建过程中面临的问题

西城区近年来积极推进区域化党建，将辖区单位党建资源纳入社区党建，建设社区“大党委”，取得了一定的效果，但也存在不少问题。为此，牛街街道工委以“社区大党委建设的有关研究与探索”为题，开展了调研。调研采用发放调查问卷和组织座谈讨论两种形式。共发放调查问卷120份，收回118份，邀请社区大党委书记、党委委员及席位制委员20人参与座谈。调研结果显示，社区“大党委”工作存在五个方面的问题。

（一）大党委在党员群众中的知晓率不高

问卷调查显示，在被访者中有24%的人只知社区党委委员而不知席位制委员，有50%的人不了解大党委的职能。这充分说明大党委成立后，对广大党员与居民群众的宣传工作并不到位，对大党委的职能定位、委员的情况介绍、作用的发挥、成果的展现宣传不够。

（二）领导核心作用职能发挥不明显

在本次调查问卷关于大党委职能的认知一题中，有85%的人认同大党委的协调整合职能，只有59%的人认为大党委具有决定社区建设与管理等重大事项的职能。在涉及社区重大资金的预算与使用、“七一”主题实践活动的制定、社区党建计划总结的研究等重大事项时，席位制委员的参与度并不高，而大党委例会中涉及的内容多为商议开展共建类活动、志愿类服务等，更多行使的是社区党建协调委员会的职能。

（三）席位制委员队伍不稳定

社区“大党委”的席位制委员主要来自与社区建设联系密切的单位的党员，如派出所、物业公司、辖区共建单位。他们是在辖区单位与社区双方沟通的基础上推荐而来，由工委任命，是基于其所属的工作岗位与职位所选任的。大党委委员与社区党组织换届同步产生，其届期也应至少为3年。但辖区单位干部人事变动或岗位调整远离社区，对社区新情况、新变化不了解，导致其无法有效地建言献策或正常地支持和参与社区工作，一定程度上影响了大党委正常履职和整体作用的发挥。目前，届期过半，法源寺社区、春风社区分别有2名席位制委员调离了原岗位，无法参与社区大党委的日常工作。

（四）在职党员作用发挥难

成立大党委后，一部分辖区单位参与到了社区建设的活动与服务中，但由于单位在职党员多数时间都是在工作岗位上，定期或长期参与社区的活动存在一定困难，所以应发动更多居住在社区的在职党员亮明身份，在工作之余参与社区工作。目前到社区报到的在职党员非常少，能够长期地延续性地参与活动的就更少了，所以对在职党员的服务、管理是个空白。

（五）社区大党委工作与活动缺乏专项经费

目前社区党员教育与活动的经费是按照组织关系在街道的党员数，以人均200元的标准进行核算下发的，辖区单位党组织的党员组织关系都在原单位，他们的活动经费都归属单位党组织。所以目前大党委组织活动以及单位党员参与社区活动，都需要社区党委统筹使用由上级拨付本社区的党建活动经费。在组织开展一些大型的长期的活动以及开发居民所需有一定发展前途的社区服务项目时，原有经费就比较有限。在南方一些省市比较多见的由共建单位和辖区个人捐赠的社会赞助资金或由提供有偿、低偿服务所产生的经费，在牛街街道也比较少。

三　牛街街道创新社区大党委工作机制的探索

2012年4月，结合社区党委换届选举工作，牛街街道10个社区全部成立了“大党委”，40名辖区单位党组织负责人作为“大党委”席位制委员，参与到了社区重大事项的决策与组织中，在一定程度上解决了以往党建工作协调难、资源优势互补难的问题。

（一）创新优化组织设置

牛街街道原有的社区党组织在设置、职能、管理机制等方面已经不适合社区的发展情况，需要探索符合实际的新模式和新机制，解决传统党建模式与社区新任务之间的矛盾。牛街街道从区域社区的实际情况出发，以资源共享、优势互补、共驻共建、加强服务为基本原则，对区域内社区党组织设置进行优化，发挥党组织作用，吸纳辖区单位党组织成员参与社区建设，实现党组织管理覆盖全社区的目标。街道以社区党组织换届选举为重要契机，加快落实社区

“大党委”制度，实现了社区“大党委”覆盖辖区内10个居委会、49家驻区单位党组织。街道通过社区推荐，工委任命，将40名优秀的驻区单位党组织负责人选入社区“大党委”班子，其中驻辖区机关、企事业单位22人，占55%；两新组织、物业公司、商务楼宇10人，占25%；社区民警8人，占20%。街道充分发挥社区“大党委”的政治优势和组织优势，促进了基层党建从传统的垂直管理模式向区域化整合的模式转变，实现了区域内党组织共驻共建共享的区域化社区党建新格局。

（二）确立社区党委领导核心地位

在设立社区大党委的基础上，牛街街道进一步明确了社区大党委职责定位，以社区大党委为社区工作的领导核心。在社区党组织领导下，街道与辖区机关、组织团体、企事业单位建立平等关系，以共同发展、共同需求、共同利益、共同目标为纽带，实现了辖区各单位党组织互相联系、互相沟通、经验共享、协调发展的区域化党建。以社区大党委为平台，牛街街道进一步深化党建服务群众工作，实现党建工作联做、社区资源联享、精神文明联创、服务难题联解、公益事业联办、生活环境联建的“六联”目标，细化了讨论决定社区重大事项、搭建社区工作服务平台、促进区域化党的建设、打造社区品牌特色的四项工作职能。同时街道制定大党委议事规则、议事决策、考核监督、党员作用发挥、党建协调、经费保障等多项工作机制，确保了社区大党委日常工作的正常运行。

（三）整合资源服务社会

随着社区大党委模式的建立和推广，牛街整合社区资源，促进了社区党组织与驻区单位的党建、社会、经济、文化、人才等资源的充分利用，以实现社区各类服务资源的高度共享，提升社区整体服务能力和水平。在社区大党委成立后，辖区各单位积极参与社区建设。例如：法源寺社区大党委席位制单位北京市煤气公司（市燃气集团）西城二所，带领党员干部到社区普及燃气安全知识，为楼房居民免费更换燃气软管，为平房居民检查液化气阀门。白广路社区大党委席位制单位总参三所将职工食堂一改往日只为在职员工服务的原则，面向退休居民开放，方便老年人就餐。牛街西里二区社区大党委席位制单位广安中学组织学生志愿者服务队定期到社区慰问和帮扶孤寡老人、空巢老人，同时社区也作为校外社会实践基地为学生回社区报到，参与志愿服务搭建了平台。牛街社区大党委制，有力地整合了资源，提高了为民服务的质量，推动了牛街社区党建工作的建设。

（四）实行双向互动服务

社区大党委制建立后，为满足社区党员、居民及驻区单位等社区成员相互之间的服务需求，街道实行双向服务，促进社区资源和社区服务共用共享，实现社区各类成员互利互惠。大党委机制增强了辖区单位参与社区决策、建设及活动的意识，党员作为机关、企事业单位及各类组织的骨干力量，更是通过各种形式的实际行为支持社区工作。例如：枫桦社区党委依托枫桦豪景楼宇工作站和联合党支部，组织楼宇企业员工、党员开展了“连心互助联盟学雷锋”志愿服务、楼宇青年志愿者十八大治安巡逻、“红心向党”楼宇七一红歌会、政治生日会等多项活动，使更多的员工参与到了社区建设工作中。南线阁社区党委与北京培智中心学校党支部建立共建关系近 7 年，双方共同开展志愿服务、青少年教育宣传等校社共建活动 30 余次。菜市口百货公司的党员、团员活跃在社区志愿服务的各类活动中，免费为辖区居民提供首饰清洗、修理常识咨询等服务。牛街社区大党委制充分发挥了社区党组织与驻区单位的资源优势，有效发挥了基层党组织的服务功能，以服务赢人心的方式，有效增强了驻区单位与党员的认同感与归属感。

（五）以网格为基础强化社区与党员的沟通

社区结合自身实际，进行区域划分，通过网格包片入户的方式，加强与辖内单位的沟通协调，积极开展上门走访活动；健全宣传交流平台，开辟大党委工作交流 QQ 群、短信平台等新媒体渠道，利用橱窗展示、会议传达、网络宣传等形式，引导广大党员、群众及辖区单位、员工树立区域党建工作理念。同时，在辖区单位中健全党建信息传递制度、社区党建和社区建设重大事项通报制度、在职党员双向动员制度，形成区域党建良性互动的工作机制，进一步引导基层党组织、党员与社区党组织形成密切联系，加快形成社区党建合力。

（六）健全社区大党委工作机制

严格落实《牛街街道社区大党委议事规则》《牛街街道社区大党委席位委员工作制度》，对社区大党委和班子成员的职责进行明确定位，做到每月至少召开一次社区党委会，每季度召开一次社区大党委会，树立民主集中制观念、集体决策观念、决策监督观念，注重把握“大事共议、实事共办、要事共决、急事共商”的议事原则，有效发挥党组织、社区、驻区单位、居民等多元主体在社区党建中的重要作用。处理好民主与集中、议事与决策的关系，找到社区党建工作、社区中心任务与涉及居民群众、驻区单位切身利益事项的结合点，对社区建设与管理、社区服务、社区文化、社区民主自治、精神文明建设和社会治安等方面的重大问题进行讨论决定，从而形成社区党委行使决策权、居委会行使执行权，社区单位和党组织、党员相互配合、共同参与的社区工作机制，把上级的政策部署转变为社区成员的自觉行动。

（七）建立大党委席位制委员资格动态退出和补选递增机制

鉴于大党委席位制委员变动频繁的现实情况，牛街街道实行委员资格动态退出和补选递增机制，即任期内若出现席位制委员因工作变动不能行使职能的情况，应自动卸免，可在届中进行一次委员增补，或由所在单位推荐符合条件的继任人员，或从社区其他辖区单位推荐相关人员。增补手续应参照选举产生程序。这样就解决了因干部调整、委员出缺导致的作用难发挥问题，保证了大党委统筹、决策、协调职能的履行。

（八）强化在职党员管理

社区对报到的在职党员进行基本情况登记和服务承诺记录，了解在职党员的基本情况、职业特点、个人专长、联系方式、服务意向、承诺事项等情况，建立在职党员档案，为推进“双岗双责、双重管理”创造条件。在实践中，社区积极探索在职党员双重管理的平台载体，挖掘社区党员设岗定责岗位，开发社区社会组织资源，以党员、青少年等为重点对象，大力培育各类志愿者队伍。针对在职党员，结合其自身专长与特点，充分发挥其在社区工作、居民服务等方面的作用，引导他们积极加入志愿者服务队，开展组团式服务，并将其参与社区建设和管理工作的表现情况向所在单位进行反馈，形成社区和单位对在职党员“双向联系、双向服务、双向反馈”的工作机制，在工作中加强对党员的教育管理，在服务中增强党员的服务意识。

（九）设立专项经费保障机制

社区“大党委”工作是推进区域化党建工作的有效载体。牛街街道引入“财政支持 + 党费使用”、采用费随事转、政策优惠、社会赞助等多元化的方式，加大社区“大党委”党建工作经费投入，保障社区基层党建工作更富实力。针对兼职的席位制委员，参照社区居委会不坐班委员的工作补贴标准，按季发放，同时建立以奖代补的激励机制，通过年终考核测评，对于支持参与社区工作积极、成效显著的席位制委员给予一定的资金奖励。

四 牛街街道实施社区“大党委”取得的成效

牛街党建工作在体制上突破了过去纵向控制的“单位党建”模式，形成了由社区党组织、单位党组织共同参与的多维度、全覆盖的区域化党建联合体，适应了新时期以“区域不变”应“单位万变”的党建工作发展形势。同时党建工作的统领，有效地增强了基层党组织的凝聚力和党员的归属感，实现了社区党建和社会管理双加强，为构建多元化的社会公共服务平台，为实现精细化的城市管理和扁平化的社会管理奠定了基础，是基层党组织区域化党建工作的有益探索。

（一）加强社区党组织建设，理顺了管理体制

社区党组织是党建工作的基础，其领导核心作用最终体现在对社区建设的领导和推动上，具体表现为对辖区内各类党组织和自治组织的领导力，对驻区单位和新型经济社会组织的协调力，对社区党员的组织发动力，对社区居民的凝聚力。社区大党委制全面覆盖了区域范围内的党组织管理，实现了传统党组织的垂直管理向区域化整合的模式转变，有效解决了过去管理体制不顺、条块分割的问题，充分发挥了社区“大党委”的组织优势，有效整合了辖区各类服务资源，动员各方力量，在横向上更好地发挥了总揽协调职能，统筹协调各方利

益关系；在纵向上加强了社区“大党委”领导的权威性，实现了社区内各驻区单位与各类型组织的有效整合，进一步完善了以社区党组织为领导的社区自治体系。

（二）推进社会治理创新，提升了基层服务水平

社区“大党委”打破了党组织原有的垂直管理格局，以改善民生、服务群众为落脚点，利用社会资源为社区提供文体活动场所，为居民普及法律知识、检查防火安全、就近医疗服务等，有效地解决了社区服务体系不健全、服务领域小、服务方式单一的问题，缓解了社区居民多元化的服务需求与社区资源短缺、服务能力不足之间的矛盾，从而使社区内的场地、资金等有形资源与技术信息、人才等无形资源得到有效整合，使社区工作机制实现了由封闭运行向共建共享转变，拓展了服务空间，优化了服务内容，提升了服务能力，形成社区与辖区单位计划共定、遇事共商、活动共搞、难题共解的局面，增强了社区党组织领导核心地位，充分调动了群众参与社区治理的积极性，形成了辖区单位党组织和社区内全体党员共同参与的区域化党建新格局。

（三）发挥党员带头作用，增强了各类组织和党员对社区的认同感和归属感

党员是城市基层党建工作的主体。在社区的直管党员中，90%都是离退休居民，他们年龄偏大，精力有限，使党员的日常教育及服务活动受限。社区中各类组织和在职党员的参与，为社区工作输入了年轻血液，实施社区内各类党员属地化管理，丰富了党组织教育活动的形式内容，进一步增强了党员的参与意识、奉献意识，使更多的党员受教育，群众得实惠。社区各类组织的资源优势和党员的先锋模范作用得到了充分发挥，增强了各类组织和党员对社区的认同感和归属

感，同时也赢得了驻区单位和居民群众的信任与支持，社区党组织的凝聚力和向心力得到明显增强。

（四）增强社区党组织横向沟通能力，巩固了党的执政基础

社区大党委制的建立，增强了社区党组织横向沟通能力，与辖区达到统一认识、协调一致、互相沟通，加强了基层党建工作，巩固了党的执政基础。随着我国现代化的发展，社会结构发生深刻的变化，利益格局被调整，城市社区日益成为各种利益关系和矛盾关系的聚集点，这就需要社区党组织解决各种社会问题，化解社会矛盾。牛街社区大党委的建立，实现了辖区内各个利益群体的有效沟通，团结和带领全体社区成员参与社区建设，提升了社会管理水平，确立了社区党组织的领导核心地位。

五　社区大党委模式的经验启示

（一）实施社区大党委要以优化社区党组织设置为基础

完善的基层党组织是开展党员教育管理、基层党建服务工作的重要前提。开展社区“大党委”工作，要以完善的基层组织机构设置为基础，结合社区实际情况及时调整健全社区党组织结构。要以社区党组织为核心，采取联建、共建等方式，加快在驻区单位成立党组织，实现基层党组织的全覆盖，为开展基层党建工作提供组织保障。

（二）实施社区大党委要了解辖区单位党组织需要，帮助解决辖区单位困难

在中国社会结构变化的新趋势下，社区党建工作内容也有了新的

变化，不仅要求纵向对上级党组织有责任和义务，还要求在横向上对辖区单位党组织有服务和关怀。牛街街道把双向服务的理念引入社区党建工作的经验证明，增强与辖区单位协调沟通，为辖区单位提供服务，对社区共建和巩固社区党组织地位尤为重要。社区党组织必须紧密联系辖区单位党组织，解决他们面临的困难，为他们提供实实在在的帮助和服务。除此之外街道还需要深入了解辖区单位党员及社区党员在工作和生活中遇到的困难，主动为党员排忧解难，在加强党员教育管理的同时，注重加强对党员的关怀，以此进一步增加党员力量。在服务辖区党组织、服务党员、服务群众中，进一步凝聚社区党建合力，促进社区区域化党建发展。

（三）实施社区大党委要立足整合资源，促进“共驻、共建、共享”

社区党建资源是丰富的、多元的，不能仅限于社区党组织所属的资源，它应该包括辖区内所有党组织的资源。因此，对社区党建资源要整合好，发挥其应有的作用。社区大党委机制建设是区域性的党建工作，社区单位党组织是社区党建工作的依靠力量。街道要从协调社区党建工作入手，加强与驻区单位党组织的沟通协调，促进资源的统筹协调，逐步建立社区党组织的综合协调机制。在此基础上，充分调动驻区单位与其他组织参与社区党建工作的积极性，建立社区党建的广泛参与机制。社区党员是社区党建工作的参与主体，只有引导好各类党员有组织地参与社区建设，才能不断增强党的凝聚力、影响力和渗透力，更大限度地引导居民群众参与到社区建设中来。此外，街道还要加强社区党组织对社区直管党员、流动党员和离退休党员的管理和培训，发挥好他们的作用，积极引导在职党员、离退休党员从单位走向社区，有组织地参与社区建设。

参考文献

牛街街道工委课题组：《社区大党委建设的探索与思考》，2014 年 12 月 29 日。

牛街街道工委组织部：《搭建区域党建平台助推党的建设与社会服务》，2014 年 12 月 29 日。

张桂华：《以载体创新推进基层党建创新（干部说干事）》，《人民日报》2014 年 2 月 11 日。

马树义：《社区党组织发挥领导核心作用的实践与思考》，百度文库，http：//wenku. baidu. com/link? url = 5kwjXOZO6VRxZy4vt HWJI3QraNSvhOW - duez4Eu1crQM1EApiNztihJ50APAEaiqVDTvBhl DY5YVFabgGPZpbUa2Lu81u93RgrSNooCqO3S，2009 年 5 月 7 日。

B.13

牛街以社区社会组织公益服务发展园区搭建社会组织发展平台的实践

摘　要：　随着我国经济的发展，人民群众生活水平的提高，社区社会组织已成为社会建设的一支重要力量，也是社区居民参与社会公共治理的一种有效载体。牛街街道抓住机遇积极培育发展社会组织，从满足居民需求出发，建立社区社会组织公益服务发展园区，为社会组织发展提供平台，推进管理体制改革，探索培育发展方式，着力提高社会组织的自身素质，促进社会组织的健康发展。本文总结了牛街街道在社会组织建设方面的成功经验，并指出其在市场机制、多元方式、激励机制等方面的经验，对社会组织建设有一定的借鉴意义。

关键词：　社会组织　公益服务　社会治理　社区服务

一　当前社会组织发育现状与问题

党的十八届三中全会提出“改进社会治理方式，激发社会组织活力”。社会组织已由党和政府联系人民群众的重要桥梁纽带发展成为建设中国特色社会主义事业的重要力量和巩固党的执政基础、扩大党的群众基础的重要组织渠道。近年来，随着政府职能的转变和社会建设的深入发展，政府的规模和职能正在逐渐变“小”，社会职能逐渐变“大”，同时，作为政府与百姓之间“第三部门”的社会组织逐渐承担起一些社会服务和公共管理职能，已经成为社会治理的一支重要力量登上历史舞台。特别是北京、上海、深圳等特大城市，社会组织发展迅速。

作为首都功能核心区，近年来西城区委、区政府高度重视社会组织发展，以民生服务为重点，通过政策支持、优化发展环境、重点扶持培育等措施的促进，各级各类社会组织得到迅速发展。截至 2014 年 12 月底，北京市西城区共有社会组织 3062 家，其中登记注册社会组织 642 家，在街道和社区备案的社区社会组织 2420 家。登记注册的社会组织中，民办非企业 501 家，社会团体 141 家，服务领域主要涉及科技研究、生态环境、文化教育、社会服务、卫生、体育、法律、工商业服务、宗教等，其中文化教育和社会服务类的社会组织最多，占 50% 左右；备案的社区社会组织主要服务领域集中在社区服务福利类、社区治安民调类、社区医疗计生类、社区文体科教类、社区环境物业类、社区共建发展类等，其中数量较多的是社区文体科教类和社区服务福利类，约占 66%。同时据不完全统计，驻地在西城区的国际组织有 22 个，中央级社会团体 402 个，市级社会团体 202 个。各类社会组织积极参与了区域经济发展、城市环境建设、社区文化建设、科技教育应用、扶老助残等服务，发挥了十分重要的作用，取得了一定的成效。

但是，与经济社会发展的形势相比，与社会治理创新的需要相比，我国社会组织的发展无论规模还是速度、数量还是质量都有相当大的差距，在发展中存在不少问题。

一是政策法规支持不够。社区组织的发展需要政府各方面的大力支持，只有政策资源的有力推动和社会组织法规体系的健全，才能为社会组织的发展创造良好的环境。尽管从中央到地方在社会组织登记、管理和培育方面已经颁布了许多政策，并发挥了一定的作用，但是社会组织的立法层次仍然较低，社会组织扶持政策体系仍需完善，才能满足社会组织发展的需要。目前，社会组织的法规和制度主要以程序性的规范为主，缺少实质性规范，且政策出台后在执行的过程中也是阻力重重，效果不明显，尤其是在税收优惠、财政资助、人事管理、社会保险等方面缺乏健全的政策规定，公众对社会组织的地位作用认识不足、社会组织可利用资源有限，导致社会组织发展面临着注册难、定位难、参与难、监管难、吸引人才资金难等问题。这急需政府给予相关的政策法规支持。

二是管理体制不健全。我国对社会组织仍然实行登记管理部门和业务主管部门双重负责的行政管理制度，这样的管理体制导致成立社会组织的门槛过高，许多社会需要的组织找不到业务主管单位而无法登记，致使很多社会组织无法“合法”地开展社会活动，影响了社会组织的设立和作用发挥。同时，双重负责的管理体制只注重社会组织成立登记环节的审批而轻视对社会组织活动的监管，从而产生了监督力量薄弱、监管力度缺乏的问题。此外，一些社会组织行政化倾向严重，社会组织与行政机关存在依附关系，管理和运行模式都类似于政府机构，形成了以事业单位为主体的公共服务提供方式，无法满足日益多元化的公共需求。

三是社会组织内部管理制度不健全。当前社会组织治理结构不完善，缺乏组织规章制度和民主机制；虽然制定了较为完善的规章制度，但是由于专职人员过少、资金不够、内部监管不到位等原因，这些制度无法实施；无论是从章程的制定、人事管理权、日常事务决策权，还是内部运行机制、激励机制、考核监督机制等方面，都带有明显的行政化倾向。这些问题阻碍了社会组织公益目标的实现与作用的发挥。

四是社会组织队伍建设需要加强。社会组织与公司企业、政府部门、事业单位等机构相比，缺乏社会关注度和认可度，导致社会组织的从业人员社会地位和薪资待遇不高，社会组织的人员编制、职称评定、养老保险、医疗保险等方面也缺乏完善的、相配套的法规与政策，很多优秀人才不愿意从事社会组织工作，或在社会组织工作中积累经验到其他企事业或者政府部门谋求更好的职业发展，导致社会组织人才队伍不稳定。此外，一些社会组织工作人员素质不高，未经过专业训练，缺乏相关的公共管理知识和宏观协调能力，导致我国社会组织从业人员较少，人才总量不足，高素质专业人员短缺，无法满足社会组织服务和社会管理的需求。这些问题需要政府基层在培育发展社会组织的实践中予以高度重视并创新解决的办法。

二　五项措施推动牛街社会组织发展

近年来，牛街街道工委办事处高度重视社会组织发展，积极完善政策，健全制度，加大工作力度，采取措施推动社会组织发展，取得明显成效。截至 2014 年，牛街街道社区社会组织 91 个，队员人数共计 4484 人（见表 1）。

表 1　牛街街道部分社会组织基本情况

序号	所属社区	组织类型	社区社会组织名称	队员人数(人)
1	牛街东里社区	社区文体科教类	北京市西城区牛街街道东里社区牛街男子篮球队	15
2	牛街东里社区	社区文体科教类	北京市西城区牛街街道东里社区牛街民族足球队	30
3	牛街东里社区	社区文体科教类	北京市西城区牛街街道东里社区信德乒乓青年会	40
4	牛街东里社区	社区文体科教类	北京市西城区牛街街道东里社区牛街民族之声合唱团	60

续表

序号	所属社区	组织类型	社区社会组织名称	队员人数(人)
5	牛街东里社区	社区文体科教类	北京市西城区牛街街道东里社区书画爱好者协会	20
6	牛街东里社区	社区文体科教类	北京市西城区牛街街道东里社区志愿服务队	7
7	牛街东里社区	社区文体科教类	北京市西城区牛街街道东里社区毽球花毽队	20
9	牛街东里社区	社区服务福利类	北京市西城区牛街街道牛街东里社区夕阳红接送队	10
10	牛街东里社区	社区服务福利类	北京市西城区牛街街道东里社区回民医院社区护理志愿者团队	60
11	牛街东里社区	社区服务福利类	北京市西城区牛街街道东里社区“牛街街道社区助老便民服务队”	370
12	牛街东里社区	社区服务福利类	北京西城区牛街街道牛街东里社区穆桥情缘志愿者协会	20
13	菜园北里社区	社区服务福利类	北京市西城区牛街街道菜园北里社区残疾人协会	40
14	菜园北里社区	社区服务福利类	北京市西城区牛街街道菜园北里社区老年协会	150
15	菜园北里社区	社区治安民调类	北京市西城区牛街街道菜园北里社区治安值班巡逻队	140
16	西里一区社区	社区服务福利类	北京市西城区牛街街道西里一区社区老年饭桌	16
17	西里一区社区	社区服务福利类	北京市西城区牛街街道西里一区社区老年协会	5
18	西里二区社区	社区治安民调类	北京市西城区牛街街道西里二区社区治安志愿者巡逻队	107
19	钢院社区	社区治安民调类	北京市西城区牛街街道钢院社区人民调解委员会	9

（一）建立社区社会组织公益服务发展园区，为社会组织发展提供平台

培育发展社区社会组织是“全响应”工作的重要内容，为促进社会组织发展，引导社会组织为地区百姓开展多元化公益服务，牛街建立了街道社区社会组织公益服务发展园区，建立了以公共服务协会为枢纽龙头，服务发展园区为实体平台，社区居委会、服务站积极配合，社区社会组织带头人参与的组织管理体系，将街、居两级有效衔接。在社会组织建设过程中，街道充分发挥枢纽型社会组织的作用，建立起以协会章程为核心，由会长牵头、理事会决议、监事会监督的议事模式，使街道在社区社会组织发展培育工作上形成有效合力。街道社区社会组织公益服务发展园区坚持居民自我教育、自我管理的建园宗旨，积极扩大居民参与，鼓励社区居民参与社区建设；在硬件方面依托社区服务中心设施资源，提供包括组织办公、能力建设、沟通洽谈、互动体验、信息中转、智慧加油在内的6大服务功能，为地区的社区社会组织及组织带头人提供一个具有政策鼓励、资源共享、服务完善、舆论推崇等功能的成长平台。社区公益服务发展园区成立两年多以来，一直注重组织带头人和骨干力量的培养，同时引进优秀组织带头人进入精品队伍中来，发挥他们的带头作用。特别是在能力建设方面，坚持通过各种方式，努力提高社区社会组织能力和水平，促进社区社会组织健康、规范、可持续发展。同时，街道积极开展文体类组织的业务培训，先后共组织了40场培训，培育骨干力量1052人次。课程有“舞蹈大讲堂进社区”、“全国第二套健身腰鼓”培训、第二套“北京新秧歌”培训、芽苗菜种植等。骨干力量培训的效果也在第二届牛街街道“民族团结杯”健身操舞大赛中得到了展示。街道以居家养老服务为平台组织便民服务队、助老公益志愿者队，启动社区“阳光健身一刻

钟”全民健身项目推广老年人健身操，这一活动得到了西城区老卫协的大力支持。

（二）完善制度建设，为社区社会组织发展提供有力保障

作为政府购买项目的承接单位，公共服务协会制定了一系列承接项目办法。在有效的项目制运行模式下，协会通过政府购买项目、能力建设培训等途径，引导公益型社区社会组织参与到社区服务当中。协会以公益服务发展园区为依托制定了《牛街街道精品社区社会组织规范化管理指引》。在《指引》的引导下，街道成功地打造了牛街民族之韵舞蹈队、牛街民族之声合唱团、牛街民族之音京剧团。协会举办的“践行北京精神迎新春书画笔会”活动、红五月送文化系列活动、“迎七一牛街街道京剧票友联谊会”、“牛街的歌声——迎接十八大演唱会”、第二届牛街街道“民族团结杯”健身操舞大赛等活动都获得群众的广泛欢迎，项目参与人数达到1000余人。在队伍精品化的同时，将服务项目精品化，不断创新全面感知、快速传达、积极响应的社会服务管理模式，更好地推动社区社会组织健康发展。

结合牛街地区实际，公共服务协会坚持认真完成一年两次的备案复核工作。牛街街道相继制定了《牛街街道精品社区社会组织规范化管理指引》《牛街街道社会组织项目承接工作办法》《牛街街道社区社会组织项目奖励资金使用办法》等一系列推进社区社会组织可持续发展的制度，编制了《牛街街道社会组织文件汇编》，为牛街社区社会组织的成长、发展提供了良性的运行机制。

（三）提供资金支持，促进社区社会组织全面发展

近年来，政府不断加大对社区社会组织的扶持力度，从资金、场地、能力等方面多管齐下，效果显著。街道投入社会组织建设资金46.7万元；为各社区社会组织新增室内活动场所3处，共计363平

方米；新增和改建室外场地4处，共计920平方米。同时街道枢纽型社会组织申请市、区资金29万元，用于开展社会建设服务项目，组织开展了各类培训、演出近百场，培育骨干力量2100余人次，促进了社区社会组织的全面发展。牛街街道采取以奖代补的资金扶持方式激发组织自我发展，在引导组织开展公益服务的同时，给予队伍一定的发展空间。同时，街道完善资金使用监督机制，使资金使用透明化、公平化，实现组织在良性循环中可持续发展。

（四）探索多渠道、抓重点的培育发展方式

在社区社会组织公益服务发展园区建成后的实际工作中，牛街街道从指导组织的单一行政化培育方式逐步转向引导组织自主发展的多元化培育方式。牛街街道培育社会组织的方式分为七大类。

第一类是转型类。这些组织绝大多数都是文体类组织，是社区文化阵地的主力军，但由于组织的最初形成是以兴趣相同为前提，存在互惠性和排他性，不利于组织可持续发展。在转型的过程中牛街不断引导组织带头人摒弃队伍原有的管理松散、队长一言堂的作风，帮助队伍重新建立有效的组织架构、建立常态化的议事模式，成为一支能自我管理、自我发展、自我成长、全员参与的规范化社区社会组织。

第二类是项目培育类。这类组织是由特定时期承接政府服务项目而产生的，培育这类组织的重点是带头人的选拔，因为带头人的定位决定了组织的发展方向。

第三类是传统队伍“师徒式”发展类。这类组织具有很强的地域文化，是牛街的特色队伍。他们历史悠久，技艺是以传统的师徒传授方式进行传承发扬，在新的历史条件下，发展这类组织就要求牛街街道既要保持传统文化的原汁原味，又要吸纳组织队伍成为社会建设中的一员，为地区百姓服务。在这个过程中，牛街着重加强对带头人的引导，通过约谈的方式，了解组织现状及困难，有针对性地进行扶

持。牛街掷子队、牛街白猿通背队作为已申请非遗的体育项目，有着浓郁的文化价值，牛街在扶持的过程中，一方面引导队伍更多地为地区百姓服务，另一方面通过各类活动展示、媒体宣传等方式，使传统文化得到更好的传承发扬。

第四类是吸纳地区企业、单位、社团参与类。充分发挥企业、社团的专业性及资源优势，着重将居民需求和服务对接，开展便民利民服务项目，通过政府购买公共服务的方式给予组织发展空间。例如“天使伴夕阳”志愿服务队是回民医院的一支专业志愿者队伍，从2009年起开展居家护理项目，受益老人达60余人。

第五类是社区自主培育类。此类组织具有一定的社区特性，居委会需要在街道的指导下，帮助组织进行带头人选拔、规范队伍建设、申请政府项目资金并监督组织使用。例如东里社区的“穆桥情缘”志愿者协会，是为解决回族青年交友难的问题而成立，协会每月定期开展青年联谊活动，登记会员300余人。西里一区在民需调查中获知小学生放学后在家中无人看管的问题，社区居委会通过不断寻找解决的办法，最终引导社区退休老教师等志愿者牵头组建了学生托管班，联系场地，由社区中有教育经验的志愿者负责统一看管，并统一配餐，达到提高学生安全程度、降低家长服务成本的目的。

第六类是社区社会组织创新类。2013年成立了牛街街道社区工作者协会，主要以开展各项文体活动、开发各种社区服务，扩大社区工作者参与街道事务范围，培养和发现社区工作者“带头人”，实现“自我服务、自我教育、自我管理”为目标。社工协的成立也是街道在服务管理创新方面培养和锻炼社区工作者的新渠道。

第七类是品牌队伍整合类。结合牛街地区文化资源丰富这一优势，2012年底，公共服务协会将牛街民族之韵舞蹈队、牛街民族之声合唱团、牛街民族之音京剧团进行整合，组建了牛街民族艺术团。

通过发展综合性文化团体，使辖区文化资源更大限度地发挥文化引领作用，更有效地承接组织地区品牌文化活动。

（五）促进社区社会组织队伍建设

公共服务协会在培育品牌文体类社区社会组织过程中，根据现有队伍情况，以“三步走”的模式进行培育。

一是原有队伍转型。街道成功转型了牛街民族之韵舞蹈队、牛街民族之音京剧团、牛街摔跤队。在转型过程中街道摒弃队伍松散、一言堂的作风，引导队伍重新建立有效的组织架构、建立常态化议事模式，形成自我管理、自我发展、自我成长、全员参与的良好局面。

二是根据需求，发展有群众基础的品牌组织。街道相继成立了牛街民族之声合唱团、牛街武术队。在培育过程中，将工作做细，流程管细，以精益求精为原则树立牛街地区的文体类品牌组织。

三是将牛街地区的文艺、体育队伍进行整合，组建一支民族艺术团、一个体育俱乐部，以精品文化带动大众文化。街道在队伍整合的同时，也将具备一定管理能力、在艺术上有一定造诣，并热衷于群众文化活动的组织带头人进行了整合，提高了社区社会组织的管理水平和艺术水平。艺术团于2013年11月召开艺术团成立大会，并于春节前举办艺术团成立专场汇报演出。在筹建民族体育俱乐部的过程中，协会与摔跤队、武术队、白猿通背队、掷子队的带头人多次座谈，将回民小学“新月青少年体育俱乐部”及“申同体育健身俱乐部”纳入协会。

牛街街道在培育发展社会组织的过程中除了采取上述措施外，还针对社区服务空白，鼓励各社区自主开发创新型便民服务项目，以项目促公益组织发展，努力开发出一批符合实际、特色鲜明、质量较高、品牌响亮的公益型社区社会组织。

三　牛街培育发展社会组织的主要成效

（一）承接社会公共服务职能，创新了社区服务机制

随着管理体制改革的推进，由政府承担的部分社会公共服务职能逐步向社会转移，这就需要社会组织力量来承接任务。牛街街道建立了社区社会组织公益服务发展园区，完善相关制度建设，积极引导各类社会组织参与基层公共安全管理服务。社会组织承接社会公共服务职能，与政府部门分工合作，创新了社区服务机制，弥补了政府和市场的不足，有效融合行政机制和市场机制。社区社会组织的体制灵活，有利于开展多元化的公益服务，充分满足了社区居民多样化、个性化的需求，有力地推动了社区服务的发展。

（二）引导居民参与社区管理，促进了社区民主自治

社区民间组织是社区居民根据自身的利益和需求建立的，他们与社区居民之间的联系更加紧密，成为与居民沟通听取民意、调节居民之间纠纷的平台，拓宽了民意表达、民主协商和维护居民权益的渠道。同时，社会组织作为吸引居民参与社区自治的载体，具有一定的凝聚力、公信力和认可度，为居民自治提供了一种新的组织形式，提高了居民参与社区事务管理的积极性和民主议事的水平。

（三）丰富社区文化娱乐生活，增强了社区居民的归属感

牛街街道成立的民族之韵舞蹈队、牛街民族之音京剧团、牛街摔跤队、牛街民族之声合唱团、牛街武术队、民族艺术团、体育俱乐部，以精品文化带动大众文化；街道举办的“舞蹈大讲堂进社区”、“全国第二套健身腰鼓”培训、第二套“北京新秧歌”培训、芽苗菜

种植等活动，丰富了牛街社会文化娱乐生活，增强了居民公益意识，促进了居民之间的沟通交流，融洽了人际关系，提升了社区的文明程度，营造了和谐健康的社区生活氛围，增强了居民的归属感。

（四）发挥社会组织服务职能，促进了社区和谐稳定

牛街街道成立了天使伴夕阳志愿服务队、学生托管班、东里社区“穆桥情缘”志愿者协会、牛街街道法源寺社区便民服务社、治安巡逻队、残疾人协会、老龄协会、回民医院社区护理志愿者团队等社会组织，在养老服务、便民服务、社会安全、残疾人帮扶服务等方面满足了社区居民的需求，充分发挥了社会组织的基层社会公共服务职能，维护了社区的和谐稳定，推进了和谐宜居社区建设的进程。

在牛街社会组织快速发展的同时，也存在一些新的问题。

第一，社区社会组织的发展结构不均衡。牛街地区备案组织中，共计 52 支文化科教类社区社会组织，占备案组织的 61%，一方面说明文体活动是社区社会组织最初发展的一片沃土，可有效地凝聚社区居民；另一方面社区缺少公益服务类型的组织，导致社会组织发展结构的不均衡，不利于解决当前我国凸显的社会矛盾和社会问题，不利于和谐社区的构建。

第二，社区社会组织制度建设不完善。缺少吸引社区社会组织积极主动参与和谐社区建设的相应机制和鼓励扶持社区社会组织参与和谐社区建设的制度及渠道，导致社区社会组织主体不能积极主动参与和谐社区建设，影响了社区社会组织的建立、生存和发展以及社会化组织自治功能和其他社会功能的实现。

第三，社区社会组织工作人员缺乏。随着政府职能的转变，行政性、事务性工作占用了社区大量的人力资源。由居委会主任担任服务站站长，设立专职副站长主持日常工作，完善社区“党、居、站”三方联席会议制度的初衷，是为了增加各方的工作联系。但是社区服

务站和居委会职责分界不清晰，人员混用现象十分严重。居委会承担较多的行政职责，陷入繁杂的事务和复杂的矛盾之中，难以抽出时间和精力开展社区民主自治活动。

这些问题绝大部分是由体制性、制度性的矛盾所致，属于发展性的问题。随着国家社会组织发展政策体系的逐步完善，社会组织发展环境将逐步优化，社会活力将进一步激发，城市社区社会组织的发育将更加成熟。

四　牛街街道培育社区社会组织的几点启示

牛街街道结合地区自身特点，坚持以人为本，培育和发展了社会组织，满足了社区居民需求。从牛街街道实施的措施和取得的显著成效中可以看出在社会组织培育发展过程中要不断优化社区社会组织的结构和布局，拓展公共服务能力，满足居民多样化的服务需求。坚持以精细化管理、精品化打造的方式培育社区社会组织，增强社会组织社会参与活力，提高社会认知度，加大优秀社区社会组织和品牌服务项目的宣传，提高居民对社区社会组织的认知感和满意度，营造培育发展社区社会组织的良好氛围。牛街街道积极探索发展社会组织新方式，形成了诸多有益经验。

（一）培育社区社会组织要善于借助市场机制提高其质量

政府相关部门要指导和监督社会组织的工作，使其活动纳入政府管理轨道。不直接干预社会组织的自主运行，但要适当引入优胜劣汰机制，让市场竞争来帮助社会组织提高服务质量；通过招标和签署合同或协议的形式承接服务项目，收费标准低于市场价格；对承担劳保、治安、环卫等亏损性服务项目的社会组织，由政府给予全额或差额财政补贴。工作人员属于职业社工队伍，收入上按劳分配，工资奖金参考劳务市场执行，收入盈余不得内部分红，主要用于社会组织的滚动发展，社会组织可以接受企业和其他社会团体的赞助。

（二）培育社区社会组织要重视采取多元方式发挥其能力

对于不同的社区社会组织，要采取不同的培育方式，多元化的培育有利于各类社区社会组织均衡发展。组织带头人的选拔和培养是社区社会组织培育过程中最重要的环节，也是决定组织可否持续发展的重要因素，因此，必须要注重组织带头人的培养。此外，社区社会组织是以满足居民需求而产生的，以项目运作而发展的，项目是社区社会组织发展的重要载体。

（三）培育社区社会组织要注重创新激励机制激发其活力

以奖代补的资金扶持方式可激发组织自我发展，在引导队伍的同时，给予队伍一定的发展空间，政府应从市、区、街三级分别设立社会组织项目扶持基金，以保证项目可以顺利开展，同时完善资金使用监督机制，使资金使用透明化、公平化，使组织在良性循环中可持续发展。

参考文献

牛街街道办事处：《着力推动政府职能转变，积极培育发展社会组织》，2013 年 4 月 16 日。

牛街街道社会办：《牛街街道关于社工队伍建设和社区民主自治的调研》，2013 年 12 月 10 日。

严振书：《现阶段中国社会组织发展面临的机遇、挑战及促进思路》，《北京社会科学》2010 年第 1 期。

B.14

牛街：建立社区工作者协会创新社工自治模式

摘　要： 随着城市全面深化改革的推进，城市管理重心逐渐下移，社区在城市管理中承担着越来越多的任务，社区工作者的作用也逐渐凸显出来。牛街街道为了实现社区的社会服务管理职能，推进社会主义和谐社会建设，建立了牛街街道青年社区工作者协会，以实现社区工作者队伍的“自我服务、自我教育、自我管理”，扩大青年社工直接参与街道社会管理的范围，充分发挥青年社工植根于社区、年轻、高素质的优势，引导青年社工积极为社区工作建设做贡献。

关键词： 社区工作者　社工队伍建设　社工协会　社会服务

一　当前提升社区工作者建设水平面临的三大阻碍

社区工作者既是社区服务的直接提供者，也是社区建设的直接参与者，他们借助社会力量，利用社区资源，依靠社会工作的专业知识和方法，帮助个人、家庭、群体，化解矛盾纠纷，提供社会服务，并协助政府工作，整合社会资源，提高社会管理服务水平，推动社区自治发展。目前，随着居民与社区的联系越来越紧密，居民对社区服务需求越来越多、要求越来越高，对社区工作者队伍的专业化素质有了更高的要求。但是，仍存在着社区工作者专业化程度不够、人才短缺、薪资待遇不高、缺少培训等问题，这影响了社区服务体系的持续发展。

一是社区工作者的专业化程度不高。专业社区工作强调的是“以人为本”“以服务对象为本”，专业社区工作者能针对最需要帮助的人，提供最专业的服务，提高社区服务质量，并能发挥好其在政府与社会之间的桥梁作用，充分调动各类社会资源，宣传相关政策，满足居民需求，为弱势群体提供服务，促进整个社会和谐发展。然而，目前在我国社区服务者队伍中，有一定数量的老党员、积极分子等，他们往往没有社会工作专业的教育背景，也没有接受过专业的、系统的培训，专业化程度不高，缺乏一定的稳定性，在实际工作中难以提供个性化、多样化、系统化的服务，只是凭经验来处理，缺乏专业系统的工作理论指导。此外，社区居民对社区工作者缺少认同感，社区志愿者的社会地位较低，导致社会工作专业的毕业生进入社区工作的积极性不高，流动性较大。因此，专业化程度不高严重制约社区工作者作用的有效发挥。

二是社区工作者待遇低，上升空间有限。随着社会的转型和经济的发展，社区工作者队伍建设的推进，社区工作者已不再是过去的居委会模式，而应是高学历、技术型、管理型的专业人员或大学生以此谋生的一种职业。然而，许多应聘社区工作者的高校学生却因为薪酬过低而另谋高就，这直接影响着社区工作者队伍的稳固程度。尽管社区工作者的待遇有所提高，但与政府机关的公务员、事业单位工作人员相比，仍有很大差距，导致社区工作很难作为一个终生事业。另外，社区工作者的职业上升空间也非常有限，一些工作人员通过教育或者专业培训，取得相关执业资格证后，仅仅是提高几百元的工资待遇，没有相应的晋升机制。因此，社工的收入低，职业上升空间有限，没有社会保障，已成为社工事业发展的障碍。

三是社区工作者整体素质有待提高。为民服务精神、较强的社会责任感是社会工作者应具备的基本道德素养，然而，一些社区工作者并未把社区工作作为一项长期稳定可发展的职业，因此，缺乏创新精神和社会责任感，积极性、主动性也不高，这导致难以满足服务对象的需要，无法提供高质量的社区服务；在很大程度上也阻碍了社区工作者队伍综合素质的提高，使社区建设和社区党建工作的深化和拓展受到制约，社区工作的创新能力和发展能力受到削弱。社区工作者应具备以下素质：一是应具备为民服务的精神。这对社区工作者来说是最重要的，态度决定工作方式。社区工作者只有认清自身的价值，给自己定好位，放正心态，明白社区工作就是为民服务，并理解社区工作者存在的意义和价值，才能全身心地投入到工作中去，为居民提供高质量服务。二是较强的沟通能力和心理素质。随着社区工作职能的加重，对社区工作者的语言、文字表达能力提出了更高的要求。社区工作需要跟居民多沟通，了解他们的需要，同时，也需要向居民解释很多的问题，所以社区工作者应具备较强的语言表达能力和沟通能力。此外，社区居民来自各行各业，素质高低也不尽相同，难免会遇到一些困难和麻烦，这就需要社区工作者具备较强的自我心理调节能力和承受能力。

以上三大阻碍在牛街社区工作者中也不同程度地存在。

第一，职业条件与现行体制不匹配。一是政策不配套。为了提高社工职业化、专业化素质，2000 年北京市首次公开招聘社工，按照政府事业编科级干部的条件招聘社区党委书记、社区居委会主任及工作站站长。由于政策不配套，到目前为止当时的政策也没有兑现，严重损害了社区工作者的工作热情。二是体制不衔接。目前，实行的招聘渠道仍是自上而下政府统一组织招考，但社区居委会（党委）组织体制结构，需要进行民主选举，二者不匹配，严重阻碍了社工职业化发展的进程。三是业务不固定。社工岗位混杂，有从事党委工作的、从事居委会工作的，还有从事服务站工作的，工作标准、岗位要求不便于统一，不利于工作考核和人员管理。

第二，职业条件与现有工资待遇不对等。目前，社工这一职业逐渐被社会认可，社会地位日益提高，吸引了大批年轻人和大学生。但是，进入门槛后，他们对现有工资水平、福利待遇与工作岗位要求不满意，特别是生活在北京，在现有物价指数情况下，不能满足生活支出，许多人又选择了跳槽，造成了人员流失，不利于职业发展。今后，社区工作者队伍的建设应该从建立合理的工资福利政策入手，实行类似职称管理，与工资挂钩，激励社工多学习专业知识和理论，考取不同的职业资格证，建立职业化的工资增长机制，有利于稳定队伍。

第三，职业条件与发展方向不明确。目前，国家非常重视社工队伍建设，已提高到人才培养的高度给予关注。为此，应该尽快制定相关政策，赋予更多的行动，落实好党和国家的大略方针。对于优秀社工，可建立人才库，加大培养和使用的力度。从优秀社工中，每年有比例地选拔一些人员，充实到基层政府部门或从事社会事业工作，让这些有实践经验的一线人员，从事相关的管理工作，一定有利于社会事业的发展，同时，也能激励个人的成长，带动整个群体，让社区工作者看到希望和出路，有利于提高社工的社会地位和社会价值。

二　“自我服务、自我教育、自我管理”的社区工作者协会

随着社区建设的不断加强，居民需求更加多样化、更加具体化，原有社区工作者队伍建设已经不能满足各方面需要。为了顺应时代的变化，在积极优化社工职业化、专业化发展的政策环境和社会环境的

同时，牛街街道积极推动社工组建“自我服务、自我教育、自我管理”的青年社区工作者协会，为社工搭建成长锻炼的平台。以协会为平台，投放支持、鼓励政策，鼓励社工通过自治提升业务素质和专业化水平。

（一）协会的发起与成立

在牛街街道工委、办事处的大力倡导和支持下，2013 年 10 月 23 日，牛街街道召开了社区工作者协会成立大会。大会通过了《牛街街道社区工作者协会章程》《社区工作者协会内部制度》等相关文件，推选出了牛街青年社区工作者协会理事会成员，标志着协会的成立。

1. 协会的发起

牛街青年社工协会是在街道工委、办事处的主导下发起成立的。发起阶段主要做了以下几项工作：第一，调查牛街社工基本情况。牛街社工队伍中 35 岁以下青年社工人数为 51 人，占全体社工总数的 38.3%，新录用社工 33 人，社会工作体现着年轻化的优势。社会办详细了解了社区工作者的主要工作、成员构成、人员、管理、经费、影响等，并进行逐一统计分析，在调查清楚牛街社工的基本情况的基础上，建立了社工基本档案，把握了基准数据。第二，起草协会章程，让青年社工协会逐步走向正规化。第三，做好青年社工登记工作。在切实调查清楚社区服务的青年社工总体情况的基础上，广泛开展青年社工登记工作，推动青年社工协会扩大联系和服务范围，使社工协会与社区保持经常性的联系。第四，建立与青年社工协会经常性联系。主动吸引符合条件的青年社工，组织建立青年社工协会等平台，充分利用青年普遍喜好、广泛使用的博客、开心网、QQ 群等新媒体，把社区的青年社工凝聚在周围，特别是与青年社工协会的主要负责人和骨干成员建立稳定的联系。第五，规定了竞聘协会副会长及组长的条件，积极引导符合条件的成员参与竞聘上岗，努力为社工协会服务。

2. 协会的成立

首先，在青年社工协会成立大会上进行竞聘，选出社工协会副会长及组长，成立协会大会和理事会。其次，召开第一次会员大会，在大会上制定社工协会章程、社工协会的制度等。最后，由协会会长（社会办领导）向全体社工介绍社工协会的作用及意义。街道社会办对联系、服务、引导、成立青年社工协会工作开展情况、成效和经验进行总结，对社工协会形成考核评比制度，年终青年社工协会对协会小组进行考核、验收，促进协会工作的开展并开展评选社工协会先进理事、会员的评比活动。

3. 协会的运行

社工协会成立后，社会办协调现有系统资源，给予社工协会必要的支持和帮助。第一，根据青年社工协会不同需求，在活动基地、组织外出、社工人员慰问等项目、经费方面提供大力支持，把表现突出的青年社工协会组织人员纳入社会办系统的评优表彰活动；第二，积极推荐青年社工协会承接政府、社会事务，努力为青年社工协会及其成员提供必要的帮助和服务，充分发挥社会办在引导社工协会需求服务中的积极作用；第三，自行开展活动，切实能够实现“自我服务、自我教育、自我管理”，扩大青年社工直接参与街道社会管理的范围。

（二）协会的组织架构

牛街青年社工协会是牛街街道社区工作者自愿联合发起成立的社会组织，是经牛街街道社区服务中心登记管理机关备案的非营利性社会团体法人。协会由街道社会办统一领导，通过承担街道部分日常工作、开展各项文体活动、开发各种社区服务，来扩大社区工作者参与街道事务范围，增进社区工作者参与社区建设的自觉性、自主性，增强社区工作者服务社区、奉献社区的责任感和使命感，进一步推进社区建设和社区工作者队伍建设，实现社区工作者“自我服务、自我教育、自我管理”。其组织架构包括：

1. 会员

为保障青年社区工作者协会的服务水平以及协会的稳定性和活力，牛街街道为青年社区工作者协会选聘协会成员设立了一定的条件：一是社区工作者是居住在牛街的居民；二是年龄条件在35岁以下（1977年1月1日以后出生）的社区工作者，性别不限；三是能遵守国家的政策法规，具有一定的组织领导能力、廉洁奉公、作风民主、办事公道、身体健康、热心为社区服务的青年社工。

2. 会员大会

会员大会设有一名协会会长和两名协会副会长，由社会办领导担任会长，而副会长采取竞聘上岗，由有经验并热爱社区工作、对社区政策了解、职务在副职以上并在社区工作至少3年以上的青年社工担任。他们的工作职责是：①培训下级协会骨干，指导协会开展活动；②进行选举、决议等程序性内容；③围绕现有社工制度，选准工作切入点，取得各社区社工的信任和支持；④依托社会办现有的资源，充分发挥协会培训社工、实现参与社工管理、实现自我服务、自主运行和自我监督的工作；⑤联系组织、动员社工，协助青年社工协会自治工作，给青年社工创造良好的发展条件。

3. 理事会

协会理事会由协会会长、副会长和两名主管工作的组长担任，是协会的主要运行机构，由协会大会负责。其主要工作职责是：①宣传和学习社工政策知识，积极参加并组织开展协会各项活动；②根据协会的分工、所在职能部门和本人职业特长，为协会工作献计献策；③发挥协会与社工的桥梁作用，为青年社工协会服务；④会长、副会长代表理事会全面领导社工协会工作，召集并主持理事会等重要会议，履行理事会指定的其他职责；⑤有权制订工作计划，检查工作落实情况及工作方案的实施，指导业务培训；⑥加强制度建设，协调处理具体事务。

4. 工作小组

牛街青年社区工作者协会将牛街10个社区按照东片、西片进行划分，成立两个工作小组，东片4个社区（枫桦、法源寺、东里、春风）组成一个小组，西片6个社区（西里一区、西里二区、钢院、白广路、南线阁、菜北）组成另一个小组，其中小组成员均为35岁以下青年社工。两组分别设有一名组长、一名副组长。各社区35岁以下、有能力、在社区工作3年以上的青年社工，可以通过协会选举担任组长。

第一组的工作职责是负责组织联络：①联系10个社区的信息员统计上报信息情况，收发通知并及时查收并上报；②收集各社区日常活动情况、制作简报、汇总信息，宣传各社区精神及相关政策；③上级下发通知召开会议时，要及时组织社工召开区级、街道会议等相关事宜；④管理10个社区日常工作、社区日常事务。

第二组的工作职责是经费申请及社区工作自管，主要是根据社会办要求及相关制度组织社工外出培训等相关内容。组长及相关负责人每年年底要先向协会大会报告，协会大会在社会办的指导下，申请做好第二年的相关活动经费、预算等工作，如每年的外出活动、人员慰问活动等，切实做到社区自管、自我安排、自我协调的作用。小组成员由小组长统一领导，统一负责。两个组工作任务及期限是1年，实行轮岗制。小组组长由理事会统一管理。

5. 专业委员会

专业委员会成员是各社区的书记主任，党务人员。专业委员会工作职责是：各组做出决意及在工作中遇到问题时要给予指导，出谋划策。各组的组长及副组长，可以根据工作的情况，及时和各社区书记主任沟通联系，就相关问题给予解答及帮助。

（三）协会的运行机制

社区工作者协会是一个非营利性组织。其运作靠会费收入。所以协会发展遇到的最大瓶颈就是经费问题。牛街街道通过政府购买社区服务的方式，为社工协会提供资金支持，有效缓解了社会组织运行难的问题，为社区居民提供了更多更好的服务。同时，政府通过购买服务，有利于促进由服务直接提供者的职能向公共资源协调者的职能转变，有利于提高政府效能。

在政府购买服务的基础上，牛街健全了社区工作者协会的运行机制（见图1）。青年社工协会的各部门工作人员明确分工、各负其责、相互配合、通力合作、认真履行各项工作职责。密切联系各社区青年社工，及时了解他们的思想动态，及时与他们沟通，听取社工反映的意见、建议和要求。在联系沟通的同时要了解并及时解决各社区青年社工存在的困难和问题。此外，年初各组成员要制订工作计划，每月做计划和小结。半年自查一次工作完成情况，年底时进行总结。

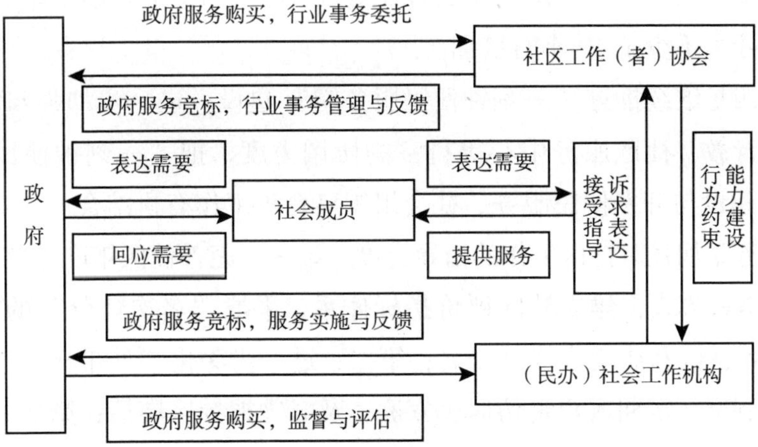

图1　社区工作者协会提供服务的运行机制

（四）五大举措推进社区工作者协会发展

一是固化社工与居民联系方法。第一，在社工分片包户工作的基础上，把社工入户走访居民、了解民需作为一项日常性工作固定下来，制定一套比较完善的社工入户走访制度。第二，创新和完善工作方法，建立社工入户走访台账，探索社工预约入户、电话访问、网上访问等新形式，实现包户走访全覆盖。第三，以社区“两委”换届为契机，重新划分社工入户包片责任区，充分调动新入职社工了解民情。

二是深入推进社区居民自治建设。第一，完成社区居委会换届工作。第二，指导各社区结合当地实际，开发和完善便民服务项目。第三，试点成立业主委员会。发挥政府指导作用，积极、稳妥、依法推进白广路枣林前街119号楼试点，创新工作思路，从制度上约束业主委员会行为，使其有效服务居民，切实做好居民维稳工作。

三是切实提高社区工作者培训工作水平。第一，创新社区工作者培训工作，制定培训工作指导意见，形成街道、社区两级培训机制，建立“需求、培训、考核、评估”的“四步”培训工作制度。第二，建立社工培训档案，确保每名社工每年不少于16小时集中培训、新入职社工不少于40小时培训。

四是继续推进“一刻钟便民服务圈”建设。进一步加强与城建、文体青教、社区服务中心等科室的协调力度，把“一刻钟便民服务圈”建设与开发便民服务、社会组织培育等工作有机结合。

五是加强对社区工作的指导力度。第一，完善社区年度考核制度，优化考核方式，建立社区评价指标体系，采取“名次计分”的方式，确定各社区和居委会成员排名；第二，进一步深化“处带居”“科带居”制度，定期入户走访居民家庭，及时掌握社区舆情；第三，积极推进干净、规范、服务、安全、健康、文化的“六型社区”建设。

三 社区工作者协会推动社区工作者职业化发展

（一）改善了牛街社区工作者工作环境

青年社区工作者协会整合各种社会资源，为社区工作者提供学习培训机会，帮助他们提高政治参与、政策运用、业务管理、服务提供、项目规划等实践能力，提升其发展能力。同时，社会工作者协会代表社区工作者群体，向相关部分反映社区工作者的需求，促进政府加快建立健全社区工作者发展的政策体系。此外，社会工作者协会加大宣传力度，提升社会对社区工作者的关注度、信任度和认可度，为社区工作者工作、学习、生活创造良好的环境，增强了社区工作者的归属感。

（二）推动了牛街社区居民自治进程

青年社区工作者协会的成立强化了社区服务，满足了居民多样化的社区服务需求，更好地帮助了社区居民排忧解难，提高居民生活质量，形成了团结互助的社区氛围，并使居民在充分享受社区服务提供的种种“好处”后，增加对社区工作的认同感，自愿参与社区建设，让每个居民意识到社区建设关系到自身的利益，需要社区居民共同参与其中才能推进社区和谐发展。同时，社工协会作为联系政府与居民的桥梁和纽带，社区居民也可以通过社工协会参与社区与政府的交流、对话与决策，表达居民的愿望诉求，为建造和谐宜居社区创造良好的环境和条件，有效推动了社区居民自治发展。

（三）为社区工作者职业化进程打下稳固基础

我国社区工作者队伍建设处于初级阶段，专业化水平、职业化程度不高，社会地位也偏低。牛街青年社区工作者协会作为推动社区工作本土化、专业化和职业化的行业组织，为社区工作者职业化发展奠定了稳固的基础。社区工作者协会调动各种行政资源和社会资源为社区工作者提供教育培训，以便他们掌握更专业的知识，为居民提供更加个性化、多样化、系统化的服务。社会工作者协会通过制定职业规范，对社区工作者进行监督，提高社区服务质量，使社区工作走向职业化道路。

四　发展社区工作者协会模式，提升社区工作水平

（一）加大政府扶持力度，推进社区工作者队伍建设

民间组织是政府与居民之间沟通的桥梁，承担一定的社会管理服务职能。因此，社区工作者协会等民间组织是推动社区工作专业化、职业化发展的重要力量，这些民间组织能有效整合社会资源，开展以社会福利服务及社会公益活动为主体的专业性社会服务，推动社区工作者队伍建设，加速社区工作社会化进程。而社区民间组织的发展需要各地政府提供完善相关政策规定的培育和支持，各地政府应以培育发展为社区未成年人、老年人和残疾人服务的组织以及公益性、群众性的文体活动组织作为重点，积极培育发展社区民间服务组织，并为社区民间服务组织开展活动创造有利条件，如采取竞聘等方式为民间组织配备少量工作人员。要加强服务组织协调能力，加强社区工作者队伍建设的规范化。政府要认识到民间组织在社区服务中的角色、地

位和功能，民间组织将成为社区服务的供给主体，这是今后社区服务的发展方向之一。

（二）增强社区工作者培训力度，有效推动社区工作专业化发展

目前，社区工作者大多是从其他行业转行开始从事社区工作的，所以无论是专业的知识，还是实际工作经验都相对缺乏。为此，必须要有针对性地做好社区工作者的教育培训，以提升社区工作者的道德素养和职业素养。一是针对新上岗的社区工作者，实施系统教育，着重加强专业理论知识和敬业爱岗方面知识的培训和教育，使新上岗人员对社区工作有深度认识和了解，以增强社区工作人员的责任感、使命感。二是针对现有岗位人员实施重点培训，侧重社区工作发展形势、学习型组织等方面知识的教育和培训，以增强社区工作人员的进取意识，提高其创新能力。此外，还要加强岗位学习、经验交流、锻炼。可以采取上挂、轮岗、横向交流等形式，推行社区工作者学习交流制度，使社区工作者的工作思路得到拓宽、工作能力得到锻炼、工作潜力得到挖掘、综合素质得到提高，提高社区服务质量，推动社区自治能力发展，促进和谐社区建设。

（三）提高社区工作者待遇，激发工作活力

为了加强社区工作者队伍建设，除了提供其继续学习的机会外，还应该提高其工资待遇。“收入低，生活质量差”给社区工作者带来很大的生活压力，不利于社工队伍稳定。建议相关部门提高社区工作者待遇，以激发其工作活力。

一是由市级部门制定全市统一的社工工资标准和长效工资增长机制，可参照公务员工资标准提高本区的社工补助津贴并设置“13个月工资”，在合理范围内提高社工薪酬待遇，保证人员稳定，减少流

动性。

二是制定社工加值班补助相关规定，落实《劳动法》相关法律规定，保证社工合法权益。

三是按照届次每3年组织全体社工外出学习一次，帮助社工排解工作压力、提高综合能力。

四是市区相关部门出台文件对社区工作者身份进行定论说明，明确社工各项工资、保险、福利待遇是参照公务员、事业单位或企业身份中的哪一种。

五是公共服务和社会管理部门在招录公务员或事业单位工作人员时，设置部分岗位优先录用工作满3年以上的优秀社区工作者。

六是市区相关部门出台文件规定，给予社区工作者一定的生活补贴。

参考文献

牛街街道社会办：《牛街街道青年社区工作者协会成立方案》，2011年6月2日。

张静：《关于社工职业化发展的几点思考》，2013年4月21日。

牛街街道社会办：《牛街街道“自我服务、自我教育、自我管理”的社会组织——社区工作者协会成立》，2013年10月23日。

牛街街道社会办：《关于社区工作者待遇问题的意见建议》，2014年11月20日。

冯元、丁思雨：《社会工作协会功能角色研究》，《社会工作》2014年第3期。

B.15

从“九养”到“十三养”：牛街构建养老服务体系的创新实践

摘　要：　近年来，中国的老龄化进程在加快，中国已经步入老年型社会。社区养老服务对缓解老龄化给社会带来的压力具有重要意义。牛街街道以社区为依托，围绕建设现代、人文、和谐新牛街的目标，建立以家庭为基础、政策为保障、社会化为方向的社区居家养老（助残）服务体系，充分发挥了政府、社会、个人等多元主体在养老服务体系中的作用，有效提升了老年人、残疾人的服务水平，为各地打造新型养老服务模式提供了重要借鉴。

关键词：　居家养老服务　社会福利　和谐社区

一　银发浪潮中的牛街养老服务

（一）人口老龄化与社区养老

1. 我国人口老龄化现状

21 世纪是人口老龄化的世纪，人口老龄化已经成为全球范围的普遍趋势。近年来，中国的老龄化进程也在加快，中国已经步入老年型社会。据相关数据显示，截至 2014 年底，我国 60 岁以上的老年人已经达到2.12亿，占总人口的15.5%。[①] 按照国际通行的10%的标准来看，早已步入了老龄化社会。据预测，21世纪中叶我国老年人口数量将达到峰值，超过4亿[②]，成为我国人口构成的一个庞大群体。

人口老龄化是社会进步过程中社会经济技术日益发展的伴生物，是随着死亡水平和生育水平的下降而出现的一种人口年龄结构的变动趋势。老龄化是一个动态变化的过程，是指整个人口年龄结构中年轻人口数量减少、年长人口数量增加的过程。造成我国人口老龄化的原因是多方面的，但是老龄人口的增多是导致这一现象的直接原因。人口老龄化主要是由两个基本因素决定的：一是生育率的下降导致人口数量减少，使得老年人口所占比例增大；二是死亡率的下降和人们寿命的普遍延长，使得老年人口绝对数量增加和相对比例提高。在我国，由于人口寿命的逐渐延长和我国计划生育政策的推行，老年人口在总人口中的绝对比例不断上升，使人口老龄化形势越来越严重。北京市作为中国的首都，不仅经济发展速度，位于全国的前列，人口转变阶段也早于全国的平均水平。《北京市2013年老年人口信息和老龄事业发展状况报告》显示，截至2013年北京市60岁以上户籍老年人口279.3万人，比2012年增加了16.4万人，北京市老龄化进程仍在加速。

2. 实行社区养老的必要性

随着我国人口老龄化的不断加剧，养老问题成为当前社会治理中亟须解决的一大重点难题。在计划生育基本国策的影响下，“421家庭”结构难以支撑传统的家庭养老模式；社会养老又难以满足老

① 张香梅、盛卉：《截至去年底中国60岁以上老年人口已达2.12亿》，人民网，2015年6月12日。

② 张香梅、盛卉：《截至去年底中国60岁以上老年人口已达2.12亿》，人民网，2015年6月12日。

年人的情感需求。社区养老就是在这种背景下诞生的，汲取了家庭养老、社会养老的各自所长，以社区为依托、以社会化运行为主的新型养老模式。社区养老模式既能满足基本的养老服务需求，又能够给予老年人亲情慰藉与关怀，使老年人享有应有的服务与医疗。因此，社区养老服务对缓解老龄化给社会带来的压力是非常有必要的。

社区养老符合老年人的生活习惯。对于老年人来说，“恋家”的情结尤为凸显，他们更愿意在自己熟悉的环境中生活。作为城市化的重要产物，社区是当前老年人生活的主要环境之一，社区养老模式则满足了老年的生活习惯与需求，较传统的社会养老有着明显的地缘优势。老年人不仅能够接受亲属的直接照料，也可以由社区派人专门照料，体现了家庭养老的原始功能，同时也有新的补充。社区养老正好契合了城市老年人依赖熟悉环境的心理特点，能够在社区范围内享受生活、医疗和休闲服务。社区养老模式最容易被老年人所选择和接受。

社区养老符合中国国情。相对于日益加剧的人口老龄化，我国的养老事业发展缓慢，养老院、专业人员等资源严重缺乏，难以支撑全面实现社会养老的发展格局。相对于社会养老，社区居家养老模式成本低、效率高，更符合老年人养老需求，是适应家庭养老日益退化、社会养老难以全面开展情况下的基本发展趋势，也是同我国打造政府主导、全面关怀的养老事业工作格局的根本途径。

（二）牛街街道居民对养老服务的需求

西城区牛街街道由于老龄人口较多，人口老龄化程度较为严重（见表1），对社区服务的需求也更复杂，这就迫切要求完善社区居家养老服务，以满足不断增长的养老服务需求，提高养老服务水平，提升老年人的生活质量，发展养老福利事业，推进和谐社区建设。调查显示，牛街街道社区老年人的服务需求主要集中在以下几方面。

表1　牛街街道家庭人口年龄结构

序号	年龄段(岁)	人数(人)	约占总人口比例(%)
1	0～6	1394	3.71
2	7～18	2583	6.87
3	19～35	8668	23.05
4	36～45	5401	14.36
5	46～59	11280	30.00
6	60～65	3708	9.86
7	65以上	4571	12.15
8	80以上	1659	4.41
9	100以上	19	0.05
10	总人口	37605	—

1. 生活照料类需求

生活照料类需求包括：洗衣、做饭、扫地等日常生活方面的需要。随着年龄的增加，老年人各种生理机能逐渐下降，尤其是高龄独居老人，他们面临着生活自理的困难，因此，需要社会提供生活照料方面的服务。调查显示，牛街街道老年人在这方面的需求主要有：社区上门服务需求、社区老年餐桌或送饭服务需求、社区帮助日常购物需求等。

2. 医疗保健类服务

随着年龄的增长，各种疾病的发病率逐渐增加，老年人健康问题凸显出来，对医疗保健服务的需求也随之增加。调查显示，这类服务需求主要包括：上门护理、上门看病、康复治疗、日常保健等服务。尤其是上门看病的需求较为迫切，但是目前社区医疗服务还不能满足老年人的需求。

3. 精神慰藉类服务

老年人退休后与社会的联系逐渐减少，其子女又多数忙于工作，而忽略了老年人的精神需要，这很容易使老年人产生孤独感和被排斥感，因此，需要社区组织社会活动来丰富老年人的生活，增加他们的社会交往，满足老年人的精神文化需求。

社区是社会生活的基本单元，承担着和谐社区建设的重要任务。老年人作为社区成员的重要构成，是当前社区管理和服务的重点对象之一。因此，社区在提供社区居家养老服务的过程中，要关注老年人在生活照料、医疗保健、精神慰藉等全方面的需求，以需求为导向，为老年人提供优质的服务，提高老年人生活质量。

（三）牛街街道养老服务存在的主要问题

1. 缺少专业的居家养老服务商

随着老年人口的增加，对养老服务的需求也随之增加，然而目前多数商家的服务对象主要以年轻人为主，很少有专业的居家养老服务商，在实际工作中不能针对老年人的身心特点与需求提供相应的服务，如在饮食方面，很多餐饮提供的食物都偏咸、偏油，满足不了老年人清淡口味的需求，因此，需要提供专业的老年餐桌服务，以满足老年人对饮食的需求。此外，提供居家养老服务的利润相对不高，导致居家养老服务工作的积极性不高，很多企业不愿意承担这项工作。

2. 缺乏相应的工作机制

随着社会结构的变化，社区管理制度已不再适应实际需求。基层社区组织权责不一致，社区承担的工作越来越多，职能不断增加，然而街道却没有相对等的地位和权力，不能有效协调各基层单位之间的关系，使得各基层单位各自为政，各行其是，无法使这些部门共同参与到社区建设当中来。此外，社区组织建设力度不够，机构设置单一，人员配置不齐，跟不上社区各项工作需要，导致社区居家养老服务工作落后，无法满足社区老年人需求。

3.缺少社区居家养老专业服务人员

目前，我国从事社区工作的人员大多数是没有经过专业训练、不具备专业知识的工作人员，加之社区工作者社会认可度低、工资水平不高，很多社会工作专业毕业的大学生不愿意从事社区工作，导致缺少专业的社区工作者，这直接影响到社区养老服务的质量和水平。

二　十三项举措推进牛街街道构建养老服务体系建设

2009年，北京市出台了《北京市市民居家养老（助残）服务（“九养”）办法》。《办法》从医疗、饮食、居家生活等方面对养老（助残）服务提出了相关要求，以提高老年人（残疾人）的生活质量。《办法》规定凡是符合条件老人（残疾人）可以在全市范围内使用养老（助残）券，也可跨月、跨年度使用；开展的养老（助残）精神关怀服务为有需要的老年人（残疾人）提供电话咨询和方便、快捷的上门服务；支持社区开办老年餐桌，为老年人提供安全便利的餐饮服务等等。“九养”在服务项目设置和服务方式选择上坚持“以人为本”构建和谐社会，丰富了社会福利内容；以社区为依托为老年人提供居家养老服务，满足了城市居民中老年人和残疾人在社区层面的需求。牛街街道结合牛街实际情况，围绕建设现代、人文、和谐新牛街的目标，以“政府主导、部门协作、社会参与、个人自愿”为原则，以社区为主要依托，以社会化运作为基本方向，构建居家养老（助残）服务体系，提升老年人、残疾人的生活质量和社会福利水平，贯彻落实《北京市市民居家养老（助残）服务（“九养”）办法》，推出了十三项措施推进居家养老（助残）服务工作。

（一）印发街道居家养老服务手册

制作《牛街街道居家养老服务手册》，收录全街道主要的家政、餐饮、医疗、精神慰藉、法律咨询等服务资源信息和服务标准，方便享受服务补贴的老年人、残疾人查询服务信息。

（二）建立“孝星”评选表彰制度

牛街街道注重加强孝文化的宣传，通过“孝星”评选表彰等活动，鼓励老人子女者积极承担孝敬老人的责任与义务，并关注老人在精神、物质等各个方面的需求。从2010年开始，每年重阳节前期，牛街街道积极参加全区评选，表彰990名长期坚持行孝道、尽孝心、关爱老年人、热心养老事业，表现突出或事迹感人的西城区“孝星”。同时，积极推荐参加市级“孝星”评选，并将每年10月设立为“牛街街道敬老爱老月”，结合重阳节，开展各项敬老、爱老宣传、服务活动。积极参加开展西城区“敬老、助老、爱老”之星评选表彰活动，加快形成尊老、敬老、爱老、助老、孝老的社会氛围，不断提升社会主义精神文明建设水平。

此外，为进一步提升社区居家养老服务功能，每年4月前开展牛街街道居家养老服务特色社区、居家养老服务先进单位评选表彰活动，评选出一批群众满意、服务优质、管理规范的居家养老服务的特色社区、先进单位，发挥典型示范作用，促进全街道居家养老服务体系建设。

（三）落实居家养老（助残）券服务制度和百岁老人医疗补助制度

按照北京市居家养老（助残）券服务制度的要求，为符合条件的老年人和残疾人发放养老（助残）券。居家养老（助残）券是利用西城区及牛街街道内的社会服务资源，通过政府购买服务的形式，满足辖区内老年人和残疾人基本生活需求的补贴方式。从老年人的发放范围来看，凡是具有北京市西城区牛街街道户籍或长期在牛街街道居住的80周岁及以上老年人，均可在居住地所在社区申请每月100元的居家养老（助残）券。

牛街贯彻落实北京市百岁老年人补贴优待制度，为具有辖区户籍的100周岁及以上人员发放北京市老龄办统一印制的《北京市百岁老人津贴和医疗补助领取证》，提高对百岁老人的津贴与医疗补助，让老人体会到政府的关爱。此外，为提高老年人健康水平，本着遵循老年人的意愿和需求的原则，继续开展组织以保障高龄、困难、“空巢”老年人为重点的优惠健康体检工作，并根据经济发展水平，逐步扩大惠及范围。并由政府出资为具有牛街户籍的100周岁及以上的无社会保障老年人免费上“一老一小”社会保险。

（四）建立社区养老（助残）餐桌

在具备条件的社区建立养老（助残）餐桌，选择有一定规模的品牌餐饮企业或者依托社区公益性用房、社会单位内部设施、社会福利机构等资源，为老年人和残疾人提供安全的送餐、就餐服务。通过政府适度补贴租金、项目补贴等方式引导社会力量承担养老就餐服务，并择优进行奖励。

（五）建立社区托老（残）所

按照因地制宜、逐步推进的原则，依托公共服务机构和场所、社会单位及家庭空间建立社区托老（残）所，实现空间资源的统筹利用。在经费支持方面，主要采取政府适度补贴和个人承担部分费用的方式，满足社区托老（残）所的运行所需，最大限度地使托老（残）所建设基本满足全街道需求。

（六）招聘居家服务养老（助残）员

将居家养老服务工作纳入到社区服务站工作事项，由社区服务站承接居家养老（助残）服务各项工作。按照因需设置的原则，招聘社区居家服务养老（助残）员。居家养老（助残）员，由街道组织参加全区统一的面向社会的招聘，同等条件下优先招聘就业困难人群，在解决养老人员问题的同时解决就业难题。

（七）配备养老（助残）无障碍服务车

养老（助残）无障碍服务车由西城区统一为各街道配发，具有无障碍功能，主要为老年人和残疾人参加社会活动提供便利。街道主要负责养老（助残）无障碍服务车的日常使用、管理、维护、驾驶员的聘用与管理等。

（八）开展养老（助残）精神关怀服务

牛街街道注重以老年人需求为导向，积极开展养老（助残）精神关怀服务。注重整合辖区内心理咨询服务资源，发挥心理咨询专业组织、老年院校等优势资源的作用，以“96156”社区服务热线为重要平台，开展老年人心理咨询服务；针对老年人、残疾人及其家庭成员的心理需求，组织专业人员为其提供心理咨询服务和相关知识培训；动员和组织青年志愿者定期到老人家中进行精神慰藉活动；推行“时间银行”志愿服务管理模式，发动社区低龄老人与独居高龄老人结帮扶对，提供陪伴、就医等志愿服务。并与有资质且热心公益事业的旅游服务单位合作，设计适合老年人、残疾人的旅行线路。组织地区老年人、残疾人外出旅游，以满足老年人高层次的精神需求。

（九）实施家庭无障碍设施改造

家庭是老年人生活的主要场所。牛街街道注重从细微处着手，改善老年人生活环境，实施家庭无障碍设施改造工程。该工程以自愿为原则，为老年人实施厨房、浴室、户内活动场所等地方的无障碍设施改造，满足老年人的服务需求，为其安全生活提供保障。

（十）为老年人（残疾人）配备“小帮手”电子服务器

为进一步提高老年人的生活水平，牛街街道注重在有条件的老年人群内推行一系列电子服务。该项服务的对象为有需求且具备使用能力的社区居民。街道在个人自愿购买的基础上，以适当补贴的方式向符合条件的老年人、残疾人提供“小帮手”电子服务器，满足他们的购物、医疗等电子服务需求。此外，牛街还为有使用需求并具备安装条件的老年人和重度残疾人家庭安装“手眼通”电子报警器，提高老年人（残疾人）的安全防护水平。

（十一）为老年人、残疾人免费代换煤气

为全区 60 岁以上“空巢”、残疾、低保、低收入以及行动不便的老年人家庭免费代换煤气；同时为低保或低收入的残疾人、定抚定补优抚对象、伤残军人、军烈属家庭免费代换煤气。

（十二）实施为老（助残）服务“一卡通”工程

按照试点先行、逐步推广的原则，实施为老服务“一卡通”工程。由技术部门为街道居家养老（助残）服务机构配备 POSE 终端，并提供后台支持。老年人（残疾人）可以通过刷卡享受便利的服务。

（十三）加强居家养老服务商管理

为了更好地开展牛街街道居家养老服务，吸纳更多的企业为牛街地区老年人提供形式多样的服务，结合本地区实际情况，将更多资质

全、信誉高、服务好的商家纳入牛街为民服务体系。牛街街道加强居家养老服务商管理，见图1。居家养老服务商必须为注册在牛街地区的辖区企事业服务业单位，具有合法的经营资质（营业执照、税务登记、组织机构代码等相关资料齐全），且服务商必须遵纪守法，在工商部门没有不良记录，热衷于为老年人服务，并需要承诺为老服务项目。对违反服务协议（包括服务承诺）、没有按照协议要求提供服务的商家给予相应的警告或处罚；而对全年无投诉、服务优异、老年人满意度在85%以上的服务商给予相应的奖励。

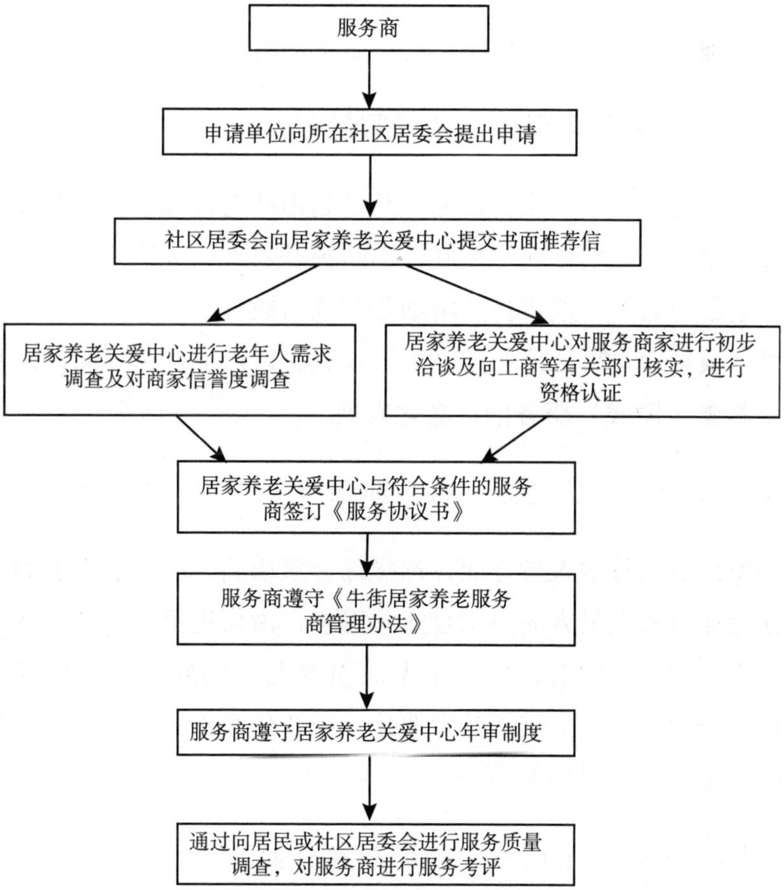

图1　牛街街道居家养老服务商申请准入工作流程

三　牛街街道创新养老服务的主要经验

（一）加强组织领导，完善工作格局

牛街街道居家养老（助残）服务工作由区委、区政府统一领导，区业务主管部门组织协调，各责任单位负责组织实施，形成了政府、社会、居民等多元主体参与的养老工作格局。街道和各责任单位对居家养老工作给予高度重视，把居家养老（助残）工作纳入重要议事日程，完善了相应的工作机制，进一步贯彻落实好居家养老服务。

（二）整合服务资源，拓展服务项目

牛街依托现有公共服务资源，开发利用社会资源，注重在养老服务内容、服务领域的创新与拓展，不断提升养老服务质量，满足多样化的养老服务需求，逐步打造精细化管理与服务。同时，注重利用社会资源，引导建立多样化的养老投资模式，以产业化为导向，加快推进居家养老（助残）服务的社会化发展。

（三）强化队伍建设，提升服务水平

牛街街道在管理人员方面，选择综合素质高、综合能力强的人胜任；在专业服务人员方面，结合实际需求，由街道负责招聘专业水平较高的人员胜任。同时，街道注重加强养老（助残）员的培训、管理，加大培训力度，提高了其专业化、职业化水平，从而提供了更加专业的居家养老（助残）服务。

（四）加强舆论宣传，营造养老氛围

牛街街道注重通过“孝星”评选表彰等方式进行舆论宣传，加强

先进典型对社会的正面激励，营造“尊老、敬老、爱老、助老、孝老”的社会氛围，为居家养老（助残）服务工作提供必要的社会环境。

（五）提供多元服务，满足老年人需求

牛街街道根据老年人的不同需求为其提供相应的服务，基本满足了老年人多层次的需求。在生活照料方面，建立社区养老（助残）餐桌和社区托老（残）所，为老年人配备养老（助残）无障碍服务车，实施家庭无障碍设施改造，并为老年人、残疾人免费代换煤气，为老年人提供吃、住、行等方面的服务，基本满足了老年人日常生活需求。在医疗方面，以社区卫生资源为依托，为老年人提供需要的医疗卫生服务，与医院医务人员携手共同解决老年人看病问题；利用社区卫生服务站为老年人提供健康咨询、身体检查和日常医疗服务。在精神慰藉方面，根据老年人的兴趣和爱好，组织丰富多彩的文体活动，以消除老年人的孤独感，满足老年人多元化的精神文化需求。

四　牛街街道创新养老服务的若干启示

（一）居家养老服务需要发挥政府主导作用

社区居家养老服务的发展，需要政府进行全方位的统筹，并提供相关保障。尤其在养老服务体系不完善的情况下，政府更是首当其冲要发挥其主导作用。首先，政府要为居家养老服务提供必要的财政支持。社区居家养老模式的推行需要相应的场地、设施等，这些硬性需求则需要相应的政府资金支持。同时，居家养老服务项目的开展、专业队伍的建立也需要政府资金的保障。此外，对于生活困难的养老对象，需要政府为其买单，帮助解决困难老人对养老服

务的需求。其次，需要政府提供政策方面的支持。社区居家养老服务相应的制度还不够完善，社会公益性服务与市场化相结合的运作机制需要政府提供相关的政策支持，以建立多元化的居家养老社会服务体系。最后，需要政府制定相应的规划推动对居家养老服务模式的发展。将养老问题纳入国民经济发展的总体规划中，制定养老福利事业专项规划，将社区居家养老服务作为政府的重要工作和考核目标。

（二）居家养老服务需要社会化参与

居家养老服务除了需要政府的支持外，还需要庞大的社区资源参与其中。人口老龄化是全社会共同面临的问题，推进居家养老服务的社会化有利于形成社会合力，共同解决养老服务问题。居家养老社会化服务要立足于社区，以社区为依托鼓励社会力量开展养老服务，大力倡导志愿者、企业、社会组织等多方力量参与居家养老服务，并适当引入市场竞争机制，加快居家养老服务的社会化运作，为老年人提供更加优质、更加有效率、更加丰富多彩的生活照料、医疗保健、心理咨询、文化学习、休闲娱乐等综合性的社区服务，构建多层次的社区养老服务体系。

（三）居家养老离不开社区资源有效整合

社区作为城市生活的基本单元，在居家养老方面有着独特的优势，可以满足那些年龄偏大、身体欠佳、出行不便的老人对生活照料、精神慰藉的需求。随着老年人口的增多，老龄化程度加剧，老年人群对于社区的依赖性将逐步增强，这就需要依托社区，为老年人提供解决日常生活困难为主要内容的养老服务，让老年人不再为吃饭、就医、保健等问题犯愁，促进家庭的和谐。此外，社区居家养老还可以节省城市建设空间，整合辖区资源为老年人提供吃、喝、住、行以及休闲娱乐等方面的服务，并带动社区周边的产业发展。社区老年人对养老服务的需求可以推动社区餐饮服务、医疗保健、家政服务等行业的发展，促进区域经济的增长。因此社区居家养老是符合中国国情与文化传统的新型养老模式。它使社区资源和设施得到了充分利用的同时，既解决了养老院床位不足、环境适应障碍等问题，又解决了传统家庭养老不足的难题。

（四）居家养老社区服务应以需求为导向

经济的发展，居民生活质量的提高，对养老服务提出了更多的要求。因此，在社区提供居家养老服务时要以老年人的需求为导向，根据不同的需求，提供有针对性的服务。要以有偿、无偿等形式区分针对性服务、基本性服务，为老年人选择养老服务提供更多的空间，满足其多样化的服务需求。此外，在提供居家养老服务的同时要注重提升养老服务队伍的专业化水平，设置合理从业门槛，定期对工作人员进行培训和考核，为养老服务质量提供必要保障，以促进养老服务的良性发展。。

（五）居家养老社区服务应大力发展家庭照料模式

“家”对于中国人，尤其是老人的意义重大。家庭养老是我国传承已久的养老模式，也是最基本、最有效的养老资源。家庭养老的作用不能被居家养老社区服务削弱，而应是给老年人的家庭提供全方位的服务，并通过提供支持性的服务对家庭养老功能进行补充，满足老年人的基本需求。社区服务的发展离不开老年人家庭成员的基础性支持。社区养老服务的最终目的是补充家庭养老功能，减轻家庭养老负担，满足老年人的养老需求，从而有效解决家庭养老功能不足和老年人在家养老意愿之间的矛盾，帮助老年人在自己的家里或熟悉的环境中享受高品质的生活。

参考文献

牛街街道办事处：《牛街街道居家养老服务商管理办法》，2011 年 4 月 20 日。

牛街街道办事处：《牛街街道贯彻落实〈北京市市民居家养老（助残）服务（“九养”）办法〉的实施方案》，2010 年 1 月 4 日。

牛街街道办事处：《牛街街道居家养老服务商评估办法（试行）》，2011 年 4 月 20 日。

牛街居家养老关爱中心：《牛街居家养老服务商准入、准出管理办法（试行）》，2011 年 4 月。

吕学静：《城市居家养老的社区服务问题研究——以北京市个案为例》，首都经济贸易大学，2010。

《北京市人民政府办公厅转发市民政局市残联关于北京市市民居家养老（助残）服务（“九养”）办法的通知》，首都之窗网站，http：//zhengwu. beijing. gov. cn，2009 年 12 月 16 日。

B.16

牛街："自助菜单式"主题党日提升社区党组织服务能力

摘　要："自助菜单式"主题党日活动是牛街街道充分发挥基层党组织作用，以春风社区为试验田，在社区党组织建设中整合社区资源、推动党员主动参与社区服务、提高服务能力的有益探索。通过开展"自助菜单式"主题党日活动，牛街街道进一步强化和规范了基层党组织活动，增强了社区党组织的影响力、号召力和凝聚力，促进了基层党建工作发展，推动了"民族团结和谐社区"的建设。

关键词：基层组织建设　基层党建　党建创新

一　为什么要开展"自助菜单式"主题党日活动

（一）基层组织建设是党的建设的基础工程

党的十八大提出全面提高党的建设科学化水平，以习近平总书记为核心的党中央立足于实现"两个一百年"奋斗目标和中华民族伟大复兴的中国梦，提出了"四个全面"的战略布局，将全面从严治党确立为重大战略布局的一环，体现了党的建设与治国理政的统一。全面从严治党的"全面"二字，其内涵一是内容无死角，涉及党的思想、组织、作风建设的各个领域。二是主体全覆盖，从中央到地方党的各级组织都必须落实管党治党的主体责任。三是劲头不松懈，通过制度建设逐步实现从严治党常态化。社区党组织是党的最基层的组织。社区党组织直接联系群众，直接服务群众，其创造力、凝聚力、战斗力直接体现着党的执政能力，是党的建设的基础工程。作为基层服务型党组织建设的重要内容，社区党组织建设对统筹辖区单位党组织，提升党员队伍生机与活力、切实解决群众关注的热点和难点问题，更好地发挥服务群众、凝聚人心、促进和谐的作用具有重要意义。

（二）当前社区党组织建设工作面临的三个问题

随着基层服务型党组织建设不断推进，社区党组织建设在区域化党建、党员干部管理、工作机制建设方面进行了积极探索并取得一定成效，但仍然存在一些亟待解决的问题。

一是区域化党建工作存在体制障碍。推动社区党组织与辖区党委党组织的协调沟通，是社区党建的重要内容，是区域化党建的基本要求。当前国内许多城市社区已初步建立了以社区党组织为核心、辖区单位党组织共同参与的工作机制，但由于长期的条块分割管理体制导致辖区单位党组织参与社区党建工作意识淡薄，虽然社区党组织与社区内驻区单位建立了工作机制，但受管理体制制约，驻区单位参与社区党建工作积极性不高、主动性不够，内在动力不足、形式大于实质，导致机制运行不畅，社区共建合力难以形成，社区服务资源难以整合，社区区域化党建工作难有实质性突破。

二是党员干部服务居住地社区的积极性、主动性发挥不够。当前国内许多地方开展在职党员到社区报到志愿服务，社区党组织主动对接，以加强党员干部与群众的直接联系，促进党员作风转变，强化党员教育管理，增强社区工作力量。但从实际情况看，由单位组织的在职党员到社区报到活动，党员领导干部、广大在职党员参与度高，非单位统一组织的主动、自愿到社区报到的在职党员相对较少。此外，一些离退休人员、退伍军人、毕业学生等很难实现从"单位人"到"社会人"的转变，有不少人将党组织关系转入社区后便几乎不与党组织联系，很难实现属地管理和参与组织生活。究其原因，较为复杂，既有认识问题，也有机制问题，但更重要的恐怕是制度设计缺失的问题。

三是社区党组织服务能力与居民期盼存在差距。随着市场经济的发展，人民生活水平不断提高，社区居民的服务需求也不断提高，社区服务内容更加复杂化、多样化。与此同时，老旧小区改造、社会矛盾调处、流动人口管理、宠物管理等方面还存在一些老大难问题，既有政策层面的原因，也有队伍素质和资金投入不足的问题，更有缺少服务意识和服务载体的因素。在新阶段，如何加强党员教育，广泛调动广大党员干部在社区建设、扶贫帮困、民情意识、文明监督、志愿服务等方面的积极性，发挥其在化解社会矛盾、维护社区和谐稳定、改善环境和服务民生方面的作用，不断提升服务群众、解决问题的能力是社区服务型党组织建设中一个常抓不懈的命题。

二　牛街怎样开展"自助菜单式"主题党日活动

"自助菜单式"主题党日活动是牛街街道充分发挥基层党组织作用，以春风社区为试验田，在社区党组织建设中整合社区资源、推动党员主动参与社区服务、提高服务能力的有益探索。

牛街结合街道实际情况，深入了解群众困难，帮助解决实际问题。根据党组织分类定级工作中党员提出的"党组织活动形式单一、内容不丰富"的意见建议，春风社区党委认真分析本社区现实情况，提出开展“党日活动菜单”党建创新项目，以强化和规范基层党组织活动，丰富活动内容与形式，提高党员参与率，发挥先锋作用，进一步健全党员教育管理的制度机制，建设学习型党组织。“党日活动菜单”以社区党委为依托，各支部负责具体落实实施，党委成员及支部书记任责任人。各支部充分发挥各自的能动作用，制定了符合各支部情况的特色活动，使党日活动自主有效开展。

早在2012年，为了切实抓好“基层组织建设年”各项工作任务落实，春风社区党委在牛街工委、办事处的领导下，以科学发展观为统领，以文明社区创造提升为重点，全面加强党组织的政治建设、组织建设、队伍建设和服务建设，致力于营造各族人民团结、和睦、积极向上的氛围。带领社区各族居民以建设“民族团结和谐社区”为目标，坚持以人为本、服务居民为理念。充分发动和依靠社区党员和各族群众，开展社区建设和精神文明活动。

此后，春风社区党委在党建工作中不断探索、创新，根据社区实际情况制定了党建创新项目“党日活动菜单”，进一步强化和规范基层党组织活动，紧紧围绕社区工作大局，结合工作任务和特点，丰富活动内容与形式，建立健全党员教育管理制度，提高党员参与率，全面加强思想、组织、作风和制度建设，发挥党员先锋作用，切实增强社区党组织的影响力、号召力和凝聚力。

（一）自选式党日活动提升党员教育实效性

围绕党员提出的“党组织活动形式单一、内容不丰富”的意见，春风社区召开党小组长会、骨干党员会和支部党员会，广泛征求党员的建议，本着“有利于中心工作开展、有利于基层党组织作用发挥、有利于党员身心健康”的原则，开展“党日活动菜单”党建创新项目。项目结合社区党建工作和实际需求，推出了集学习教育、党建共建、公益服务、文体活动四大类，27个小项活动的“党日活动菜单”。在庆祝建党91周年纪念大会上，春风社区党委举行了启动仪式，活动“菜单”连同党委成员公示、支部及党小组划分等内容，一并制作成《春风社区党员服务手册》，发放到每名党员手中，方便党员自主选择参加活动。党员按照组织划分，必须参加本支部主办的学习教育类和党建共建类的1~2个活动，其他类活动则以自主选择参与为主。

春风社区推行自选式党日活动。采取必选与自选相结合的方式，在充分发挥党组织政治优势的同时，体现了党员的个体差异，提高了党员教育的主题性、针对性和实效性。党日活动菜单具体内容如下。

1. 学习类活动

宣传贯彻党的路线方针政策，开展各类主题教育活动和各种业务知识培训，提高党员综合素质能力的活动（见表1）。

表1　学习类活动菜单

序号	学习类活动项目
1	党课我来上，争做五好党员
2	支部党小组长党务知识培训
3	党的十八大热点问题大家谈
4	争做五好党员，讲身边好人好事
5	党员观看廉政教育电教片
6	学习十八大文件
7	党员廉政格言比赛
8	参观世界花卉大观园
9	参观园博会
10	好书我来荐
11	参观“永远的雷锋”展览

2. 党建共建类活动

社区组织加强党内思想、组织、队伍、作风建设，开展了各类党建主题实践活动、共驻共建和党内关爱等系列活动（见表2）。

表 2　党建共建类菜单

序号	党建共建类活动项目
1	七一共产党员捐款献爱心活动
2	一助一党员贴心人服务队活动
3	手拉手共建单位参观怀柔渤海镇南冶村座谈共谋发展
4	母亲节感恩,妇女营养健康咨询
5	“党员手拉手,永远跟党走”活动
6	关爱老年人——健康讲座
7	名厨下社区——清真饮食讲座

3. 公益服务类活动

为提高社区工作者的思想道德素质，增进队伍团结奋进、开拓创新、无私奉献精神，激发社区工作人员积极性和活力，为社区居民提供方便、快捷、高效的社区服务，社区组织开展了系列社区公益服务活动（见表 3）。

表 3　公益服务类菜单

序号	公益服务类活动项目
1	党员参加学雷锋志愿服务活动
2	组织党员开展爱我社区清洁日活动
3	组织党员参加端午节、重阳节慰问老人活动
4	组织党员参加平安社区治安巡逻及十八大值班巡逻活动等
5	为老服务队敬老院包饺子活动
6	“我是一面旗,党员先锋岗认领”活动
7	党员民族网络信息员

4. 文体类活动

为丰富居民的社区文化生活，强身美体，增进居民之间的感情，促进和谐小区的建设，社区开展了一系列文体活动（见表 4）。

表 4　文体类菜单

序号	文体类活动项目
1	"党员红歌演唱会"
2	乒乓球赛、棋牌赛
3	党员参加"春之韵"文艺演出
4	党员参加英语班、舞蹈队、合唱队活动

通过开展党日活动菜单，使党员团结在党组织周围，增强了基层党组织的执政能力与活力。社区舞蹈队、合唱队、英语班、巧娘工作室、乒乓球队都是党日活动菜单项目，各队伍都有党员参与，社区活动蓬勃发展。以党员为骨干带动群众，丰富文化生活，党员志愿者服务队也默默奉献，热心为居民服务，使社区居民团结友爱，生活充满阳光，充满情趣。"自助菜单式"主题党日的实施团结了党员群众，密切了党群关系，凝聚了社区力量，促进了社区民族团结进步，使社区健康和谐有序发展。

（二）党建融入中心工作促进社区各项工作全面发展

党员是和谐社区建设的骨干和主力军。党日活动菜单将发挥党员的先锋模范作用与社区文化、社区环境、社区治安等工作紧密结合，使党员教育不空洞，党建效果落实处。"我是一面旗"党员先锋岗认责活动，在原有党建政策宣传岗、治安巡逻岗、卫生监督岗的基础上，新增了民宗信息网格员、社区报栏宣传员，突出了社区的民族特色。"春之律"社区舞蹈队、"春之歌"社区合唱队、"春之语"英语班借助"春之韵"大型群众文艺会演、社区新春联欢会等平台，进行成果展示，满足各族群众的精神文化需求。

（三）资源共建共享推动区域化党建工作发展

社区党委坚持"请进来促合作，走出去多学习"的原则，和多个党组织建立共建关系，达到互助双赢的社区发展目标。在“携手辖区共发展”活动中，社区党委与北京大学公共卫生学院营养与食品卫生学系党支部共建，共同举办“你好营养健康中国”“母亲节感恩健康咨询”活动，与怀柔渤海镇南冶村党支部共建，组织手拉手参观学习活动，使党员居民增长知识，开阔视野，延伸党建工作触角。“自助菜单式”主题党日活动体现了党建工作、党员发挥作用与社区文化、社区环境、社区治安等工作的结合。党日活动菜单坚持理论联系实际，将党员的学习教育与先锋模范作用体现在了社区建设的方方面面，使党建工作不空洞，更具实践意义。

（四）党日活动经常化营造和谐团结的社区氛围

党日活动菜单结合全年社区党建和社区建设的重点工作整体设计，依托党员活动站，365 天在不同领域发挥党员的个体优势，实现了月月有重点，周周不重样，日日都活动，突出了党建的引领作用，不断扩大了党组织的影响力、凝聚力。“一助一”党员贴心人服务活动，通过送学上门、送菜上门、送清洁上门、送亲情关爱上门等形式，诠释和传承了敬老爱老的传统美德。“我为党组织活动献一计”活动，党员针对外出补差党员、行动不便党员参与学习活动、社区工作者实践培养锻炼等方面，提出了许多中肯的意见和建议，为提升党、居、站建设出谋划策。

三　开展“自主菜单式”主题党日活动的主要成效

（一）解决党日活动形式单一、内容不丰富的问题

过去党组织活动重形式轻实效，且形式单一，缺乏创新性，春风

社区开展的"自主菜单式"主题党日丰富了党组织活动内容，提高了党员的参与度，增进了党员之间的来往，激发了党员参与活动的热情。"党课我来上，争做五好党员""参观世界花卉大观园""一助一党员贴心人服务队活动""关爱老年人——健康讲座""组织党员开展爱我社区清洁日活动""组织党员参加端午节、重阳节慰问老人活动""党员参加'春之韵'文艺演出""党员参加英语班、舞蹈队、合唱队活动"等活动不仅丰富了党员生活，更是通过不同的活动方法，起到了对党员教育的综合效果，同时，提高了社区服务水平，通过组织生活来实现"强组织、增活力"，增强基层党组织创造力、凝聚力、战斗力的目标，充分发挥了党员的先锋作用。

（二）解决党员参与党日活动积极性不高的问题

党组织生活是党建工作的重要组成部分，是党内生活的重要内容，是调动党员参与党建工作的有效方式。牛街街道针对过去组织生活模式不新颖、组织生活内容不丰富和组织生活与实际工作结合不够紧密等问题，积极创新党组织生活模式，开展"自主菜单式"主题党日活动，可以让社区党员根据自己的特长、技能和空闲时间，选择适合自己的活动项目，充分调动广大党员的积极性，发挥基层党组织在促进社会发展、维护社会稳定方面的示范和带动作用。

（三）解决推进区域化党建缺乏载体的问题

从"大党建"的角度出发，"党日活动菜单"将党建共建作为其中一项，通过开展共建活动，为单位参与社区建设，实现街道、社区党组织与辖区内单位党组织和结对共建单位资源共享、共驻共建，发挥在职党员的作用搭建了平台。创新了活动载体，增强了街道、社区党组织与辖区单位党组织之间协调、沟通、组织、联系，发动社区力量，充分利用辖区内各单位的场地、资金、设施、人才等各种资源，形成共建的合力。提高了街道社区党组织工作水平，进一步扩大了党的工作覆盖面，巩固了党的工作基础。

（四）解决党建活动与社区建设的双融合双促进的问题

“党日活动菜单”的编排，融入了社区建设的各项重点工作。通过新的组织形式，新的活动方式积极开展党建工作，既扩大党的工作覆盖面，又提高了党的社会影响力，发挥了社区党组织的作用，增强了党员对社区的认同感，提高了参与社区建设的积极性。通过党员带动作用引导积极分子和群众参加，充分发挥党组织在社区建设中的领导核心作用，增强了社区凝聚力，赢得了最广大居民群众的支持和拥护。形成了街道社区工作和党的建设工作相互促进的优势，推进和谐社区的建设。

四 开展“自主菜单式”主题党日的若干启示

（一）深化共驻共建是提升区域化党建水平的必然要求

共驻共建是推动社区建设的重要手段，是提升社区区域化党建水平的必然要求。春风社区党委充分发挥领导核心作用，迎合单位履行社会责任的需求，联合辖区单位组建区域化“社区大党委”，将辖区单位党组织负责人纳入社区党委班子，建立了议事机制，推动了区域内资源的整合。除此之外，社区还联合辖区外的单位开展共驻共建活动，有针对性地设计服务菜单，丰富了服务项目，更大范围整合了社会资源，更有效地服务辖区居民。促进了合作单位由项目合作机制向社区单位共建的“共同体”合作机制转变，使共驻共建转化为每个合作单位的社会责任和文化载体。在具体项目中，春风社区还把辖区内其他组织单元的党员或领导，作为社区党建工作的指导员或顾问，使他们通过社区服务融入社区党建工作中，以情感的沟通促进工作的沟通，实现共融和双赢，促进社区的共驻共建，从而增强社区区域化党建的活力和凝聚力。

（二）人性化设置活动项目是提升社区党建水平有效手段

社区党建工作要充分挖掘党员干部和基层党务工作者的积极作用，采取更具灵活性、更加人性化的方式，开展具有趣味性和参与性的组织活动，娱乐与党的教育并行，使社区党员实现自我管理，充分发挥党员的模范作用，进一步巩固社区党组织的核心地位，进而实现以党建带社建、以党建带动全面工作的目标。从牛街开展"自主菜单式"主题党日活动的经验说明，开展党组织活动要将"人性化元素"注入党的基层组织活动中，在丰富社区党员生活的同时，增强社区党组织的活力、凝聚力、号召力。一是要考虑党员的兴趣和爱好。社区一定要了解本社区的党员情况和特点，根据党员情况设置社区组织活动。让具有相同兴趣爱好的党员共同参与开展丰富多彩的组织活动。二是要考虑党员的年龄因素。在开展党组织活动时，要考虑组织内年龄大和行动不便的党员，并将上门帮扶、"送学"等工作作为组织的固定活动形式，确保这部分党员始终能体验到组织的关怀。三是要调动党员的积极性。党员作为社区党建工作的人力资源，要引导他们主动参与到社区党组织活动中。

（三）创新党员教育管理机制是提高社区党组织服务能力的重要保证

春风社区的党日活动，将学习教育与党建共建、公益服务、文体活动统筹起来，寓党员教育管理于各个服务菜单当中，为跨地区、跨领域、多层次的广大党员提供了便利的学习和参与平台，创新了对党员进行教育管理的机制。特别是为流动党员的教育和管理提供了解决方案。通过“自助菜单式”主题党日活动，有利于摸清党员信息，建立档案，使党组织准确掌握党员情况，将保障党员的基本权利和教育管理有机结合。此举有效聚合了党员的力量，便于社区党组织进一步创新活动方式和内容，通过双向联系、双向服务、双向反馈等措施，引导在职党员参与社区活动，更好地发挥党员的先锋模范作用，不断增强社区党建工作的活力。在此基础上，社区党组织还可以进一步规范党员联络服务站的组织形式、服务方式、工作职责等，为党员提供培训、困难救助、权益保障等党内关爱服务，让党员切身体会到党组织的关怀，增强党员的认同感和归属感，提升党组织的凝聚力。

参考文献

牛街街道春风社区党委：《牛街街道春风社区“党日活动菜单”活动总结》，2013 年 6 月 17 日。

牛街街道春风社区党委：《“自助菜单式”主题党日提升组织生活质量》，2013 年 8 月。

《关于在创先争优活动中开展基层组织建设年的实施意见》，《内江日报》2012 年 3 月 12 日。

李源潮：《以创先争优为动力加强基层组织建设》，人民网，http：//cxzy. people. com. cn/，2012 年 2 月 9 日。

皮书起源

“皮书”起源于十七、十八世纪的英国，主要指官方或社会组织正式发表的重要文件或报告，多以“白皮书”命名。在中国，“皮书”这一概念被社会广泛接受，并被成功运作、发展成为一种全新的出版形态，则源于中国社会科学院社会科学文献出版社。

皮书定义

皮书是对中国与世界发展状况和热点问题进行年度监测，以专业的角度、专家的视野和实证研究方法，针对某一领域或区域现状与发展态势展开分析和预测，具备原创性、实证性、专业性、连续性、前沿性、时效性等特点的公开出版物，由一系列权威研究报告组成。

皮书作者

皮书系列的作者以中国社会科学院、著名高校、地方社会科学院的研究人员为主，多为国内一流研究机构的权威专家学者，他们的看法和观点代表了学界对中国与世界的现实和未来最高水平的解读与分析。

皮书荣誉

皮书系列已成为社会科学文献出版社的著名图书品牌和中国社会科学院的知名学术品牌。2011 年，皮书系列正式列入“十二五”国家重点出版规划项目；2012~2015 年，重点皮书列入中国社会科学院承担的国家哲学社会科学创新工程项目；2016 年，46 种院外皮书使用“中国社会科学院创新工程学术出版项目”标识。

法律声明

“皮书系列”（含蓝皮书、绿皮书、黄皮书）之品牌由社会科学文献出版社最早使用并持续至今，现已被中国图书市场所熟知。“皮书系列”的LOGO（ ）与“经济蓝皮书”“社会蓝皮书”均已在中华人民共和国国家工商行政管理总局商标局登记注册。“皮书系列”图书的注册商标专用权及封面设计、版式设计的著作权均为社会科学文献出版社所有。未经社会科学文献出版社书面授权许可，任何使用与“皮书系列”图书注册商标、封面设计、版式设计相同或者近似的文字、图形或其组合的行为均系侵权行为。

经作者授权，本书的专有出版权及信息网络传播权为社会科学文献出版社享有。未经社会科学文献出版社书面授权许可，任何就本书内容的复制、发行或以数字形式进行网络传播的行为均系侵权行为。

社会科学文献出版社将通过法律途径追究上述侵权行为的法律责任，维护自身合法权益。

欢迎社会各界人士对侵犯社会科学文献出版社上述权利的侵权行为进行举报。电话：010－59367121，电子邮箱：fawubu@ssap.cn。

社会科学文献出版社

权威报告 · 热点资讯 · 特色资源

皮书数据库

ANNUAL REPORT(YEARBOOK) DATABASE

当代中国与世界发展高端智库平台

皮书俱乐部会员服务指南

1. 谁能成为皮书俱乐部成员?

- 皮书作者自动成为俱乐部会员
- 购买了皮书产品（纸质书/电子书）的个人用户

2. 会员可以享受的增值服务

- 免费获赠皮书数据库100元充值卡
- 加入皮书俱乐部，免费获赠该纸质图书的电子书
- 免费定期获赠皮书电子期刊
- 优先参与各类皮书学术活动
- 优先享受皮书产品的最新优惠

3. 如何享受增值服务?

（1）免费获赠100元皮书数据库体验卡

第1步 刮开附赠充值的涂层（右下）；

第2步 登录皮书数据库网站（www.pishu.com.cn），注册账号；

第3步 登录并进入“会员中心”—“在线充值”—“充值卡充值”，充值成功后即可使用。

（2）加入皮书俱乐部，凭数据库体验卡获赠该书的电子书

第1步 登录社会科学文献出版社官网（www.ssap.com.cn），注册账号；

第2步 登录并进入“会员中心”—“皮书俱乐部”，提交加入皮书俱乐部申请；

第3步 审核通过后，再次进入皮书俱乐部，填写页面所需图书、体验卡信息即可自动兑换相应电子书。

4. 声明

解释权归社会科学文献出版社所有

皮书俱乐部会员可享受社会科学文献出版社其他相关免费增值服务，有任何疑问，均可与我们联系。

图书销售热线：010-59367070/7028
图书服务QQ：800045692
图书服务邮箱：duzhe@ssap.cn

数据库服务热线：400-008-6695
数据库服务QQ：2475522410
数据库服务邮箱：database@ssap.cn

欢迎登录社会科学文献出版社官网（www.ssap.com.cn）和中国皮书网（www.pishu.cn）了解更多信息

社会科学文献出版社 SOCIAL SCIENCES ACADEMIC PRESS (CHINA) 皮书系列

卡号：107430398836

密码：

S 子库介绍
Sub-Database Introduction

中国经济发展数据库

涵盖宏观经济、农业经济、工业经济、产业经济、财政金融、交通旅游、商业贸易、劳动经济、企业经济、房地产经济、城市经济、区域经济等领域，为用户实时了解经济运行态势、把握经济发展规律、洞察经济形势、做出经济决策提供参考和依据。

中国社会发展数据库

全面整合国内外有关中国社会发展的统计数据、深度分析报告、专家解读和热点资讯构建而成的专业学术数据库。涉及宗教、社会、人口、政治、外交、法律、文化、教育、体育、文学艺术、医药卫生、资源环境等多个领域。

中国行业发展数据库

以中国国民经济行业分类为依据，跟踪分析国民经济各行业市场运行状况和政策导向，提供行业发展最前沿的资讯，为用户投资、从业及各种经济决策提供理论基础和实践指导。内容涵盖农业，能源与矿产业，交通运输业，制造业，金融业，房地产业，租赁和商务服务业，科学研究，环境和公共设施管理，居民服务业，教育，卫生和社会保障，文化、体育和娱乐业等 100 余个行业。

中国区域发展数据库

以特定区域内的经济、社会、文化、法治、资源环境等领域的现状与发展情况进行分析和预测。涵盖中部、西部、东北、西北等地区，长三角、珠三角、黄三角、京津冀、环渤海、合肥经济圈、长株潭城市群、关中—天水经济区、海峡经济区等区域经济体和城市圈，北京、上海、浙江、河南、陕西等 34 个省份及中国台湾地区。

中国文化传媒数据库

包括文化事业、文化产业、宗教、群众文化、图书馆事业、博物馆事业、档案事业、语言文字、文学、历史地理、新闻传播、广播电视、出版事业、艺术、电影、娱乐等多个子库。

世界经济与国际政治数据库

以皮书系列中涉及世界经济与国际政治的研究成果为基础，全面整合国内外有关世界经济与国际政治的统计数据、深度分析报告、专家解读和热点资讯构建而成的专业学术数据库。包括世界经济、世界政治、世界文化、国际社会、国际关系、国际组织、区域发展、国别发展等多个子库。